John Aavies
Much/April 1997

Der Nationalsozialismus

Studien zur Ideologie
und Herrschaft

Mit Beiträgen von
Hellmuth Auerbach, Wolfgang Benz, Hans Buchheim,
Lothar Gruchmann, Ludolf Herbst, Peter Krüger,
Konrad Kwiet, Hans Mommsen, Ferdinand Seibt,
Hermann Weiß und Hans Woller

Herausgegeben von
Wolfgang Benz, Hans Buchheim,
Hans Mommsen

Fischer Taschenbuch Verlag

Die Zeit des Nationalsozialismus
Eine Buchreihe
Herausgegeben von Walter H. Pehle

8.–9. Tausend: September 1995

Originalausgabe
Veröffentlicht im Fischer Taschenbuch Verlag GmbH,
Frankfurt am Main, November 1993

Umschlaggestaltung: Buchholz/Hinsch/Hensinger
Foto auf S. 5: Walter H. Pehle
Gesamtherstellung: Clausen & Bosse, Leck
Printed in Germany
ISBN 3-596-11984-7

Gedruckt auf chlor- und säurefreiem Papier

Hermann Graml zum 65. Geburtstag

Inhalt

Vorbemerkung

Dieser Band ist, verfaßt von seinen Freunden, einem Historiker gewidmet, der wie wenige andere sich die Erforschung des Nationalsozialismus, seiner Ursachen, seiner Erscheinungsformen in Ideologie und Herrschaft und seiner Folgen zur Lebensaufgabe gemacht hat. Hermann Graml, der am 10. November 1993 fünfundsechzig Jahre alt wird, hat damit fern dem äußeren Glanz der großen Karriere einen bedeutenden Platz in der deutschen Geschichtswissenschaft errungen.

Der Abstammung nach Altbayer, aber im fränkischen Miltenberg am Main geboren und im schwäbischen Edelstetten aufgewachsen – in einem Schloß der Fürsten Esterhazy, in deren Dienst der Vater als Forstmann stand –, wurde München selbstverständlicher Mittelpunkt seines Lebens und Arbeitens. Im Sommersemester 1948 immatrikulierte er sich an der Philosophischen Fakultät der Münchener Universität, zuvor hatte er der »Wiederaufbaudienstpflicht« genügt, die Jungakademikern damals als Voraussetzung des Studiums auferlegt war: Ein halbes Jahr lang half er also, den Trümmerschutt zu beseitigen, ehe er im Hauptfach Geschichte, daneben Germanistik und Geographie, zu studieren begann. Aufgehört hat er damit nie. Studium und Lektüre von Literatur und Quellen ist ihm die liebste Beschäftigung, Tag für Tag, geblieben.

Am 1. Februar 1953 trat er als studentische Hilfskraft in das neu gegründete, kaum lebensfähige, noch lange nicht renommierte Institut für Zeitgeschichte ein. Mit einer Unterbrechung von knapp zwei Jahren, 1958–1959, die er als Redakteur der von Free Europe Press herausgegebenen Zeitschrift »Hinter dem Eisernen Vorhang« tätig war, blieb er dem Institut treu, an dessen Ruf und Ruhm er maßgeblichen Anteil gewinnen sollte. Es hatte sich gelohnt, ihn damals zurückzuholen. Als Assistent des Direktors, als wissenschaftlicher Referent, als Redakteur der Schriftenreihe und schließlich als Chefredakteur der Vierteljahrshefte für Zeitgeschichte wurde er selbst zur Institution im Institut.

Noch zur Gründergeneration des Faches Zeitgeschichte gehörig, den Tübinger Mentoren des Instituts Hans Rothfels und Theodor Eschenburg verbunden, dem Generalsekretär und Direktor (1959 bis 1972) Helmut Krausnick stets zur Seite, dem unvergessenen Martin Broszat (Direktor des Instituts von 1972 bis 1989) Ratgeber und, wenn nötig, Widerpart, hat Hermann Graml mehr und länger als andere Historiker Anteil an der Etablierung und Durchsetzung der Disziplin Zeitgeschichte. Als Forscher, als Autor, als gelegentlich streitbarer Teilnehmer am wissenschaftlichen Diskurs (bei sonst eher zurückhaltender Wesensart) hat Hermann Graml die äußeren Insignien der erfolgreichen Karriere verschmäht oder einfach versäumt, sich um Titel, Ämter und anderes Dekor zu bemühen. Das Verzeichnis der Veröffentlichungen, mit dem dieses Buch schließt, dokumentiert seinen tatsächlichen Rang in der akademischen Gemeinschaft.

Die Erforschung und Darstellung des nationalsozialistischen Regimes ist für einen Historiker des Jahrgangs 1928, dessen Schulbesuch für 22 Monate durch die Verpflichtung als Luftwaffenhelfer und zum Reichsarbeitsdienst, dann durch amerikanische Kriegsgefangenschaft unterbrochen war, natürlicherweise mehr als für die später geborenen auch Reflexion der eigenen Position. Das hat überhaupt nichts mit Moralisieren zu tun – obwohl Hermann Graml keinerlei Scheu hat, sich als Historiker zu moralischen Postulaten zu bekennen –, auch die reflektierende Selbstvergewisserung ist wissenschaftliche Arbeit, erfolgt nach präzisen und überprüfbaren Kategorien, wenn er etwa über die Pervertierung der egalitären Tendenzen der NS-Ideologie schreibt, daß sie auf die enthusiastische Bereitschaft der jungen Generation getroffen war: »Und abermals haben die meisten von uns, so weit war unsere Unterwerfung gelungen, erst nach dem Zusammenbruch des Dritten Reiches so recht erkannt, daß wir die Pervertierung einer an sich nützlichen und richtigen politischen Tendenz nicht nur duldeten, sondern mit Eifer selbst praktizierten.«

Die in diesem Band versammelten Studien sind allesamt Themen gewidmet, die im engeren Sinne zum Arbeitsfeld des Zeithistorikers Graml gehören. Wesentliche Aspekte von Ideologie und Herrschaft des Nationalsozialismus werden untersucht und dargestellt, dazu gehören die programmatischen Voraussetzungen, die Affinitäten zwischen Duce und Führer, die Probleme von Recht und Macht im Hitler-Staat, die ökonomischen, mentalen und außenpolitischen Bedingungen der Expansion des NS-Regimes, Judenfeindschaft und Holocaust, die Auseinandersetzung schließlich mit der Schuld nach dem Untergang des Nationalsozialismus. Verfasser und Herausgeber der Beiträge sind Weggefährten Hermann Gramls aus verschiedener Zeit, sie widmen ihm das Buch in herzlicher Freundschaft.

Im Mai 1993   Wolfgang Benz

Hellmuth Auerbach
Nationalsozialismus vor Hitler

Der Nationalsozialismus ist nicht erst durch Hitler geschaffen worden. In den Reden und schriftlichen Äußerungen seiner ersten Jahre finden sich keinerlei originäre Gedanken. Alles war vorher schon da; es ist von ihm aufgegriffen und höchstens in seinem Sinne radikalisiert, zu einem politischen Glaubensbekenntnis hochstilisiert worden.[1]

»Das, was im NS-Sprachgebrauch als Weltanschauung, als die Idee des Nationalsozialismus bezeichnet und für die politische Praxis als Programm der NSDAP offeriert wurde, war von Anfang an nicht das Ergebnis einer originalen, in sich schlüssigen Analyse der Gegenwart oder eines rational begründeten Systementwurfs für die Zukunft. Idee in diesem Sinne geistiger Durchdringung politischer, nationaler, gesellschaftlicher, ja selbst biologischer Gegebenheiten war der Nationalsozialismus nie ... Das Vage, Ungefähre und bewußt Unbestimmte gehörte von der Entstehung der NSDAP an zum Charakteristikum ihrer sogenannten Ideen. Man hat mit Recht von der Weltanschauung des Nationalsozialismus als von einem Mischkessel, einem Konglomerat, einem ›Ideenbrei‹ gesprochen.«[2]

Es besteht heute weitgehend Einigkeit darüber, daß diesem »Ideenbrei« drei Hauptkomponenten zugrunde liegen, die schon im Laufe des 19. Jahrhunderts entwickelt und in den Jahren vor 1914 und in der Folge des Ersten Weltkriegs ins Extreme getrieben wurden:

1. die sozialdarwinistische Vorstellung vom »Kampf ums Dasein«, der Selektion der Schwachen durch die Starken;
2. damit verbunden die Notwendigkeit eines Kampfes um »Lebensraum« für das germanische deutsche Volk, vor allem im Osten Europas;
3. ein »rassisch« begründeter Antisemitismus, der die Juden als Sündenbock für alles, als Wurzel allen Übels ansah.[3]

Die geistigen Ursprünge

Wenn im folgenden Autoren des 19. Jahrhunderts mit ihren extremen sozialdarwinistischen, völkischen und antisemitischen Äußerungen zitiert werden, wird mancher einwenden, dies seien Hirngespinste von Privatpersonen gewesen, die zu ihrer Zeit eine Außenseiterrolle spielten und nur von wenigen ernst genommen wurden. Dem ist entgegenzuhalten, daß der Kreis ihrer Adepten oder Bewunderer in vielen Fällen doch erschreckend groß war und daß viele dieser Hirngespinste unter Hitler offizielle Politik wurden. Es soll hier nicht von Obskuranten und Esoterikern wie Lanz von Liebenfels (der angeblich »Hitler die Ideen gab«) oder Alfred Schuler (dem Schwabinger Bohemien, den Hitler im Salon der Bruckmanns traf) die Rede sein, sondern von damals sehr honorigen Leuten, deren Einfluß in Deutschland ganz beträchtlich war.

Für den Pseudodarwinismus, der sich aus der ideologischen Verwendung des Begriffs »Kampf ums Dasein« entwickelt hat, kann Charles Darwin selbst nicht verantwortlich gemacht werden. Darwin hat den biologischen Begriff der Rasse völlig neutral verwendet. Auch für den Mann, der als Begründer der Rassenhygiene in Deutschland betrachtet wird, den Arzt und Privatgelehrten Wilhelm Schallmayer (geb. 1857), gab es noch keine qualitative Wertung der Rassen; er warnte sogar vor einer Ideologisierung des »Rassenglaubens«. Für ihn war das soziale Nützlichkeitsprinzip der einzige Maßstab für die ethische Beurteilung eines Menschen. Erstes Ziel aller Staatspolitik müsse eine quantitative Bevölkerungspolitik sein. Um die Erzeugung nützlicher Menschen zu gewährleisten, müsse man aber die Fortpflanzung fördern und steuern. Für die Frau könne es keinen höheren Beruf geben als Gattin und Mutter, je mehr Kinder sie habe, desto besser. Damit es aber gesunde Kinder sind, müßten rassenhygienische Kontrollen eingeführt werden. Schallmayer schlug deshalb die Einführung »erbbiographischer Personalbogen« vor, forderte die Sterilisierung »leiblich oder geistig mißratener« Personen und die Zwangsasylierung Behinderter. Die Konsequenz solcher Vorschläge waren Ehetauglichkeitszeugnisse und Eheverbote, wie sie das nationalsozialistische Erbgesundheitsgesetz vom 18. Oktober 1935 vorsah.[4]

Andere Zeitgenossen Schallmayers, wie Alfred Ploetz (geb. 1860) und Alexander Tille (geb. 1866), waren noch wesentlich radikaler und betonten vor allem den Wert der germanischen Rasse. Ploetz schreibt in seinen »Grundlinien einer Rassenhygiene« (Berlin 1895) von »Menschenmaterial« und vom notwendigen »Ausjäten« der Schwachen und Kranken. Er ging sogar so weit, den Ehepartnern vorschreiben zu wollen, bis zu welcher Altersstufe sie sich fortpflanzen dürften, und verlangte, später geborene Kinder und Zwillinge zu töten. Alexander Tille, ursprünglich Landwirt, plädierte in seinem 1893 zuerst anonym erschienenen Buch »Volksdienst« ebenfalls dafür, erblich Belastete, »die die Gesellschaft nur aus Mitleid erhält und die ohnedies zugrunde gehen würden«, seien zunächst auszuscheiden. Sie hätten kein Recht auf Fortpflanzung, nicht einmal »auf Dasein«.[5] Das »Euthanasie«-Programm der Nationalsozialisten ist also schon fünfzig Jahre früher entwickelt worden.

Im übrigen meinte Tille, man solle doch die Staatsgrenzen durch Volksgrenzen ersetzen. »Wenn wir Deutsche mehr Volksgenossen erzeugen als unsere Nachbarn, dann bedürfen wir auch mehr Boden zu ihrer Ernährung.« Die Bewohner des Landes, das einer anderen Nation weggenommen worden ist, müßten ausgesiedelt werden. Ja, Tille geht noch weiter: Es sei »das Recht der stärkeren Rasse, die niedere zu vernichten«. »Wenn diese nicht die Fähigkeit des Widerstandes behaupten kann, so hat sie auch kein Recht auf Dasein. Denn was sich nicht behaupten kann, muß sich gefallen lassen, daß es zugrunde geht.«[6] Das ist die radikale Konsequenz sozialdarwinistischer Volkstumspolitik.

Auch die im Himmlerschen »Lebensborn« in Ansätzen versuchte oder zumindest geplante Züchtung von Menschen, die dem eigenen Rasseideal entsprechen sollten, ist schon damals propagiert worden. Der in Prag wirkende Professor der Philosophie, Christian von Ehrenfels (geb. 1859), wollte dazu sogar die Polygynie (Vielweiberei) und die künstliche Befruchtung einführen. Der Chemiker Willibald Hentschel (geb. 1858) wollte das gleiche auf romantischere Art erreichen. Er gründete 1906 einen »Mittgart«-Bund, in dem sich gleichgesinnte Männer und Frauen in ländlichen Siedlungen zusammentun sollten, um in zeitlich begrenzten Ehegemeinschaften Kinder zu zeugen. Sobald die Frau Mutter wurde, sollte die Ehe aufgelöst werden. Die Kinder sollten bis zum 16. Lebensjahr vor allem körperlich ausgebildet werden. Danach sollten die Kenntnisse der Knaben in Fortbildungsschulen erweitert werden. »Die Mädchen werden den Mangel an höherer Schulbildung durch den inneren Wert ersetzen.«[7] Der Mittgart-Bund blieb allerdings nur eine Idee. Als 1914 die erste Siedlung gegründet werden sollte, machte der Ausbruch des Krieges weitere Pläne zunichte. Hentschel warb aber für seinen Gedanken bis in die Zeit des »Dritten Reiches«. Mit seiner Idee ländlicher Siedlungen und dem Einsatz arbeitsloser städtischer Jugendlicher in der Landwirtschaft nach dem Ersten Weltkrieg wurde Hentschel auch zum geistigen Vater des Artamanen-Bundes, dem zeitweise Walter Darré und Heinrich Himmler angehörten[8]: Fast allen genannten Sozialdarwinisten ging es um eine Aufwertung und Ausbreitung der nordeuropäischen Völker, des nordisch-germanischen Menschen, der angeblich die Höchstform der »arischen Rasse« darstellte. Natürlich wurde auch das deutsche Volk zu dieser germanischen Rasse gezählt.

Die Idealisierung der Germanen begann um die Mitte des 19. Jahrhunderts mit den Romanen Felix Dahns, Gustav Freytags und Hermann Burtes. Nach dem Vorbild altgermanischer Thingstätten schuf Ernst Wachler im Jahre 1907 das erste Freilandtheater im Harz – als Kultstätte für die Verehrung germanischen Heldentums, das den Hauptinhalt seiner Stücke ausmachte. Die Nationalsozialisten griffen diesen Einfall später auf und wollten in der Nähe aller Städte solche Thingstätten bzw. Thing-Theaterplätze schaffen als liturgischen Rahmen für die Darstellung ihres völkischen Kults.

Im Gefolge der Romantik wurde das Volk idealisiert, seine Verwurzelung in Landschaft und Raum hervorgehoben und zu einem absoluten Wert gesteigert. Völkisch-rassisch sollte die Politik ausgerichtet werden, nicht nach den Interessen von Staaten und Dynastien.

Gobineaus Vorstellungen von der germanischen Herrenrasse wurden in Deutschland erst im letzten Jahrzehnt des 19. Jahrhunderts weiteren Kreisen bekannt. Die größte Wirkung als Propagandisten des völkischen Denkens und der Germanenverehrung hatten Paul de Lagarde (geb. 1827) mit seinen »Deutschen Schriften« (1878) und Julius Langbehn (geb. 1851) mit seinem Buch »Rembrandt als Erzieher«. Lagardes Denken war fundamental völkisch, aber noch nicht rassistisch; bei Langbehn dagegen wird ein stark rassistisch geprägter Antisemitismus deutlich.

Lagarde behauptet, nur die Deutschen besäßen eine Seele; hinsichtlich anderer Völker spricht auch er von »Menschenmaterial«. Im übrigen wendet er sich gegen die Auswanderung Deutscher nach Übersee, etwa nach Amerika, wo sie dem Deutschtum verlorengingen, und plädiert für ein Kolonisationswerk in nächster Nähe. Deutschland brauche neues Land im Osten, denn »nur der Ackerbau, die Viehzucht und der Handel können Deutschland reich machen, nicht die Industrie«.[9] Solche romantischen Vorstellungen waren in völkischen Kreisen weit verbreitet. Sie wirkten auch im Nationalsozialismus in seiner Verherrlichung des Bauerntums noch nach.

Lagardes Ziel ist die deutsche Vorherrschaft in Mittel- und Osteuropa, einschließlich Österreich: »Es gibt keine andere Aufgabe für Österreich als die, der Coloniestaat Deutschlands zu werden. Die Völker in dem weiten Reiche sind mit Ausnahme der Deutschen und der Südslaven alle miteinander politisch wertlos; sie sind nur Material für germanische Neubildungen (...).«[10]

Langbehn schwärmte von einer »pangermanischen Föderation«, die naturgemäß auf eine deutsche Hegemonie hinauslaufen müsse.[11] Den Ursprung der arischen Rasse habe man nicht am Indus, sondern an der Nordsee zu suchen, denn hier läge »auch die geistige Blüthe der echten weltbeherrschenden Race (...).«[12] Die gleiche Meinung vertritt auch Houston Stewart Chamberlain (der Schwiegersohn Richard Wagners), dessen mystisch-verquastes zweibändiges Werk »Die Grundlagen des Neunzehnten Jahrhunderts« (1900) das Vorbild für Alfred Rosenbergs »Mythus des 20. Jahrhunderts« wurde: »Die Rassen der Menschheit sind in der Art ihrer Befähigung (...) sehr ungleich begabt, und die Germanen gehören zu jener Gruppe der Zuhöchstbegabten, die man als Arier zu bezeichnen pflegt (...). Körperlich und seelisch ragen die Arier unter allen Menschen empor; darum sind sie von Rechtswegen (wie der Stagirit sich ausdrückt) die Herren der Welt.«[13]

Weit verbreitet war die Vorstellung von einem Jahrhunderte alten Rassenkampf zwischen Germanen und Slawen. Allgemein war man der Ansicht, erst die Deutschen hätten die Kultur nach Polen ge-

bracht. Man müsse deshalb diese Gebiete für Deutschland zurückgewinnen. Schon Lagarde plädierte dafür, die Juden in diesen
Ostgebieten zu deportieren – und auch die deutschen und österreichischen Juden sollten nach Palästina verpflanzt werden. Nach
Langbehns Auffassung waren »Juden, Freisinn und Sozialdemokra-
tie« die politischen Feinde in Deutschland.[14]
Diese Vorstellungen wirkten weiter. Auch im Alldeutschen Verband, von dem noch die Rede sein wird, herrschte eine romantische
Begeisterung für den europäischen Norden als dem Ursprungsland
der Germanen vor. Pangermanische Proklamationen wurden laut,
und schon 1894 veröffentlichte der Alldeutsche Verband eine programmatische Erklärung, die die Forderung enthielt, es gelte nach
Osten und Südosten Ellbogenraum zu gewinnen, »um der germanischen Rasse diejenigen Lebensbedingungen zu sichern, deren sie
zur vollen Entwicklung ihrer Kräfte bedarf, selbst wenn darüber
solch minderwertige Völkchen wie Tschechen, Slowenen und Slo-
waken ihr für die Zivilisation nutzloses Dasein einbüßen sollten.
Nur den großen Kulturvölkern kann das Recht auf Nationalität zugestanden werden.«[15]
Für die Alldeutschen gehörte es natürlich zum Programm, im Zuge
ihrer Kriegszielpropaganda während des Ersten Weltkriegs auch
neue deutsche Siedlungsgebiete im Osten zu fordern. Solche Forderungen kamen aber auch von anderer Seite. Ganz im Sinne völkischer Ideen gehalten war beispielsweise eine Eingabe, die der Professor Waterstrad von der Landwirtschaftlichen Hochschule Ho-
henheim (Württemberg) schon am 10. September 1914 an den
Reichskanzler richtete. Er forderte die Annektierung eines »Grenz-
schutzstreifens« entlang der deutschen Ostgrenze, der »von Menschen frei gemacht« und dem »Deutschen Volk als Siedlungsland
zur Verfügung« gestellt werden sollte. Waterstrad schreibt dazu
weiter: »Die Selbsterhaltung unseres Volkstums und die dazu notwendige Beschaffung eines leistungsfähigen Bauernstandes, alles
das sind Lebensfragen für uns, die auch anscheinend harten und
rücksichtslosen Eingriff in die Volksrechte der eroberten Gebiete
durchaus rechtfertigen. Wir, die wir zu Unrecht von allen Seiten
angefeindet werden, müssen uns endlich und für immer frei machen
von weltbürgerlichem Rechtsgefühl und alles und jedes Handeln

einstellen auf die Erhaltung unserer Volkskraft.«[16] Der spätere
»Reichskommissar für die Festigung deutschen Volkstums«, Heinrich Himmler, hätte an diesen Äußerungen große Freude gehabt.
Auch General Ludendorff trat für eine großzügige Siedlungspolitik
und einen Austausch der Bevölkerung in den polnischen Grenzgebieten ein:»Durch eine von kraftvollem Willen getragene, großzügige Siedlungspolitik, wie sie auch die Reichskanzlei im Jahre 1915
verfolgt hatte, und durch Austausch der Bevölkerung konnten nicht
nur die Nachteile der Angliederung eines breiten Streifens polnischen Gebietes an Preußen gemildert, sondern sogar wesentliche
Vorteile und ein Menschenzuwachs für Deutschland gewonnen werden.«[17]
Ludendorff soll es gewesen sein, der Hitler auf die Notwendigkeit
hingewiesen hatte, als Ernährungsgrundlage für das deutsche Volk
»neuen Lebensraum im Osten« zu gewinnen.[18] Die Idee eines Bevölkerungstransfers, der Heimholung der Rußland-Deutschen in
die neu gewonnenen Gebiete und die Vertreibung der Polen daraus,
war von alldeutscher Seite schon 1915 publik gemacht worden. Man
nannte das eine »völkische Feldbereinigung«[19]. Diese Vorstellungen hatten sehr viel Ähnlichkeit mit dem nationalsozialistischen
»Generalplan Ost« zur Germanisierung der besetzten Ostgebiete
nach 1939.[20]
Der Begriff »Antisemitismus« wurde zwar erst in den siebziger Jahren des 19. Jahrhunderts durch Wilhelm Marr geprägt und ausschließlich auf die Judenfeindschaft bezogen, obwohl die Juden
eines der kleineren unter den semitischen Völkern sind. Aber das
Phänomen war auch vorher schon verbreitet. Bei Lagarde und
Langbehn tritt der Antisemitismus deutlich zutage und im ganzen
völkischen Denken wurde er vorherrschend.[21]
Für Lagarde handelte es sich noch um ein religiöses Problem. Seiner
Ansicht nach konnten die Juden allein aus religiösen Gründen niemals Deutsche sein und werden. Sie müßten ihre Religion aufgeben
und mit den Völkern, in denen sie leben, verschmelzen – oder nach
Palästina auswandern. Aber in seiner Schrift »Juden und Indogermanen« (1887) wirft er ihnen Rassenhochmut vor, verurteilt ihren
angeblichen Wucher und vergleicht sie mit Ungeziefer:»Mit Trichinen und Bazillen wird nicht verhandelt, Trichinen und Bazillen wer-

den auch nicht erzogen, sie werden so rasch und gründlich wie möglich vernichtet.«[22] Der Vergleich der Juden mit Ungeziefer ist eine durchgehende Metapher des radikalen Antisemitismus.[23] Die Folgerung, sie müßten ausgemerzt, ausgerottet werden, drängt sich geradezu auf.

Langbehn unterscheidet zwischen edlen und unedlen Juden; in Deutschland gebe es jedoch hauptsächlich letztere:»Um jedes Volk streiten sich Gott und der Teufel. Die heutigen Juden sind überwiegend dem letzteren verfallen; dadurch ist jedem ehrlichen und tapferen Deutschen seine Stellung ihnen gegenüber vorgeschrieben. Er hat gegen sie Front zu machen.«[24]

Daß Houston Stewart Chamberlain und Richard Wagner konsequente Antisemiten waren, lag in der Konsequenz ihres völkischen Denkens. Aber auch Eugen Dühring, der Nationalökonom und Sozialist, der die Rassenlehre Gobineaus ablehnte, wurde ein fanatischer Antisemit; er erklärte die Judenfrage zu einer »Existenzfrage« und forderte die »blutradikale Ausmerzung« der Juden.[25]

Von viel weiter tragender Wirkung als die Ergüsse solcher antisemitischen Pamphletisten und Pseudo-Philosophen war aber der Umstand, daß sich der damals populärste und angesehenste deutsche Historiker, der Berliner Professor Heinrich von Treitschke, mit einem an sich eher gemäßigten Artikel in den »Preußischen Jahrbüchern« im November 1879 auf die Seite der Antisemiten stellte: »(...) es ist schon ein Gewinn, daß ein Uebel, das Jeder fühlte und Niemand berühren wollte, jetzt offen besprochen wird. Täuschen wir uns nicht: die Bewegung ist sehr tief und stark; einige Scherze über die Weisheitssprüche christlich-socialer Stump-Redner genügen nicht, sie zu bezwingen. Bis in die Kreise der höchsten Bildung hinauf, unter Männern, die jeden Gedanken kirchlicher Unduldsamkeit oder nationalen Hochmuths mit Abscheu von sich weisen würden, ertönt es heute wie aus einem Munde: die Juden sind unser Unglück!« Dieser Aufsatz löste unter den deutschen Professoren und Intellektuellen große Empörung aus. Prominentester Kritiker Treitschkes war ein anderer Berliner Professor: der liberale Althistoriker Theodor Mommsen.[26]

Treitschke fand bei kleineren Geistern aber auch viel Zustimmung. Der Satz »Die Juden sind unser Unglück!« wurde sehr bald zu einem der beliebtesten Schlagworte der antisemitischen Polemik in Deutschland. Natürlich wurde das Schlagwort auch von den Nationalsozialisten übernommen. Die vom Gauleiter der NSDAP in Franken, Julius Streicher, herausgegebene berüchtigte antisemitische Kampfzeitschrift »Der Stürmer« führte den Satz auf der Titelseite jeder Ausgabe.

Wie gesagt, Treitschke war ein gemäßigter Antisemit, ebenso wie der von ihm als »christlich-socialer Stump-Redner« bezeichnete Berliner Hofprediger Adolf Stoecker, der den Juden vorwarf, die soziale Ordnung im neuen Deutschen Reich von innen auszuhöhlen. Aber Treitschke war es vor allem, der den Antisemitismus in Deutschland salonfähig machte. Er wurde damit Gemeingut im deutschen Bildungsbürgertum.

Von den radikal-antisemitischen Autoren, unter denen seit Ende der achtziger Jahre vor allem Theodor Fritsch mit seinem »Hammer«-Verlag und dem »Handbuch der Judenfrage« (begründet als »Antisemiten-Katechismus«) Furore machte, wurde seit langem gefordert, die Assimilation der Juden rückgängig zu machen und ihre rechtliche Emanzipation wieder aufzuheben. Schon bald nach deren Einführung hatte ein anderer Berliner Geschichtsprofessor, Christian Friedrich Rühs, in seiner Schrift »Die Ansprüche der Juden an das deutsche Bürgerrecht« (1815) vorgeschlagen, die Juden durch einen gelben Fleck auf der Kleidung zu kennzeichnen [27] – wie das im Mittelalter schon partiell üblich war und unter nationalsozialistischer Herrschaft wieder eingeführt wurde.

Der antisemitische Agitator Hermann Ahlwardt sah die Macht der Juden schon derartig anschwellen, daß er ein Buch mit dem Titel »Der Verzweiflungskampf der arischen Völker mit dem Judentum« (1890) herausbrachte, in dem er vor der jüdischen Verschwörung zur Erlangung der Weltherrschaft warnte. Einige Jahre später verlangte Ahlwardt in einer Reichstagsrede mehr oder weniger unverblümt die Ausrottung der Juden. 1892 hatte auch ein Karl Paasch im Danziger »Antisemiten-Spiegel« geschrieben, die Juden alle umzubringen, sei sicher das einfachste; aber da dies in Deutschland wohl nicht möglich sei, sollte man sie nach Neu-Guinea deportieren. [28] Bei den Nationalsozialisten war zeitweise eine andere Insel als Deportationsort im Gespräch: Madagaskar. Aber dann sahen sie doch eine Möglichkeit, die Juden umzubringen – und zwar gleich im europäischen Maßstab!

Ahlwardt war Lehrer, wie viele andere Antisemiten auch. Der Einfluß des völkischen, antisemitischen Denkens war in Deutschland am stärksten im Bereich von Schule und Erziehung. In den Schulen drang die Ideologie durch Bücher, Lehrpläne und Lehrer in das Denken der Schüler ein. Schülerorganisationen übernahmen völkische Prinzipien, sie prägten die deutsche Jugendbewegung vor und nach dem Ersten Weltkrieg. Ohne diese weitverbreitete völkische Stimmung an den deutschen Schulen und in deren Folge unter der deutschen Studentenschaft hätten die Nationalsozialisten nicht an die Macht kommen können. Fritz Stern schreibt mit Recht: »Tausend Lehrer im republikanischen Deutschland, die in ihrer Jugend Lagarde und Langbehn gelesen und verehrt hatten, waren für den Sieg des Nationalsozialismus mindestens ebenso wichtig wie die Millionen von Mark, die Hitler vermutlich von den deutschen Großindustriellen erhielt.«[29]

Am reinsten in die Praxis umgesetzt wurden die völkischen Erziehungsvorstellungen in den Landerziehungsheimen von Hermann Lietz. Er schuf an seinen Schulen mit einer Art offener Kapelle eine Einrichtung, die Wachlers Thing-Theatern sehr ähnlich war. Bei Nacht und Feuerschein wurde den Schülern aus Büchern vorgelesen, die völkische und patriotische Erbauung boten, aber auch aus dem antisemitischen Blatt »Der Hammer« von Theodor Fritsch. Lietz beeinflußte mit seinem Beispiel viele deutsche Erzieher, auch wenn sie nicht unmittelbar an seiner Landerziehungsheim-Bewegung teilnahmen. Nach dem Tode von Lietz 1919 trat Alfred Andreesen seine Nachfolge an, der 1935 im Nationalsozialistischen Lehrerverband die Adolf-Hitler-Schulen als Höhepunkt der von Lietz begonnenen Erziehungsarbeit pries.[30]

Wie wir gesehen haben, lagen sämtliche Mythen und Parolen der Nationalsozialisten bereits um die Jahrhundertwende parat. Ein Jahrzehnt danach, noch vor dem Ersten Weltkrieg, erschien auch noch eine Schrift, die die ganze völkisch-nationalistische Ideologie programmatisch zusammenfaßte: Unter dem Pseudonym Daniel Frymann veröffentlichte 1912 der Vorsitzende des Alldeutschen Verbandes, Justizrat Heinrich Claß, ein Buch mit dem Titel »Wenn ich der Kaiser wär' – «. Ausgehend von den Reichstagswahlen im Januar 1912, die die SPD mit 34,8 Prozent der Stimmen und 110 Mandaten zur stärksten Partei machten (»vier Millionen staats- und volksfeindliche Wähler«), schließt er, »daß heute in der Tat das ganze Volk mit der Art unzufrieden ist, wie es regiert wird«. Er wirft der Regierung Schwäche und Immobilismus vor. Zur Lösung der »sozialen Frage«, der drohenden Übervölkerung Deutschlands müsse neuer Lebensraum geschaffen werden, eine neue aktive Politik im Inneren und Äußeren sei notwendig und eine »Reichsreform«: Er verurteilt das allgemeine Wahlrecht, nur die Besitzenden und Gebildeten sollten wählen und im Parlament sitzen dürfen. Der Kampf gegen den Umsturz erfordere, daß »alle im Dienste der sozialistischen Propaganda Stehenden aus dem Deutschen Reiche ausgewiesen werden«. Es dürfe nur »eine Presse von Deutschen für Deutsche in deutschem Geiste geschrieben« geben.

Die Juden, deren Einfluß in Deutschland zu groß geworden sei, müßten unter Fremdenrecht gestellt und von öffentlichen Ämtern ausgeschlossen werden. Sie sollten nicht Dienst in Heer und Flotte tun dürfen, kein aktives und passives Wahlrecht haben, weder Anwälte noch Lehrer oder Leiter von Theatern oder Banken sein dürfen. »Ländlicher Besitz darf in Zukunft weder in jüdischem Eigentum stehen, noch mit solchen Hypotheken belastet werden. Als Entgelt für den Schutz, den die Juden als Volksfremde genießen, entrichten sie doppelte Steuern wie die Deutschen.«

Der polnische Grundbesitz in Preußen sollte enteignet werden. Es ist das Ziel anzustreben, »unter allen Umständen die nicht germanischen Volksfremden so schnell wie möglich aus dem Reichsgebiet [zu] entfernen und sie dann dauernd fern zu halten«. Eine weitere Auswanderung Deutscher sollte vermieden werden, dafür sei eine gründliche Sozialreform im Reich und eine großangelegte Bauernpolitik vonnöten. Erste Grundlage für ein kraftvolles Volk sei die »körperliche Gesundheit der deutschen Rasse«. Frymann (Claß) fordert natürlich einen national gesinnten Lehrerstand, der die Jugend in vaterländischem Geiste zu erziehen verstünde. Er betont, »daß die politischen Bestrebungen der Frauen nicht als berechtigt und nützlich angesehen werden können«. Ein Frauenwahlrecht gab es damals in Deutschland natürlich noch nicht. Im Kapitel über die

»Grundzüge deutscher Machtpolitik« verlangt er eine tätige, »sagen
wir ruhig aggressive« äußere Politik. Da es nach Westen und Osten
nicht möglich sei, müsse sich Deutschland nach Südosteuropa aus-
dehnen, die Ansiedlung des deutschen Bevölkerungsüberschusses
in den dünnbesiedelten Teilen der Donaumonarchie angestrebt
werden. Es dürfe keinen Volksverlust durch Auswanderung in
fremde Staaten mehr geben. Ein Krieg gegen Rußland habe für
Deutschland zwar nichts Verlockendes, aber man schrecke ihn auch
nicht. Im Falle eines Sieges »werden wir die Gebietsabtretungen
verlangen, die uns eine bessere Grenze und gleichzeitig Siedelungs-
land gewähren, wobei die Evakuierung sich nicht umgehen lassen
wird (...).«
In der Außenpolitik müsse man sich immer bewußt sein, »daß jede
europäische Staatengründung, alle europäische Kultur von Germanen ausgeht«. »Heilig sei uns der Krieg, wie das läuternde Schicksal,
denn er wird alles Große und Opferbereite, also Selbstlose wecken
in unserem Volke und seine Seele reinigen von den Schlacken der
selbstischen Kleinheit... Unsere Staatsmänner aber sollen wissen,
daß ihr Volk den Krieg nicht fürchtet (...).«
Schließlich drückt Frymann (Claß) das Bedürfnis nach einem starken, tüchtigen Führer aus; es wäre ein Glück, wenn ihm dieser »in
dem Träger der Krone erstünde«, aber er scheint daran zu zweifeln.
Denn zuletzt schreibt er: »Wenn heute der Führer ersteht, wird er
sich wundern, wie viele Getreue er hat – und wie wertvolle, selbstlose Männer sich um ihn scharen. Wird der Ruf nach dem Führer
noch nicht gehört? Dann soll er noch lauter erschallen, daß er nicht
weiterhin überhört werden kann!«[31]
In diesem Buch wird erstmals die Konzeption eines totalitären Führerstaats im 20. Jahrhundert entworfen. Es liest sich wie eine nationalsozialistische Programmschrift. Hitler war davon auch sehr beeindruckt und bekannte bei seiner ersten Begegnung mit Claß 1920,
daß in seinem Entwurf alles für das deutsche Volk Wichtige und
Notwendige enthalten sei.[32]

Die Formierung der Bewegung

Antisemitische Vereine gab es schon sehr bald im Deutschen Reich; der Journalist Wilhelm Marr hatte seine »Antisemitenliga« 1879 gegründet. Der Berliner Hofprediger Adolf Stoecker und seine Christlichsoziale Partei traten ab 1879 mit einem offen antisemitischen Programm auf. Ausgesprochen antisemitische, sozialreformerisch gesinnte Parteien[33] tauchten in der zweiten Hälfte der achtziger Jahre vor allem in Hessen-Kassel auf. Der Marburger Otto Böckel errang 1887 als erster Antisemit ein Reichstagsmandat. 1889 gab es zwei antisemitische Parteien im Reichstag, danach noch mehrere, die ihre Anhänger hauptsächlich in Hessen und in Sachsen hatten. Ab 1907 gingen diese Splitterparteien in einer »Wirtschaftlichen Vereinigung« auf, in der aber die Antisemiten dominierten. Ihren größten Erfolg errang diese Gruppe 1907 mit 22 Abgeordneten. Dabei spielten aber soziale Reformforderungen zugunsten mittelständischer und kleinbürgerlicher Berufe mindestens eine so große Rolle wie die antisemitischen Parolen.

1890/91 wurde der Alldeutsche Verband gegründet[34], der in überparteilichem Rahmen für die Erhaltung des deutschen Volkstums in Europa und Übersee und für die Fortführung der deutschen Kolonialbewegung streiten wollte. Er war völkisch, deutschnational und imperialistisch gesinnt, aber noch nicht antisemitisch, dazu war seine Anhängerschaft, die schon in den ersten Jahren auf ca. 20 000 Personen anwuchs, zu heterogen. Den Vorsitz des Verbandes führte von 1893 bis zu seinem Tode 1908 der nationalliberale Leipziger Professor Ernst Hasse, der als Reichstagsabgeordneter besonders für kolonialpolitische Belange eintrat. Sein Nachfolger wurde der Mainzer Justizrat Heinrich Claß, dessen Einstellung wir schon kennengelernt haben. Er führte den Verband, der durch den korporativen Beitritt vieler »deutschgesinnter« Vereine auf über hunderttausend Mitglieder anwuchs, sehr viel autoritärer. Er setzte das Führerprinzip durch und gab dem Verband mehr und mehr eine antisemitische Ausrichtung. 1914 gehörten dem weiterhin als überparteilich geltenden Verband immerhin 60 Reichstagsabgeordnete an, alle natürlich aus »nationalen« Parteien.

Der Erste Weltkrieg brachte eine Radikalisierung der Politik des

Verbandes. Claß hoffte, nun die in seinem Kaiserbuch aufgezeigten Ziele verwirklichen zu können. Von der Kriegsziel-Propaganda des Verbandes war schon die Rede; der Kampf gegen den angeblich zu laschen Reichskanzler Bethmann Hollweg, das Eintreten für den unbeschränkten U-Boot-Krieg und für eine Militärdiktatur bestimmten seine Politik. Der Weltkrieg wurde als Rassenkampf angesehen »zwischen dem reinen, festen und idealistischen germanischen Wesen und der unreinen, wurzellosen, materialistischen Mobilität des Westens, deren reinste Inkarnation das Judentum darstellte«[35]. Diesen Kampf hatte Deutschland sowohl nach außen wie nach innen auszufechten. Als die Niederlage eintrat, war also die Dolchstoß-Legende schon vorprogrammiert.

Nach dem Niedergang der Antisemitenparteien gründeten führende völkisch Gesinnte und Freunde des »Hammer« von Theodor Fritsch an Pfingsten 1912 den »Reichshammerbund« mit dem Ziel der »Erhaltung und Förderung einer gesunden deutschen Eigenart« und Abwehr gegenüber »allen fremden, insbesondere den jüdischen Einflüssen«. Dieser antisemitischen Sammelbewegung, die in der Öffentlichkeit agitierte, stellten sie aber gleichzeitig nach dem Vorbild der Freimaurer einen Geheimbund zur Seite, der sich »Germanenorden« nannte und der eine geheime Kommandozentrale für die gesamte völkische Bewegung sein sollte.[36]

Nach dem Krieg schlossen sich im Februar 1919 in Bamberg der Alldeutsche Verband, der Reichshammerbund, der Germanenorden und ein Deutschvölkischer Bund zu einem »Deutschvölkischen Schutz- und Trutz-Bund« zusammen. Grundlage für die Tätigkeit dieser Organisation sollten die in Claß' Kaiserbuch »niedergelegten staatsrechtlichen Grundsätze und Forderungen zur Judenfrage« sein. Diese Bamberger Erklärung der Völkischen war die erste prononcierte Kampfansage an die gerade entstehende neue demokratische deutsche Republik. Als Symbol des völkischen Kampfes wählte der Schutz- und Trutz-Bund das Hakenkreuz.[37] Obwohl die Nationalsozialisten es später nicht gern wahrhaben wollten, war tatsächlich die völkische Bewegung der Wegbereiter der NSDAP.

Eines der Hauptagitationszentren der Alldeutschen und Völkischen während des Weltkrieges war München.[38] Der Gründer der Münchner Ortsgruppe des Alldeutschen Verbands, der Verleger J. F. Leh-

mann, publizierte zahllose nationalistische, völkisch-antisemitische Pamphlete und Bücher und veröffentlichte ab 1917 die Zeitschrift »Deutschlands Erneuerung«, die zu einem Hauptorgan der Völkischen wurde. Als Tarnorganisation des Germanenordens wurde im August 1918 in München die Thule-Gesellschaft gegründet, die in der Revolutionszeit 1918/19 zum aktivsten gegenrevolutionären Zentrum der Rechten im Kampf gegen die »jüdische Räteherrschaft« wurde. Unter ihrem Patronat und mit dem Zweck, national gesinnte Arbeiter zu gewinnen, entstand Anfang Januar 1919 eine »Deutsche Arbeiterpartei«, geführt von dem Werkzeugschlosser Anton Drexler (die Thule-Leute hielten sich im Hintergrund).
Zu dieser damals nur etwas mehr als 50 Mitglieder zählenden Partei stieß am 12. September 1919 Adolf Hitler, der in der »politischen Aufklärungsabteilung« des Reichswehrgruppenkommandos in München tätig war. Hitler ließ sich von Drexler als Werbeobmann für die Partei anheuern. Er bewährte sich in dieser Funktion sehr bald, zumal er von der Münchner Ortsgruppe des Deutschvölkischen Schutz- und Trutz-Bundes kräftig unterstützt wurde. Auf einer Versammlung der DAP am 24. Februar 1920, bei der ein Mitglied dieses Bundes das Hauptreferat hielt, verkündete Hitler das neue Programm der Partei, die künftig »Nationalsozialistische Deutsche Arbeiterpartei« heißen sollte.
Die geistigen Väter des Programms waren vor allem zwei prominente Mitglieder der Thule-Gesellschaft, der Schriftsteller Dietrich Eckart und der Ingenieur Gottfried Feder, Verfasser einer obskuren Schrift über die »Brechung der Zinsknechtschaft des Geldes«. Der Name der Partei folgte dem österreichischen Beispiel: In Böhmen hatte sich 1904 eine Deutsche Arbeiterpartei gebildet, die in der Auseinandersetzung mit der tschechischen Mehrheit einen nationalen deutschen Sozialismus verfocht. Die Partei breitete sich über das ganze deutschsprachige Österreich aus und bekam im Mai 1918 den Namen »Deutsche Nationalsozialistische Arbeiterpartei«.
Für den in Linz und Wien aufwachsenden jungen Hitler waren der österreichische Antisemitismus Luegers und die großdeutschen Parolen Schönerers bestimmend gewesen[39], für den Nationalsozialismus, wie er sich in Deutschland entwickelte, war aber die deutsche

völkische Bewegung entscheidender. Die meisten Mitglieder der Thule-Gesellschaft und des Deutschvölkischen Schutz- und Trutz-Bundes in Bayern schlossen sich in den folgenden Jahren der neuen NSDAP an und prägten bis zum Putschversuch im November 1923 ihr Erscheinungsbild – auch nachdem Hitler im Sommer 1921 die alleinige Führerschaft errungen hatte.

Der Name der »Hitler-Partei«, wie sie nun vielfach genannt wurde, war aber eine bewußte Irreführung. »Der Begriff ›Nationalsozialismus‹ zeigte keineswegs eine Veränderung der seit langem zum deutschen Nationalismus gehörenden ideologischen Theoreme an, schon gar nicht die mit der Vereinigung von ›nationalistisch‹ und ›sozialistisch‹ behauptete Synthese zwischen politischen Weltbildern des Bürgertums und dem Sozialismus der Arbeiterklasse. Die ›Weltanschauung‹ der Glaubens- und Kampfgemeinschaft war nicht mehr und nicht weniger als die jüngste Ausgabe des Antimodernismus, wie ihn Treitschke und Lagarde an Langbehn und Chamberlain weitergereicht hatten, des mit Sozialdarwinismus verknüpften rassistischen Manichäismus [...] [und] des vom antimodernistischen Gesellschaftsbild geforderten und vom sozialdarwinistischen Rassismus gerechtfertigten Imperialismus, wie ihn Heinrich Claß und die Alldeutschen lauthals predigten.«[40]

Die Bewegung, die sich nun Nationalsozialismus nannte und 1933 an die Macht kam, war nur die Fortsetzung und Verdichtung dieser völkisch-imperialistischen Ideen, die in der zweiten Hälfte der NS-Herrschaft bis zur blutigen Konsequenz der Vernichtung aller angeblichen Feinde der »germanischen Herrenrasse« führen sollte.

Hans Mommsen
Preußentum und Nationalsozialismus

Am 21. März 1933 versammelten sich die Mitglieder der Reichsregierung, des Reichstags mit Ausnahme der inhaftierten oder auf der Flucht befindlichen Kommunisten und der Sozialdemokraten, die Führungen der Reichswehr, der »Vaterländischen Verbände«, des Stahlhelms und anderer Organisationen der bürgerlichen Rechten in der Potsdamer Garnisonkirche. Versammlungsort und Ritual waren mit Bedacht gewählt. Es ging der am 30. Januar gebildeten Regierung der nationalen Konzentration mit Adolf Hitler als Reichskanzler darum, mit der Beschwörung der preußischen Tradition die politischen Kräfte zu neutralisieren, die der proklamierten »nationalen Erhebung« skeptisch oder distanziert gegenüberstanden. In erster Linie aber diente der Staatsakt dazu, den greisen Reichspräsidenten Paul von Hindenburg, den preußischen Generalfeldmarschall und Sieger der Schlacht bei Tannenberg, zu einer vorbehaltlosen Unterstützung des neuen Kabinetts zu bewegen.

Die Garnisonkirche, die Grabstätte der preußischen Könige, zumal Friedrichs des Großen, symbolisierte die ruhmreiche Tradition der preußischen Armee. Beim Staatsakt selbst wurden die preußischen Traditionsfahnen und -standarten, die in der Zeit des 100 000-Mann-Heeres in den Zeughäusern geblieben waren, wieder hervorgeholt. Das berühmte Gardeinfanterieregiment Nr. 9 marschierte im Stechschritt auf; die nachfolgenden SA- und Stahlhelmverbände boten demgegenüber, wie Zeitgenossen berichteten, ein eher klägliches Bild. Hindenburg erschien in preußischer Uniform mit Pickelhaube, während sich Hitler etwas ungewohnt in Cut und Zylinder gezwängt hatte – Papen hatte ihn darüber aufgeklärt, daß, wenn schon Paradeuniform mit großer Ordensschnalle getragen werde, Zivilisten nur in dieser Aufmachung auftreten konnten.

Am Tage der Veranstaltung war Potsdam in ein Meer von Flaggen getaucht, und die Mehrheit davon zeigte die überkommenen schwarz-weißen Farben Preußens. Die Veranstaltung erschien als Hommage an den preußischen Staat, und manche Zeitgenossen gaben sich der Illusion hin, daß nun ein Anfang gemacht sei, zur konstitutionellen Monarchie unter einem Hohenzollernprinzen zurückzukehren.[1] Einige meinten sogar, dies sei der erste Schritt einer erfolgreichen Zähmung der NSDAP durch von Papen.

In einer kurzen Ansprache nährte der Reichspräsident solche Hoffnungen, indem er auf den »alten Geist dieser Ruhmesstätte« hinwies. In einer demgegenüber langatmigen programmatischen Rede, die zugleich den Dank an Hindenburg für seine Berufung zum Kanzler abstattete, erinnerte Hitler an die Kaiserproklamation von 1871 und hob die Verdienste Hindenburgs als königlicher und kaiserlicher Offizier hervor.[2] Danach begab sich der Feldmarschall zur Kranzniederlegung in die Gruft der preußischen Könige. Unter den Klängen des niederländischen Dankgebets begleitete Hitler den Reichspräsidenten aus der Kirche, um den Vorbeimarsch der Truppen, der Polizei und der Verbände abzunehmen.

Daß die Sozialdemokraten gar nicht erst eingeladen waren, daß die Zentrumsabgeordneten sich vor der Busfahrt nach Potsdam einer demütigenden Durchsuchung nach Waffen durch SA-Leute unterziehen mußten[3], entging den meisten Zeitgenossen. Sie waren von der Versöhnungsgeste des jungen Kanzlers gegenüber dem Repräsentanten des kaiserlichen Deutschland tief beeindruckt. Daß Hitler mit der Rückkehr zur Monarchie nichts im Sinn hatte, machte er schon am Tage der Annahme des Ermächtigungsgesetzes, am 23. März, deutlich, als er das Problem der monarchischen Restauration als gegenwärtig indiskutabel bezeichnete und vor entsprechenden Experimenten in den Ländern warnte, nachdem Göring einleitend noch einmal den Geist von Potsdam beschworen hatte.[4] Der Staatsakt, der der Einbindung der bürgerlichen Parteien diente, hatte seinen Zweck erfüllt, und die Regierung ging unverzüglich zur Tagesordnung über.

Die Initiative zum »Tag von Potsdam« war von Joseph Goebbels ausgegangen. »Wir haben einen großen Plan für die feierliche Eröffnung des neuen Reichstages in Potsdam entworfen«, notierte er am

16. März.[5] Der propagandistische Zweck des Staatsakts lag auf der Hand. Am Vortage war das Ermächtigungsgesetz im Kabinett angenommen worden.[6] Darüber hinaus war es für Hitler von zentraler Bedeutung, die Unterstützung der Reichswehr zu gewinnen, und nicht von ungefähr war es schon wenige Tage nach der Kabinettsbildung, am 3. Februar, zu einem Treffen mit der Generalität gekommen, der der noch etwas linkisch wirkende Hitler eine tragende Funktion im Reich versprach.[7] Darüber hinaus diente die Potsdamer »Rührkomödie«[8], wie kritische Beobachter erkannten, dazu, den von Goebbels inszenierten Kult der »nationalen Erhebung« zu unterstützen. Nicht zufällig endete das Itinerar dieses Tages mit Fackelzügen und einer festlichen Aufführung der Meistersinger von Nürnberg.[9]

Taktische Bemühungen, den Preußengedanken[10] auszuspielen, hatte es bereits im Vorfeld der Machtergreifung gegeben. Dazu gehörten die spektakulären Besuche Hermann Görings in Doorn im Januar 1931 und Mai 1932.[11] Sicherlich dienten sie vor allem zur eigenen Profilierung, doch bildete Preußen für den ehemaligen Kadetten und späteren Kommandeur des Jagdgeschwaders »Manfred Freiherr von Richthofen« mehr als eine romantische Vorstellung. Höchstpersönlich fügte er 1933 in die Fänge des Adlers im preußischen Staatswappen das Hakenkreuz ein, und sein politischer Ehrgeiz zielte darauf ab, mittels einer vorgezogenen preußischen Machtergreifung an die Spitze der nationalen Revolution zu treten.[12] Die Neugründung des preußischen Staatsrats durch Göring, der dann bedeutungslos wurde, diente diesem Ziel ebenso wie der systematische Ausbau seiner Macht als kommissarischer preußischer Innenminister unter von Papen.[13] Der rücksichtslose Einsatz der von ihm gebildeten preußischen Hilfspolizei ruinierte allerdings rasch sein Renommee im Ausland. Andererseits scharte Göring Fach- und nicht Parteileute um sich, und er tolerierte die Bemühungen von Rudolf Diels und anderen, den »wilden« Terrorismus der SA einzudämmen und zu vergleichsweise normalen staatlichen Verhältnissen zurückzukehren.[14]

Ebenso hatte die NS-Propaganda bewußt den SA-Standartenführer Prinz August Wilhelm von Preußen herausgestellt, um so den Widerstand altpreußischer Kreise gegen die NSDAP zu neutralisieren.

Da eine Restauration, zumal nach der Mesalliance des Kronprinzen Wilhelm, außerhalb jeder Realisierungschance stand, war die Rücksicht auf den Preußengedanken nach der Durchsetzung des Ermächtigungsgesetzes nur noch gegenüber der Armeeführung geboten, obwohl mit Reichenau und Blomberg Persönlichkeiten an deren Spitze traten, die nicht zum Typus des altpreußischen Offiziers gehörten, wie dies für Generaloberst Werner von Fritsch und General Ludwig Beck galt.[15] Hitler verzichtete denn auch nicht darauf, an konservativ-preußische Illusionen zu appellieren, wenn er beim Abschluß der Herbstmanöver 1933 vor der versammelten Generalität erklärte: »Wir können versichern, daß wir in Ihnen die Träger der Tradition unserer ruhmreichen alten Armee sehen.«[16] Zuvor hatte Blomberg den Reichskanzler dafür gerühmt, der Armee »die ruhmreichen alten Fahnen und die schwarz-weiß-rote Kokarde« wiedergegeben zu haben.[17]

Eine andere Frage war, ob die beschworene Verschmelzung von Preußentum und Nationalsozialismus nicht die Quadratur des Kreises darstellte. Dies war die feste Überzeugung des preußischen Landedelmanns Ewald von Kleist-Schmenzin, einem der konsequentesten Gegner des Regimes der ersten Stunde, der sich von dessen Anbiederungsversuchen nicht täuschen ließ.[18] Verbände wie die monarchistische Offiziersvereinigung mußten jedoch Ende 1933 erfahren, daß die nationalsozialistische Regierung, einmal an der Macht, die ursprünglich eingegangenen Rücksichtnahmen keineswegs einzuhalten bereit war und kurzerhand deren Auflösung wegen monarchistischer Umtriebe verfügte.

Es ist nachgerade erstaunlich, wie rasch es dem NS-Regime gelang, das preußische Selbstverständnis im Offizierskorps des Heeres zurückzudrängen, obwohl die Berufung Fritschs zum Chef der Heeresleitung, die gegen Hitlers Wunsch von Hindenburg durchgesetzt worden war, in dieser Hinsicht einen Rückschlag bedeutete. Nicht nur zahlreiche Revirements in der militärischen Führung, sondern auch die gewandelte Einstellung der jüngeren Offiziersgeneration wirkten in dieser Richtung. Die Mehrheit der Offiziere fand sich ungewöhnlich rasch dazu bereit, die von Reichenau favorisierte Linie einer weitgehenden nationalsozialistischen Indoktrinierung der Armee mitzugehen.[19] Das galt namentlich für die Entwicklung nach dem 30. Juni 1934, der den Pyrrhussieg der Ausschaltung der SA und vorläufig das Waffenmonopol der Wehrmacht sichergestellt hatte, allerdings um den Preis der schmählichen und ehrenrührigen Hinnahme der Ermordung Kurt von Schleichers und seiner Gemahlin.

Die Anregung, Reichskanzler- und Reichspräsidentenamt zu verschmelzen, die von der Wehrmachtführung ausging, bezeichnenderweise von General Friedrich von der Schulenburg, der Wilhelm II. das Versagen im November 1918 niemals verziehen hatte und der monarchistische Tendenzen ablehnte, stellte eine deutliche Abkehr von der Tradition, damit vom preußischen Prinzip, dar. Es ging nunmehr vor allem darum, die Stellung der Wehrmacht als zweite Säule des Staatswesens zu sichern. Gewiß war Erich Ludendorff ein zweifelhafter Repräsentant der preußischen Tradition. Der Reichskanzler hatte dem Vorschlag, ihn zum Generalfeldmarschall zu ernennen, unerwartet rasch zugestimmt, aber der sich verkannt fühlende Feldherr, der seine politische Ausschaltung durch Hitler 1925 nicht vergessen hatte, lehnte es brüsk ab, sich von einem Gefreiten zum Generalfeldmarschall befördern zu lassen.[20] Die Reminiszenz an Preußen spielte in der Armee seitdem eine untergeordnete Rolle.

Die Berufung auf die preußische Tradition konnte sich auf sehr unterschiedliche Sachverhalte beziehen und entbehrte jedenfalls in den Weimarer Jahren der Eindeutigkeit. Im zeitgenössischen Verständnis stand einerseits der preußische Staatsgedanke im Sinne eines ausgeprägt etatistischen Ordnungsdenkens im Vordergrund. Dies konnte sich mit den sogenannten preußischen Tugenden verbinden, die Pflichtgefühl und Pflichterfüllung, Unbestechlichkeit und Hingabe an den Staat, aber auch Unparteilichkeit und Gerechtigkeit zum Inhalt hatten. Dazu gehörten weiter Disziplin, Gehorsam und Bereitschaft zur Unterordnung. In das Wortfeld rückten zugleich soldatische Werthaltungen, insbesondere das sprichwörtliche Durchhalten um jeden Preis, ein. Die Erinnerung an das aufgeklärte Preußen der religiösen Toleranz trat dagegen zurück.

Für die Epoche war kennzeichnend, daß die unter dem Begriff des »Preußentums« geforderte Gesinnung von den politischen Kontexten, auf die sie sich einmal bezogen hatte, abgelöst und damit formalisiert wurde. Pflichterfüllung galt nun als Wert an sich, und mit dem Opfergedanken wurde geradezu Schindluder getrieben. Daraus erklärt es sich, daß die nationalsozialistische Propaganda sich mühelos des Preußensyndroms bemächtigen und es für die eigenen Zwecke mißbrauchen konnte. So scheute sich Joseph Goebbels nicht, im preußischen Landtagswahlkampf vom April 1932 Nationalsozialismus mit Preußentum gleichzusetzen: »Wo immer wir Nationalsozialisten auch stehen, in ganz Deutschland sind wir die Preußen. Die Idee, die wir tragen, ist preußisch. Die Wahrzeichen, für die wir fechten, sind von Preußengeist erfüllt, und die Ziele, die wir zu erreichen trachten, sind in verjüngter Form die Ideale, denen Friedrich Wilhelm I., der große Friedrich und Bismarck nachstrebten.«[21]

Es ist bemerkenswert, daß gerade der aus Rheydt stammende Joseph Goebbels seit den Weimarer Jahren das Thema Preußen mit Vorliebe variierte, wobei er sich als gelehriger Adept der zeitgenössischen Verehrung Friedrichs des Großen erwies. Schon im Spätsommer 1932, angesichts der sich deutlich abzeichnenden Krise der NSDAP, erinnerte er sich an Friedrichs des Großen Durchhalten im Siebenjährigen Kriege und ließ er sich von der Lektüre der Briefe des preußischen Herrschers inspirieren.[22] Kennzeichnend war daran, daß sich das Preußenbild auf die Person Friedrichs des Großen verengte und nur den Monarchen in der Krise des Siebenjährigen Krieges, nicht den Anhänger der Aufklärung und des Landesausbaus zum Gegenstand hatte.

Die Ausrichtung auf die Geschichte des vorkonstitutionellen Preußen und der frühen Bismarckzeit fand sich generell in den historisch-politischen Diskursen der zwanziger und frühen dreißiger Jahre. Als eklektische Ideologie hatte der Nationalsozialismus keine Mühe, Anleihen bei allen als positiv betrachteten Momenten der Nationalgeschichte zu machen, darunter auch bei der preußischen Geschichte. Der Fridericus-Kult war von ihm nicht erfunden worden. Die Beziehung zwischen dem jungen und alten König, der Vater-Sohn-Konflikt im preußischen Königshaus, war ein beliebtes Sujet, das die Generationenspannung der Weimarer Jahre reflektierte und Film und Theater eine Zeitlang beherrschte. Goebbels machte so, in der üblicherweise übertriebenen Form, die zeitgenössische historische Tendenz mit, die friderizianische und die Bismarcksche Tradition gegen den Wilhelminismus auszuspielen, der als Preisgabe der ursprünglichen preußischen Werte und als Niedergangsperiode begriffen wurde. Der berühmte Aufsatz von Hans Rothfels: »Friedrich der Große in den Schlachten des siebenjährigen Krieges« reflektierte diese Sicht der Dinge, die eine Verbindung zwischen Friedrich und dem Frontkämpfergedanken zog.[23]

Diese Stilisierung der friderizianischen Tradition wurde im »Dritten Reich« kaum verändert fortgesetzt und insbesondere in der Umgebung Hitlers gepflegt, der selbst nach einer Äußerung Hanfstaengls »vor allem jene Geschichtswerke« bevorzugte, »die sich mit Friedrich dem Großen und der Französischen Revolution beschäftigten«.[24] Vor allem die Satrapen des Regimes wetteiferten miteinander, Hitler Friedrich-Devotionalien zu dedizieren. So wurden ihm zum 50. Geburtstag von 1600 politischen Leitern unter der Führung von Rudolf Heß fünfzig Originalbriefe Friedrichs und von Heinrich Himmler ein Gemälde Friedrichs von Menzel überreicht.[25] Alfred Rosenberg schenkte ein Jahr später einen großen Porzellankopf Friedrichs des Großen, den der Diktator mit Tränen in den Augen entgegengenommen habe.[26] Daß ihm der kroatische Ustascha-Führer gar eine friderizianische Fahne aus dem Siebenjährigen Krieg schenkte, drängt die Frage auf, wie diese Utensilien jeweils beschafft worden sind.[27]

An Friedrich-Reliquien fehlte es in der Umgebung des Diktators infolgedessen nicht, und seine Umgebung zögerte nicht, ihn namentlich im Winter 1944/45 mit einschlägiger Friedrich-Literatur zu versorgen. Im April 1945 glaubte Goebbels, den Führer, der als einziges Kunstwerk ein Bildnis des preußischen Königs, das er Franz Lenbach zuschrieb, das aber von Anton Graff stammte, in das Führerhauptquartier mitgenommen hatte[28], dadurch seelisch aufrichten zu können, daß er ihm das Kapitel aus Carlyles Friedrich-Epos über die hoffnungslose Lage im Winter 1761/62 und die unverhoffte Rettung durch den Tod der Zarin Elisabeth vorlas.[29]

Hitler selbst pflegte sich nicht selten auf Friedrich den Großen zu beziehen, wenngleich seinen Angaben, er habe dessen Werke gelesen, soweit er sie habe auftreiben können, kein Glauben zu schenken ist. Seine Äußerungen kreisten um die angebliche Bereitschaft, mit der Eröffnung des ersten Schlesischen Kriegs ein »ungeheures Risiko« einzugehen, und er berief sich auf Friedrich in den Momenten, in denen er seiner eigenen waghalsigen »unerschütterlichen« Entschlüsse nicht recht sicher war. So erklärte er in der Befehlshaberbesprechung vom 23. November 1939, in der er die Generalität zum Angriff auf Frankreich, für den noch die logistischen Voraussetzungen fehlten, vorantrieb: »Ich habe zu wählen zwischen Sieg oder Vernichtung. Größter historischer Entschluß, zu vergleichen mit dem Entschluß Friedrichs des Großen vor dem 1. Schlesischen Krieg. Preußen verdankt seinen Aufstieg dem Heroismus eines Mannes. Auch dort waren die nächsten Berater bereit zur Kapitulation.« Und damit die Generale parierten, fügte er im Verlauf seiner Suada hinzu, Friedrich habe »wankenden Regimentern« die Abzeichen herunterreißen lassen, und diese hätten danach »wie die Helden gekämpft«.[30] In Anspielungen auf Friedrichs Feldherrentum, auf Bismarcks Entschlußkraft und die strategische Kunst von Clausewitz erschöpfte sich das auf die preußische Tradition bezogene Repertoire Hitlers.

Diese Anspielungen auf die preußische Überlieferung besaßen indessen keinen spezifisch ideologischen Stellenwert und reduzierten das Preußentum auf die friderizianische Legende. Immerhin gab es darüber hinaus Versuche, auch ideologisch an die preußische Idee anzuknüpfen und deren neokonservative Spiegelung in die eigene Weltanschauung zu integrieren. Oswald Spenglers 1920 erschienene Schrift »Preußentum und Sozialismus« hatte einer ganzen Generation von Intellektuellen ein besonderes Preußenbild vermittelt, das, ideologisch hoch aufgeladen, als Gegenmodell zur mißratenen Weimarer Republik fungierte und schon in den Ideen von 1914 als die Alternative des deutschen Gedankens zum individualistischen und materialisierten Westen hochstilisiert worden war.[31] So hatte schon Johann Plenge von der deutschen Kombination von »Sozialismus und Organisation« gesprochen, an der die Welt genesen müsse.

Die staatssozialistische Ausbeutung des kriegswirtschaftlichen Systems im Ersten Weltkrieg wurde durch die These, daß es sich vom friderizianischen Staatsgedanken herleite, hypostasiert. Zugleich wurde die Vorstellung verbreitet, daß der frühe preußische Staat – im Gegensatz zum westlichen freihändlerischen Liberalismus – zu einer sozial gerechten Ordnung gefunden habe, die zugleich der deutschen Tradition angemessen sei. Die Spenglersche Versöhnung von preußischem Staatsgedanken und Sozialismus stellte eine damals faszinierende Variante der Ideen Friedrich Naumanns vom sozialen Kaisertum dar und schien der vor der pluralistischen Wirklichkeit zurückschreckenden Öffentlichkeit, die nach Synthesen von Staat und Gesellschaft lechzte, geradezu die Zauberformel für die künftige Gestaltung des Staates zu sein.

Da der Nationalsozialismus ideologisch einer analogen Fiktion der Vereinbarung des Unvereinbaren, der Verbindung von nationaler und sozialer Bewegung, anhing, lag es nahe, durch die Uminterpretation dieser Ideen den Einbruch in das Lager der neokonservativen Konkurrenz zu erzielen, zumal es an personellen Querverbindungen, so bei den Brüdern Gregor und Otto Strasser, keineswegs mangelte.[32] Einer ihrer Anhänger, Fritz Dietlof Graf von der Schulenburg, gab sich denn auch der Illusion hin, das verlorene Preußen, so wie er es sah, vermittels der nationalsozialistischen Erhebung zurückgewinnen zu können.[33]

Schulenburg – und er stand in dieser Erfahrung nicht allein – mußte rasch erkennen, daß den Nationalsozialisten preußische Ordnung und Werthaltungen fern lagen, daß das sich etablierende System aus den angeblichen und da und dort auch zutreffenden Mißständen des parlamentarischen Systems in neue hineinsteuerte, die unvergleichlich viel schlimmer waren. Schulenburgs Kampf gegen die Korruption im Umkreis des ostpreußischen Gauleiters Koch, für dessen Einsetzung er sich zuvor persönlich verwandt hatte, war aussichtslos und zwang ihn zur Resignation.[34] Gleichwohl glaubte der Zögling des preußischen Infanterieregiments Nr. 9, das er später zum bevorzugten Rekrutierungsfeld für Teilnehmer an der Verschwörung gegen Hitler benützte, auf lange Sicht einer Neuordnung im preußischen Geiste dienen zu können. Resignativ äußerte er 1940 am Grabe des Freiherrn von Fritsch, der in der Armee als Symbolgestalt wahren Preußentums galt, daß »die preußische Forderung an das Reich« bestehen bleibe.[35]

In der Tat konnte man sich keinen größeren Gegensatz vorstellen als denjenigen zwischen nationalsozialistischer Herrschaftspraxis und preußischer Verwaltungstradition. Hinter den von Spengler akzentuierten preußischen Tugenden verbarg sich ein noch immer dienstbereites Beamtentum, das trotz des persönlichen Eids auf Hitler dem Staat bis zum bitteren Ende zu dienen bereit war, weil es sich nicht vorstellen konnte, daß dieser Staat selbst verlorengehen würde. Vorübergehend schien es auch so, als könnten die mäßigenden Einflüsse, die von den nur äußerlich gleichgeschalteten Beamtenkadern, für die preußische Pflichterfüllung noch keine leere Vokabel war, das Reich vor dem äußeren Untergang und innerer Auflösung bewahren.[36]

Diese Gegenbewegung aus dem Geist preußischer Tradition und neokonservativer Preußenidee blieb bei nationalsozialistischen Ideologen nicht unbemerkt. 1932 glaubte Hans Schwarz van Berk, der spätere Herausgeber des »Angriff« und damalige Chefredakteur der nationalsozialistischen Pommerschen Zeitung, noch die Klasse der preußischen Junker zum Mitgehen bewegen zu können. Das »militärisch festgefahrene Preußentum«, das »Preußen mit Gewehr bei Fuß«, sei nicht mehr die »friderizianische Bewegung, nicht mehr die Kleistsche Rebellion«. Es habe »sich und dem Volke keine große Form der politischen, allgemeinen Erhebung« geschaffen, wie das der Nationalsozialismus getan habe. Auch das Preußentum könne der »deutschen Revolution« nicht mehr entgehen.[37] Schwarz van Berk gehörte zu jenen konservativen Renegaten, die über die Brigade Ehrhardt, die Organisation Konsul, den Wiking-Bund und den Stahlhelm zur NSDAP gefunden hatten. 1935 avancierte er zum Chefredakteur des »Angriff«, geriet aber dann in Mißkredit und überwinterte als Kriegsberichterstatter der Waffen-SS.[38]

Nach der Machteroberung wurden die Töne schärfer und die Auseinandersetzung polemischer. Während Görings Polizeireferent, Martin Sommer, im Juni 1933 noch die Parole ausgeben ließ: »Preußentum ist Sozialismus«, womit er den »deutschen Sozialismus« der NSDAP meinte[39], wurde nach der Abhalfterung der konservativen Koalitionspartner und nach den üblich werdenden Antimiesmacherkampagnen, die sich auch gegen das preußische Lager richteten, die Verbindung von Preußentum und Sozialismus als »Tarnungsphrase der deutsch-nationalen Reaktion« hingestellt und der preußische Staat als volksfeindliche »Staatsmaschine« denunziert, die »keine Volksgenossen, sondern nur Untertanen und Obertanen« gekannt habe. Das Preußentum sei vielmehr »typisch unsozialistisch« gewesen und das »Staatsdenken« daher folgerichtig vom liberalen »Gelddenken«, nicht vom völkischen Gedanken abgelöst worden, hieß es in einer zeitgenössischen Broschüre. Im gleichen Atemzug wurde Moeller van den Bruck als bloßer »Schreiber« disqualifiziert, während die wahren Nationalsozialisten Männer des Handelns seien.[40]

Stellvertretend für die Bestrebungen, sich an die Stelle der preußischen Tradition zu setzen, war die »Festrede zur Feier der Wiederkehr des Tages der Machtergreifung« vom badischen Kultusminister und Militärhistoriker Paul Schmitthenner, in der er davon sprach, daß das »seelische Preußentum«, das den verlorenen Weltkrieg und die »Weimarer Verirrung« überlebt habe, zur »Triebkraft von alles überwindender Gewalt« gerade deshalb geworden sei, weil sie sich »gleichsam vom faulgewordenen Fruchtschoß« des degenerierten preußischen Staates befreit und sich so zur »deutschen Volksidee« gewandelt habe. »Nunmehr« habe sie den preußischen Mantel angelegt und in der Person Adolf Hitlers ihre Verwirklichung gefunden. »In seiner Seele hatte sich der deutsche Sozialismus von 1914 geflüchtet, zusammengeballt, zum Organischen gewandelt und zu ungeheurer Kraft gesteigert«.[41]

Diese Stilisierungsversuche von 1935 stellten jedoch den Endpunkt einer ernsthaften Auseinandersetzung mit dem Preußengedanken dar. Danach war ohnehin die ideologische Debatte nicht mehr recht gefragt und sahen sich die neokonservativen Intellektuellen, sofern sie sich nicht gleich auf Distanz gehalten hatten wie Oswald Spengler, ins politische Abseits gedrängt. Diese Lesefrüchte verweisen auf den Wandel des geistigen Klimas im Regime seit der Mitte der dreißiger Jahre, in der bislang taktisch beibehaltener ideologischer Ballast abgeworfen und ideologische Varianten mit der Beschwörung des Führerkults plattgewalzt wurden. Bislang gutenteils als Galionsfiguren benützte Intellektuelle wie Carl Schmitt oder Martin Heidegger mußten plötzlich erkennen, daß Geist nicht mehr gefragt war.[42]

Im gleichen Maße erstarb der Preußendiskurs in den Gazetten des Dritten Reichs, während er in den nun in den deutschnationalen

Jargon zurückfallenden Schulbüchern überlebte und vereinzelt im
Heer, häufig mit stillschweigender Distanzierung vom Regime, fortgeführt wurde. Er tauchte im öffentlichen Diskurs erst wieder auf,
als Hitler sich in den Führerbunker zurückzog, die Berührung mit
der Öffentlichkeit, damit auch spektakuläre Reden scheute und es
propagandistisch notwendig erschien, das von Hitler bis dahin aus-
gefüllte Bild des volksnahen Diktators durch das des heroisch kämpfenden, in der Sorge für Volk und Vaterland sich verzehrenden
Feldherrn zu ersetzen, der bis zum Letzten seine Kraft für das Überleben der Nation hingab. Immerhin verschwendete Hitler noch den
Gedanken darauf, das erwähnte Friedrich-Bild seinem Chefpiloten
Hans Baur wenige Stunden vor seinem Selbstmord zu vermachen.
Goebbels vermittelte Hitler, indem er ihm Carlyles Biographie
Friedrichs des Großen dedizierte, selbst den Anstoß zur propagandistischen Umformung des Hitler-Bildes bis hin zu der fragwürdigen Analogie mit Friedrichs Rolle in den Schlachten des Siebenjährigen Krieges und der Errettung durch den Tod der Zarin
Elisabeth. Auf Nachricht vom Ableben Präsident Roosevelts hin
hat er im Führerhauptquartier, in das Hitler als einzige Reminiszenz an die Reichskanzlei das Bild Friedrichs des Großen mitgenommen hatte, noch einmal diese angeblich historische Parallele
hervorgehoben.[43]
In der praktischen Politik hat der Nationalsozialismus, der so un-
preußisch wie möglich war, preußischen Prinzipien allenthalben zu-
widergehandelt. Die Auflösung des Institutionengefüges, des
Staatsgedankens, des Beamtenbegriffs, der Rückfall in neofeudale
Herrschaftspraktiken, die nur als Verhöhnung des Grundsatzes
vom *suum cuique* gelten konnten, gehören ebenso dazu wie eine
maßlose Korruption, die vor den Spitzen des Staates nicht halt-
machte, und eine fehlende Verantwortungsbereitschaft der Nation
gegenüber, deren Untergang die in größte Verbrechen verstrickten
Satrapen leichtfertig hinnahmen.
Diese Entgegensetzung darf freilich nicht darüber hinwegtäuschen,
daß bestimmte Elemente der preußischen Tradition, die Akzeptanz
des Obrigkeitsstaates und des Prinzips formaler Legalität ebenso
wie eine fragwürdige soldatische Pflichterfüllung bis zum Letzten,
die die Lehre von Clausewitz hinter sich ließ, entscheidend dazu

beigetragen haben, daß die nationalsozialistische Gewaltpolitik nach innen und nach außen möglich wurde.[44] Hitlers Wille, die Großmachtstellung des Reiches mit kriegerischen Mitteln zu erzwingen, fand bei der Generalität allenfalls hinhaltenden Widerstand, und die fragwürdige Verherrlichung des militärischen Erfolges führte geradewegs in die Hybris.

Vor diesem Hintergrund ist die Rolle, die die preußische Idee in der Widerstandsbewegung des 20. Juli gespielt hat, äußerst bemerkenswert. Sie erscheint als eine späte Ehrenrettung des preußischen Prinzips. Es mag dabei denkwürdig anmuten, daß Henning von Treskow, der die Seele des Umsturzversuchs noch vor Claus Schenk von Stauffenberg war, am 21. März 1933 als Adjutant am Vorbeimarsch des Infanterieregiments Nr. 9 vor der Garnisonkirche teilgenommen hatte.[45] Für eine ganze Reihe von Widerstandskämpfern war die preußische Idee bestimmendes Motiv, aber die historische Perspektive, die die Verschwörer ihrem Handeln zugrunde legten, war die preußische Reformbewegung und nicht die heroische Katastrophenpolitik Friedrichs II. Es war »die Forderung Preußens an das Reich«, die sie vergeblich einzulösen suchten.

Hans Woller
Machtpolitisches Kalkül oder ideologische Affinität?
Zur Frage des Verhältnisses
zwischen Mussolini und Hitler
vor 1933

Es ist kein Zufall, aber doch erstaunlich, daß in den meisten großen Darstellungen, die dem Aufstieg und der Machtergreifung Hitlers gewidmet sind, der Name Mussolini entweder fehlt oder nur ganz beiläufig erwähnt wird; das gilt selbst für jene Autoren, die nach reiflicher Reflexion zu der Einsicht fanden, daß sich Aufkommen und Durchsetzung der autoritären Bewegungen in Europa in den zwanziger und dreißiger Jahren nur in vergleichender Perspektive und unter Verwendung eines allgemeinen Faschismusbegriffes angemessen erfassen und darstellen lassen.[1] Zufällig ist das vor allem insofern nicht, als die Kontakte Mussolinis zur deutschen Rechten und zumal auch die Anfänge der »brutalen Freundschaft« zwischen den beiden Diktatoren noch immer voller Rätsel stecken, die sich wegen der äußerst dürftigen Quellenlage wohl nie ganz werden lösen lassen. Erstaunlich erscheint die Tatsache gleichwohl, denn unübersehbar ist doch, daß in den zwanziger und frühen dreißiger Jahren das gesamte nationale Lager Orientierung und Anleitung suchend nach dem faschistischen Italien blickte und daß namentlich die NS-Bewegung in Mussolini und seiner epochalen »Großtat«, der Schaffung des faschistischen Systems und der Zertrümmerung des Marxismus, eine Art Leitstern sah, der sie auf die »via maestra« zur Macht führen sollte.[2]

In diesem Aufsatz soll es vor allem um die Aufhellung der noch weitgehend im dunkeln liegenden Beziehungsgeschichte zwischen Hitler und Mussolini vor 1933 gehen. Zugleich (und eher nebenbei) kann der Beitrag vielleicht auch ein wenig helfen, eine Grundfrage im deutsch-italienischen Verhältnis im 20. Jahrhundert zu beantworten, die fast fünfzig Jahre nach dem Ende von Nationalsozialismus und Faschismus noch immer nicht zur Ruhe gekommen ist:

Was führte in den dreißiger Jahren zum unseligen Bündnis zwischen Italien und dem Deutschen Reich? Handelte es sich dabei um eine ideologisch motivierte Kriegskoalition zweier wesensverwandter Regime, die sich zu einer konzertierten Aktion zur Herausforderung und faschistischen Umgestaltung der Alten Welt verschworen hatten, oder nicht doch um eine Zweckgemeinschaft zweier expansionistischer Staaten, deren Dynamik ähnlichen Gesetzen gehorchte und schließlich so viele gemeinsame Gegner auf den Plan rief, daß ihnen kaum eine andere Möglichkeit blieb, als sich – trotz beträchtlicher gegenseitiger Vorbehalte und (zumindest was Italien anbetrifft) entgegen aller machtpolitischen und geostrategischen Vernunft – zusammenzuschließen?

I.

Es muß nicht umständlich dargelegt werden, daß sich Hitler seit seinem Eintritt in die Politik intensiv mit außenpolitischen Fragen beschäftigte. Die von ihm verheißene nationale Wiedererweckung und die Machtergreifung der völkischen Kräfte sollten zunächst dazu dienen, den »Todfeind« Frankreich in die Schranken zu weisen und die schwankende Ordnung von Versailles zu sprengen; daran anknüpfend galt es, diesen neu gewonnenen Spielraum zur weitgespannten Expansion, genauer: zur Eroberung von »Lebensraum im Osten«, zu nutzen. Klar war Hitler dabei, daß auch einem nationalsozialistischen Deutschland enge Fesseln angelegt sein würden und daß es ohne fremde Hilfe wohl kaum gelingen könnte, außenpolitisch Boden gutzumachen. Das Deutsche Reich war nach dem Ersten Weltkrieg ohnmächtig und isoliert; wenn es überhaupt Unterstützung von außen zu erwarten hatte, so war das nicht von Paris oder Moskau, zunächst wohl auch nicht von London, sondern von Rom, dessen hochgespannte Kriegsgewinnerwartungen nach 1918 unerfüllt geblieben waren. Italien mußte ebenso wie das Deutsche Reich früher oder später an der Versailler Friedensordnung rütteln, wenn es seine nationalen Interessen nicht ganz vernachlässigen wollte.

So dachte Hitler schon 1920, als er nach eigenem Bekenntnis von

Mussolini und vom Faschismus noch nichts gehört hatte. »Die Grundforderung ist:«, sagte er im August 1920, »Weg mit dem Friedensvertrag! Wir müssen dazu alle Hebel in Bewegung setzen, hauptsächlich die Gegensätze zwischen Frankreich und Italien ausnützen, damit wir Italien für uns bekommen.«[3] An diesem, in seinem Kern wohl ursprünglich auf Bismarck zurückgehenden Gedanken hielt Hitler in den folgenden Jahren unbeirrt fest. Sowohl in »Mein Kampf« als auch im »Zweiten Buch« und in zahlreichen Reden und Interviews kam er immer wieder auf dieses Bündniskonzept zurück, das ihn schließlich schon 1922/23 dazu veranlaßte, die Südtirol-Frage auf sich beruhen zu lassen, obwohl er sich damit heftigen Anfeindungen im nationalen Lager und sogar in der eigenen Partei aussetzte.[4] Hitler nahm das aber in Kauf, weil er wußte, daß er sich mit Klagen über die Brennergrenze und das »unerlöste« Südtirol in Rom nur Feinde machen konnte.

Die Wahrscheinlichkeit, daß sein Konzept aufgehen würde, »steigerte sich zur Gewißheit«, so Hitler rückblickend im »Zweiten Buch«, »als mit dem Siege des Faszismus die schwächliche, am Ende doch internationalen Einflüssen unterliegende italienische Regierung beseitigt wurde und an ihre Stelle ein Regiment trat, das die ausschließliche Vertretung der italienischen Interessen als Parole an seine Fahnen geheftet hatte.«[5] Hitler glaubte damit den idealen Bündnispartner zur Überwindung des Versailler Systems gefunden zu haben. Der Triumph des Faschismus erschien ihm als einer der »Wendepunkte der Geschichte«[6], und augenblicklich erfaßte ihn eine tiefe Bewunderung für den Mann, der den Faschismus erfunden hatte. Er hielt Mussolini für einen »genialen Staatsmann«, und er sah in ihm einen »römischen Cäsaren«. Hitler »bete« den Duce an, berichtete 1932 Giuseppe Renzetti, ein Vertrauter Mussolinis, er verzehre sich in dem Wunsch, Mussolini begegnen zu dürfen.[7]

Aus solchen und zahlreichen weiteren Bemerkungen und Beobachtungen vergleichbarer Art wird häufig der Schluß gezogen, es sei ein »ganz und gar ideologischer Grund« gewesen, der Hitler zu Mussolini führte,[8] die Ideologie des italienischen Faschismus habe für die frühe NSDAP »Vorbildcharakter«[9] besessen, und es sei in einem erheblichen Maße eben diese ideologische Affinität gewesen, die das spätere Bündnis zwischen dem faschistischen Italien und dem

nationalsozialistischen Deutschland begründete.[10] Die Frage ist
aber, ob Hitler und die NSDAP in den zwanziger Jahren wirklich
wußten, was sie an Italien bewunderten und wer ihnen dort Orientierung bieten sollte. Gewiß, es gab zahlreiche Anknüpfungs- und
Berührungspunkte zwischen Faschismus und Nationalsozialismus:
die Feindschaft gegenüber Marxismus und Bolschewismus sowie
den »dekadenten« Demokratien des Westens, die Verherrlichung
von Aktivismus und Gewalt, die oft selbstvergessene Hingabe der
Gefolgschaft an einen bald vergötterten Führer und nicht zuletzt der
Drang zur territorialen Expansion.

Auf der anderen Seite aber hat Hitler selbst mehrfach hervorgehoben, daß sein Programm schon 1919 entstanden sei und in den »geistigen Fundamenten« in sich ruhe.[11] Ins Auge sticht außerdem, daß
er sich kein einziges Mal eingehend zum Faschismus als Ideologie
und politischem System geäußert hat – nicht einmal in dem Vorwort, das er 1931 zu dem im Eher Verlag erschienenen Werk von
Vincenzo Meletti über »Die Revolution des Faschismus« schrieb;
hier beschränkte er sich darauf, die »innere Verwandtschaft der italienischen und der deutschen Prägung der neuen Staatsidee« zu kon-
statieren.[12] Wenn er nach 1922 auf Italien zu sprechen kam, so standen nicht ideologische Fragen im Vordergrund, sondern stets das
gleiche Thema, das er schon im August 1920 angeschlagen hatte:
Italien sei »aus tausend Gründen« der einzig mögliche Bündnispartner, und Bündnisse seien »nie ideal, sondern immer eine reine Sache
politischen Geschäftes«.[13]

Keine Frage: Hitler und seine Entourage wußten nicht viel von Italien, auch nicht von dem, was nach 1922 dort vor sich ging. Das
faschistische System, das sich unter vielen Konflikten langsam erst
herauszubilden begann, war ihnen fremd und bot – von einigen Äu-
ßerlichkeiten (wie römischer Gruß, Parteiuniform, Selbstinszenie-
rung bei Feiern und Gedenkveranstaltungen) abgesehen – relativ
wenig, was sich zur Nachahmung empfahl; das galt für die Nachsicht
mit der Krone und den alten Führungsschichten, mit denen sich die
Faschisten dauerhaft arrangiert hatten, und erst recht für die Toleranz gegenüber den Juden, die überzeugte Nationalsozialisten nur
mit einem verständnislosen Kopfschütteln quittieren konnten. Er
verbringe viel Zeit damit, hob Renzetti noch 1931 hervor, den Natio-

nalsozialisten »unsere gesetzlichen Grundlagen, unsere Einrichtun-
gen, unsere Organisationen, unsere Konzepte« zu erklären, denn:
»Der Faschismus ist in Deutschland längst nicht so bekannt wie er es
sein sollte.«[14]
Nimmt man alles zusammen, so wird man kaum umhinkönnen, die
Bedeutung ideologischer Gesichtspunkte im Verhältnis der beiden
Diktatoren wie der beiden politischen Bewegungen und Regime
doch etwas geringer zu veranschlagen, als das im wissenschaftlichen
Schrifttum bisher der Fall ist. Ausschlaggebend – wenigstens was
Hitler angeht – waren macht- und bündnispolitische Erwägungen,
und die Duce-Begeisterung war – überspitzt formuliert – kaum mehr
als unkritische Bewunderung für einen Mann, der es geschafft hatte,
und Ausdruck einer von näheren Kenntnissen kaum getrübten
Schwärmerei für das Römische Reich, für Cäsar und Augustus, von
denen aus Hitler – auch hier verführt durch die Geschichte – eine
gerade Linie zu Mussolini zog.

Die Vorbildfunktion des Faschismus und den Stellenwert ideologischer Faktoren geringer anzusetzen, heißt nun freilich nicht, daß der
Aufstieg der NSDAP von den Vorgängen in Italien gänzlich unbe-
einflußt geblieben wäre. Die NS-Bewegung hat vom siegreichen
Vorläufertum des Faschismus vor allem in zweierlei Hinsicht profi-
tiert: Die stupende Erfolgsgeschichte Mussolinis nach 1922 hat zumal in den mageren Jahren nach Hitlers Wiedereintritt in die Politik
die Aktivisten der Partei beflügelt und die innere Kohäsion der
NSDAP gestärkt. »Die Tatsache allein, daß man das machen kann«,
wie Hitler noch 1941 sagte, »hat uns einen Auftrieb gegeben«.[15]
Wenn eine revolutionäre Umwälzung in einem Land wie Italien
möglich war, das auch Hitler und die NSDAP mit einem beträcht-
lichen Maß an Geringschätzung betrachteten, dann erst recht im
Deutschen Reich. In den Reihen der krisengeschüttelten NSDAP
wurde so die Zuversicht gestärkt, daß es sich eines Tages auszahlen
würde, wenn man der Bewegung treu bliebe und den Glauben an die
Sache nicht verlor. Nichts zeigt diesen Vitalisierungseffekt, der von
Mussolini und vom Faschismus ausging, besser als das Tagebuch
von Joseph Goebbels, der sich Ende der zwanziger Jahre für den
»Duce« entflammte und sofort in einen Mussolini-Rausch verfiel:
»Herrlich, dieser Mussolini! Mein großes zeitgenössisches Vorbild.

An ihm kann man sich hochranken«, schrieb er im Januar 1930, und im Oktober desselben Jahres notierte er: »Dann sprach im Tonfilm Mussolini. Wirklich der Duce! Es ist hinreißend. In welch einer großen Zeit leben wir!«[16]

Begünstigt wurden Hitler und die NSDAP außerdem dadurch, daß man in der Endphase der Weimarer Republik in rechten, aber auch in liberal-konservativen Kreisen die Lösung der Staats- und Wirtschaftskrise von einer charismatischen Diktatur, wie Mussolini sie ins Werk gesetzt hatte, zu erwarten begann und zugleich die NSDAP und ihren Führer vor dem Hintergrund der Erfahrungen mit dem faschistischen Original und seinem »römischen Genius« an der Spitze beurteilte. Auf diese Weise verlor für viele verängstigte Bürger nicht nur die »Idee einer faschistisch-totalitären Herrschaft (...) ihren Schrecken«[17], sondern ein wenig wohl auch die NS-Bewegung; denn weiter als Mussolini würde dessen »schlechte Kopie« – einmal an der Macht – auch nicht gehen können. »In dieser Perspektive«, hat Hans-Ulrich Thamer treffend geschrieben, »sind Mussolini-Mythos und Faschismus-Rezeption Teil der Geschichte jener Unterschätzung, die Aufstieg und Machtergreifung des Nationalsozialismus begleitet und ermöglicht hat.«[18]

II.

Mussolini hat die Begeisterung, die ihm von seiten der deutschen Rechten und besonders Hitlers entgegenschlug, nicht erwidert. Eher ist das Gegenteil der Fall: Seit er vor dem Ersten Weltkrieg als sozialistischer Agitator im Trentino mit dem Pangermanismus in Berührung gekommen war, seit er 1914/15 zum Krieg gegen Deutschland aufgerufen und seit er im Frühjahr 1922 auf einer politischen Bildungsreise hinter die republikanische Fassade des Deutschen Reiches geblickt hatte, war ihm alles Deutsche suspekt.[19] Davon war auch die politische Rechte nicht ausgenommen, die an ihren aggressiven alldeutschen Bestrebungen festhielt und nicht müde wurde, die Ansprüche auf Südtirol zu bekräftigen. Selbst Hitler schien ihn nicht positiv zu beeindrucken. Mussolini hielt ihn für einen »buffone«, einen Narren, der einen unlesbaren »langweiligen

Wälzer« geschrieben hatte, der sich mit fragwürdigen Elementen und Wirrköpfen umgab und sich in Rassentheorien verrannt hatte, die im Mittelalter ihren Platz gehabt haben mochten, im 20. Jahrhundert aber doch reichlich deplaciert wirkten.[20] Das Urteil der Times vom 18. Oktober 1922, Hitler sei sein »vielversprechender bayerischer Schüler«, hätte er wohl mit einiger Entrüstung zurückgewiesen.[21]

Daß er trotz dieser Skepsis beträchtliche Hoffnungen in die deutsche Rechte setzte, hatte ebensowenig ideologische Gründe wie Hitlers Entscheidung für Italien als potentiellen Bündnispartner, sondern entsprang einzig und allein machtpolitischem, oder besser, imperialistischem Kalkül: Italien war in den zwanziger Jahren unter allen europäischen Mächten diejenige, die am energischsten und bedenkenlosesten auf eine Revision der Friedensverträge von 1919 hinwirkte. Das außenpolitische Programm des Faschismus, sagte Mussolini 1921, bestehe in einem »einzigen Wort: Expansionismus. Wir haben genug von der rachitischen Pantoffelheldenpolitik.«[22] Wohin sein begehrlicher Blick aber auch fiel, überall stand ihm die wichtigste Garantiemacht des Versailler Systems, Frankreich, im Wege. Das galt für das östliche Adriaufer nicht weniger als für das Horn von Afrika und für Nordafrika ebenso wie für Südosteuropa, wo Italien die Erbschaft des untergegangenen Habsburgerreiches antreten wollte. Frankreich ließ Mussolinis weit ausgreifenden imperialistischen Phantasien keinen Raum, am meisten aber erzürnte den Duce, daß die französische Hegemonialstellung ihm und der übrigen Welt ständig vor Augen führte, daß auch das faschistische Italien nicht über den Status einer zweitrangigen Nation hinauszukommen vermochte.

Mussolini wäre freilich nicht Mussolini gewesen, wenn er sich damit abgefunden hätte. Er setzte alle Hebel in Bewegung, um die von Paris stabilisierte Versailler Friedensordnung zum Einsturz zu bringen, und scheute dabei bekanntlich auch nicht davor zurück, terroristische Gruppen wie die kroatische Ustascha von Ante Pavelic zu unterstützen.[23] Wirkliche Erleichterung aber war nur dann zu erwarten, so mußte Mussolini schon ein flüchtiger Blick auf die altertümliche Weltkarte in seinem Arbeitszimmer im Palazzo Venezia zeigen, wenn der »potentiell stärkste revisionistische Staat,

Deutschland«[24], gegen den Status quo in Europa zu rebellieren begann und damit die Hüter von Versailles – in erster Linie natürlich Frankreich – so beschäftigte, daß er seinen imperialistischen Träumen nachgehen konnte, ohne schwere Sanktionen fürchten zu müssen. Eines seiner wichtigsten außenpolitischen Ziele war denn auch die Verhinderung eines deutsch-französischen Ausgleichs, wie er sich in der Ära Stresemann anzubahnen schien, und die Ablösung der demokratisch-parlamentarischen Weimarer Republik durch ein autoritäres und nationalistisches Regime, das die französische Vorherrschaft in Europa in Frage stellen würde.»Im ganzen war und blieb«, so hat Edgar R. Rosen schon 1957 geschrieben, »das jeweilige deutsch-französische Verhältnis für Mussolinis Einstellung zu Deutschland bestimmend«.[25]

Es versteht sich von selbst, daß der deutschen Rechten in diesem imperialistischen Kalkül eine herausgehobene Rolle zukam. Mussolini hielt sich ständig auf dem laufenden über die Entwicklung im Deutschen Reich und versuchte, wo es irgend ging, Anknüpfungspunkte zu rechten Gruppen zu finden. Das geschah zum einen im direkten Kontakt mit den Repräsentanten der Rechten, die in den zwanziger Jahren in immer größerer Zahl nach Rom pilgerten, um sich im Glanze Mussolinis zu sonnen, und zum anderen dadurch, daß er Vertraute in geheimer Mission nach Deutschland, insbesondere nach Berlin und München, schickte. Seine Emissäre, ehemalige Generäle und Geschäftsleute, pflegten Kontakte zur Reichswehr, namentlich auch zum Chef der Heeresleitung, Hans von Seeckt, zu monarchistischen Kreisen sowie zur DNVP und insbesondere zum Stahlhelm.[26] Die italienische Botschaft in Berlin erfuhr davon in der Regel kaum etwas, denn Mussolini mißtraute der offiziellen Diplomatie. In heiklen Fragen setzte er lieber auf eine faschistische »diplomazia parallela«, die es ihm erlaubte, die Kontakte zu rechten Gruppen möglichst unverbindlich zu halten, und zugleich den Vorteil bot, die ohnehin gespannten Beziehungen zur Reichsregierung nicht über Gebühr zu belasten. Daß dabei auch Geld und Waffen für die deutsche Rechte im Spiel waren, ist oft behauptet, aber nie überzeugend belegt worden.[27]

02

III.

Was Mussolini bis 1930 aus Deutschland zu hören bekam, dürfte ihn nicht sehr optimistisch gestimmt haben. Die Reichsregierung bemühte sich um einen Ausgleich mit Frankreich, und die diversen Gruppen der politischen Rechten hatten offensichtlich nichts Besseres zu tun, als sich in ewigem Streit miteinander zu verausgaben. Am vertrauenswürdigsten erschien Mussolini zu dieser Zeit – wie schon angedeutet – wohl der Stahlhelm, der in der zweiten Hälfte der zwanziger Jahre das Image eines etwas betulichen Veteranenvereines ohne allzu große aktionistische oder gar revolutionäre Ambitionen abzustreifen begann und alles tun wollte, um die nationale Opposition zum politischen »Großeinsatz« zu bringen.[28] Der Bund der Frontsoldaten besaß in den Augen Mussolinis mehrere Vorzüge: Er orientierte sich mehr als jede andere politische Gruppe im Deutschen Reich am Faschismus und war um der deutsch-italienischen Annäherung willen sogar bereit, auf Südtirol zu verzichten und die Ressentiments wegen des italienischen »Verrats« von 1915 zu unterdrücken. Außerdem schien der Stahlhelm über großen Rückhalt in Reichswehr, Polizei und Bürokratie sowie – was noch mehr zählte – bei Reichspräsident Hindenburg zu verfügen.[29] Attraktiv machte den Bund der Frontsoldaten schließlich auch dessen kämpferische Entschlossenheit, der Republik von Weimar und ihrer pro-französischen Politik ein baldiges Ende zu bereiten und die Macht an sich zu bringen. Solange Hindenburg lebte bzw. als Reichspräsident amtierte, so versicherte man Mussolinis Abgesandten, komme dafür nur der legale Weg in Frage, danach aber wolle man auch den Einsatz brachialer Methoden nicht ausschließen.[30]

Ausdruck dieser Sonderbeziehung, die freilich nie so weit gedieh, daß man von einem Bündnis sprechen könnte, waren vor allem die häufigen gegenseitigen Besuche. Nach 1929 fuhren zahlreiche größere Abordnungen des Stahlhelms nach Italien, um die Errungenschaften des Faschismus vor Ort zu studieren, enge Kontakte etwa mit faschistischen Jugend- und Frauenorganisationen herzustellen und geistig-politische Inspiration beim Duce zu suchen.[31] Mussolini ließ sich in solchen Fällen tatsächlich nicht lange um Audienzen bitten, er vermied es aber tunlichst, wirklich hochrangige Delegationen seiner Partei auf Gegenbesuche beim Stahlhelm zu entsenden; allzusehr wollte er die Reichsregierung schließlich doch nicht reizen.

Die Präferenzentscheidung Mussolinis zugunsten des Stahlhelms war das Werk eines Mannes, der sich ab 1929/30 immer stärker in den Vordergrund schob, 1931 zur »longa manus« (Renzo De Felice) des Duce bei Hitler avancierte und schließlich in der Agoniephase der Weimarer Republik eine undurchsichtige, noch nie untersuchte Rolle spielte: Giuseppe Renzetti.[32] 1891 (oder 1893 oder 1896) im mittelitalienischen Ascoli Piceno geboren, ist über die ersten Etappen seines Lebensweges nicht mehr bekannt, als daß er es im Ersten Weltkrieg zum hochdekorierten Major der Gebirgsjäger brachte und 1920 bis 1922 als Mitglied der Interalliierten Regierungs- und Plebiszitkommission in Gleiwitz/Oberschlesien tätig war, wo er Susanne Kochmann, die Tochter eines jüdischen Justizrates, kennenlernte, die er 1927 auch heiratete.[33] Nach Beendigung seiner Tätigkeit in Schlesien blieb Renzetti in Deutschland; er organisierte ab 1923 in den italienischen »Gemeinden« von mehreren deutschen Großstädten Ableger der faschistischen Partei und gründete zugleich in Leipzig, München, Hamburg und Berlin italienische Handelskammern. 1925 bis 1927 amtierte Renzetti als Konsul in Leipzig, danach übernahm er die Leitung der italienischen Handelskammer in Berlin und der »Vereinigung der italienischen Handelskammern in Deutschland«. Von 1922 bis 1927 gab er schließlich in Berlin die auf italienisch erscheinende Zeitschrift »Il Gagliardetto« heraus.[34]

Renzetti, seit Mitte der zwanziger Jahre Mitglied der faschistischen Partei, war ein Tausendsassa, der die seltene Gabe besaß, mit jedermann sofort ins Gespräch zu kommen. Er fühlte sich in Deutschland wie zu Hause und mischte überall mit, wo es etwas zu organisieren und einzufädeln gab. Er kurbelte den Tourismus an und vermittelte Italienreisen von deutschen Politikern und Gelehrten, er hielt Vorträge und bemühte sich um eine Intensivierung des wirtschaftlichen Austausches zwischen beiden Ländern, er schrieb in deutschen und italienischen Zeitungen und hatte seine Finger wohl auch in Waffengeschäften. So nimmt es nicht wunder, daß der wendige Offizier bald ganz Berlin kannte. Er führte in der Reichshauptstadt ein groß-

zügiges, außerordentlich gastfreundliches Haus, das neben zahlreichen Journalisten und Künstlern vor allem den konservativen Führungsschichten und den Repräsentanten der politischen Rechten of-
fenstand, zu denen er sich aufgrund seiner politischen Überzeugung
als Faschist und Monarchist besonders hingezogen fühlte. Er traf
sich mit Hjalmar Schacht und General Schleicher, SA-Chef Röhm
und Pressezar Hugenberg, dem Kronprinzen und hohen Generälen
der Reichswehr, er ging bei der ehemaligen Kaiserin und im Salon
von Viktoria von Dirksen aus und ein, er stand in ständigem Kontakt mit den Stahlhelm-Führern Seldte und Duesterberg, und er ver-
kehrte mit Nazigrößen wie Hitler, Rosenberg, Goebbels, Frick und
insbesondere mit Göring, der sich Renzetti durch eine »aufrichtige
und tiefempfundene Freundschaft« verbunden fühlte.[35]
Renzetti war vor allem deshalb ein gesuchter Gesprächspartner,
weil er im höheren faschistischen Dienste zu stehen schien und es
ihm tatsächlich ein leichtes war, politische Verbindungen zur italienischen Regierung und zur faschistischen Partei herzustellen oder
eine Audienz beim Duce zu arrangieren, der damals bei der politischen Rechten als Ideologiestifter und ruhmbedeckter Revolutionär höchstes Ansehen genoß. Mussolini und Renzetti hatten sich im
Frühjahr 1922 in Berlin kennengelernt, danach riß der Kontakt
nicht mehr ab, denn Renzetti machte es sich bald zur Gewohnheit,
regelmäßig über seine deutschen Erfahrungen nach Rom zu berichten. Er verstand sich als Sonderkorrespondent mit Insiderwissen
und zugleich als Propagandist des Faschismus, der sich schwer ins
Mittel legte, um den Ruhm des heimatlichen Regimes und seines
Duce auch im Ausland zu mehren. Mussolini sah in Renzetti wohl
nicht zuletzt deshalb einen »Freund«. Er hielt ihn für den »besten
Kenner der deutschen Politik und Ideologie, den Italien hat«, und
zögerte auch nicht, ihn für seine Dienste mit einer monatlichen Aufwandsentschädigung von einigen tausend Lire – damals eine nicht
geringe Summe – zu entlohnen.[36]
Bis etwa 1930 beschränkte sich Renzetti auf seine Rolle als Salon-
löwe, Korrespondent und Propagandist, später wurde er mehr und
mehr zu einer Art Politikberater, und zwar wohl weniger aus eigenem Antrieb, als vielmehr im Auftrag Mussolinis, der die Einwir-
kungsmöglichkeiten auf die deutsche Politik, die sich über Renzetti

boten, zu schätzen wußte. Beiden stand dabei klar vor Augen, daß das wichtigste Ziel der faschistischen Deutschlandpolitik, nämlich die Etablierung einer revisionistischen Regierung der nationalen Rechten, vom Stahlhelm allein nicht zu erreichen war. Zu einer ernsthaften Alternative zur Regierung Brüning konnte die nationale Opposition nur dann werden, wenn es gelang, ihre zersplitterten Kräfte unter der Führung des Stahlhelms zu einen und dafür auch die NSDAP zu gewinnen, die im Verbund mit den anderen Gruppen vielleicht auch ein Stück ihrer beunruhigenden Radikalität (etwa in puncto Antisemitismus) verlieren würde.[37]

Renzetti, der im April 1930 gewissermaßen zum Bevollmächtigten für die Pflege der Beziehungen zum Stahlhelm ernannt wurde,[38] tat sein möglichstes, um dem Einheitsfrontkonzept Mussolinis zum Erfolg zu verhelfen. Die Dutzende von Berichten, die er 1930/31 an Mussolini selbst oder an das Außenministerium richtete, zeigen ihn – wie einen Missionar, der sich ganz seiner Sache verschrieben hat – ständig in Aktion. Er sprach mit Hugenberg und dessen Vertrauten Schmidt-Hannover, mit den Stahlhelmführern Seldte, Duesterberg und Elhard von Morosowicz, mit dem Bundeskanzler des Stahlhelms, Siegfried Wagner, mit Schleicher und Hammerstein sowie mit Göring und Goebbels, und überall ging es um das gleiche Anliegen: die Beilegung der politischen Differenzen und persönlichen Querelen, die das nationale Lager entzweiten, und die Mobilisierung der Straße für die Sache der nationalen Opposition. Von der parlamentarischen Arbeit im Reichstag allein dürfe man sich nicht allzuviel erwarten, so schärfte er einem Repräsentanten des Stahlhelms ein. »Die Massen (. . .) müssen beschäftigt werden. Sie brauchen kleine Erfolge und müssen ständig angestachelt werden: Sie dürfen nicht untätig bleiben (. . .) und nur Brandreden oder vage Versprechungen zu hören bekommen«, sonst würden sie eine »Beute der Linken«, die sich bestens auf die Kunst verstünde, »die Menschen in ihrem Sinne zu lenken.«[39]

Mussolinis »longa manus« bearbeitete seine Gesprächspartner unter vier Augen, im kleinen vertrauten Kreis beim Frühstück oder in großer Runde, die sich zumeist in seinem Hause zusammenfand. Der eine oder andere Teilnehmer nannte diese Treffen sogar »historisch«, wie Renzetti selbst schrieb.[40] Die Krönung seiner Arbeit erblickte Renzetti in der Tagung der nationalen Opposition in Bad Harzburg (11. Oktober 1931), die – so glaubte er fest und so wurde es ihm von anderen bestätigt – ohne seine ständigen Bemühungen um Ausgleich und Eintracht nicht zustande gekommen wäre. Renzetti, so die hellsichtige Beobachtung von Sefton Delmer, saß »damals neben Hitler, Hugenberg, Schacht und den anderen auf der Tribüne« und sah »dem Aufmarsch mit einer solchen Begeisterung« zu, »daß man fast annehmen mußte, seine Regierung sei in dem neuen Harzburger Bund auch mit dabei«.[41]

Harzburg war freilich nicht nur ein persönlicher Erfolg. Das von vielen Streitigkeiten geprägte Treffen der nationalen Opposition und, kurz danach, die Großveranstaltung der SA vom 17./18. Oktober in Braunschweig[42] bewogen Renzetti auch, die Präferenzentscheidung zugunsten des Stahlhelms zu revidieren, das bis dahin verfolgte Konzept einer breiten nationalen Sammlung unter der Führung des Bundes der Frontsoldaten fallenzulassen und nun ganz auf die Nazis zu setzen. Renzetti, der in Braunschweig auf Einladung Hitlers dabeigewesen war, hatte – zumal nach dem Gezänk von Harzburg – die zwei Tage »in einer Atmosphäre ehrlicher und herzlicher Kameradschaft« genossen, sogar an einer Strafexpedition gegen Kommunisten hatte er teilnehmen dürfen.[43] Mit einem Wort: Renzetti war dem Charisma Hitlers erlegen und nun ganz überzeugt, daß nur dieser das Zeug dazu hatte, die politischen Verhältnisse im Deutschen Reich im faschistischen Sinne zu verändern. »Hitler«, so berichtete er nach Rom, »braucht sicherlich Unterstützung und Ratschläge, und mehr als je zuvor unsere Ratschläge, die er als ehrlich, objektiv und uneigennützig betrachtet. Trotz dieser Schwächen und der Defizite, die er in ›handwerklichen‹ Fragen besitzt, halte ich ihn für den besten Führer der nationalen Opposition. Was schließlich uns angeht, so scheint mir Hitler derjenige zu sein, auf den wir am meisten zählen können. Er ist loyal und ehrlich erfüllt von dem Willen, sich mit Italien zu verständigen. (…) Ihm ist bewußt, daß Mussolini ein Genie ist.«[44]

Nach Harzburg und Braunschweig war das Ziel klar. Renzetti ging es nun darum, dem Nationalsozialismus an die Macht zu verhelfen. Der Stahlhelm und andere rechte Gruppen zählten in seinen Plänen nur noch insofern, als sie den Aufstieg Hitlers erleichtern konnten.

In seinen Augen hatte die deutsche Rechte mit Ausnahme der Nationalsozialisten versagt: Sie hatte keinen revolutionären Schwung und betrieb eine zaghafte Politik alten intriganten Stils, die nur noch wenige erreichte. Ihre Ära war definitiv vorbei, wie Fossile aus längst vergangener Zeit ragten sie in die Gegenwart hinein: »Befürworter eines Staates nach dem Vorbild des alten preußischen Militärstaates, haben sie nicht bemerkt, daß in ihrem Land eine Revolution im Gange ist und alle Versuche, Deutschland mit Instrumenten zu führen, die in der Vergangenheit angemessen waren und ihre guten Seiten hatten, zum Scheitern verurteilt sind«, so Renzettis schneidender Kommentar vom 5. März 1932. »Nicht einmal die Resultate der letzten Wahlen haben ihnen die Augen geöffnet. Und doch ist evident, daß zwei Heere, zwei Gruppierungen marschieren: die nationale auf der einen Seite, die soziale auf der anderen, um Deutschland zu revolutionieren, um – mit einem Wort – zum Dritten Reich zu gelangen oder in die Katastrophe.«[45]

Nichts spricht dafür, daß Mussolini diese Wendung seines Mannes in Berlin nicht gutgeheißen, daß er gezögert hätte, Hitler zu unterstützen. Renzetti hatte am 4. November 1931, also nur drei Wochen nach Harzburg, eine Audienz beim Duce, über deren Verlauf – wie über fast alle Gespräche zwischen den beiden – leider nichts bekanntgeworden ist.[46] Auffallend ist aber, daß sich an Renzettis Position gegenüber Hitler, an seiner Politik der uneingeschränkten Unterstützung des Nationalsozialismus, nach der Audienz in Rom nichts geändert hat. Das läßt nur einen Schluß zu: Der Duce ließ sich im Herbst 1931 von der Stichhaltigkeit der Argumente seines Vertrauten überzeugen. Man mußte auf Hitler bauen, wenn die nationale Opposition an die Macht kommen sollte.

Hitler und der Nationalsozialismus hatten bis dahin im revisionistischen Konzept Mussolinis nur eine untergeordnete Rolle gespielt. Seit Anfang der zwanziger Jahre bestanden zwar lose Kontakte zwischen Faschismus und Nationalsozialismus, und Mussolini bemühte sich auch, Hitler – den er eigentlich nicht ernst nahm – nicht vor den Kopf zu stoßen.[47] Andererseits war er aber auch stets darauf bedacht geblieben, sich gegenüber dem Nationalsozialismus in keiner Weise zu verpflichten und Distanz zu Hitler zu wahren. Kaum etwas macht dies so deutlich, wie die – sage und schreibe – zehn Jahre

währende Vorgeschichte der ersten Begegnung der beiden Diktatoren 1934 in Venedig, die Hitler in der Rolle des ewig Drängenden
und Mussolini in der Rolle des Abweisenden zeigte.[48] Erst 1930,
nach dem spektakulären Erfolg der NSDAP in der Reichstagswahl
vom 14. September, begann die faschistische Führung in Rom im
Nationalsozialismus einen wichtigen Faktor der deutschen Innenpolitik zu erkennen. Die Beziehungen zwischen den beiden Parteien
wurden nun enger, immer öfter fuhren Delegationen über den
Brenner; straffällig gewordene Nationalsozialisten, denen im Deutschen Reich der Boden zu heiß wurde, fanden in Italien Unter-
schlupf.[49] Dieser Annäherungsprozeß erreichte im Mai 1931 seinen
ersten Höhepunkt, als Göring nach Rom reiste und als Geschenk für
Hitler eine Fotografie des Duce mit Widmung nach Hause brachte.
Hier bahnte sich die Kurskorrektur, die sechs Monate später erfolgte, wohl schon an.[50]

Nachdem Mussolini in der Audienz vom 4. November 1931 die neue
Linie autorisiert hatte, legte Renzetti die Rolle des Politikberaters,
in die er 1930 geschlüpft war, weitgehend ab. Er wurde nun selbst
ein Teil der deutschen Politik, ja zum Politiker, der seine Vorstellungen mit allen ihm zu Gebote stehenden Mitteln durchzusetzen
versuchte. Voraussetzung dafür waren die 1931/32 von Monat zu
Monat enger werdenden Kontakte zur Führungsclique der NSDAP
und insbesondere auch zu Hitler, der in Renzetti einen Freund (»ich
wage zu sagen, ergebenen«, so Mussolini[51]) und ehrlichen Ratgeber
erblickte. Der Vertraute des Duce traf den Führer 1932/33 dutzen-
demal, in entscheidenden Phasen wich er ihm oft tagelang kaum von
der Seite. Nur wenige standen Hitler in dieser Zeit näher, und nicht
viele kannten seine Pläne und Absichten besser als Renzetti. »Mir
ist aufgefallen«, hob dieser stolz hervor, »daß Hitler mir mehrfach
Dinge gesagt hat, die er nicht einmal seinen Parteifreunden anvertraut hat.«[52]

Renzetti nutzte seine Vorzugsstellung im Zentrum der deutschen
Politik vor allem in dreierlei Hinsicht: Er betätigte sich als Propa-
gandist der NSDAP und versuchte seine Gesprächspartner von der
DNVP, vom Stahlhelm und von der Reichswehr von der histori-
schen Notwendigkeit eines Rechtsbündnisses unter der Führung der
Nationalsozialisten zu überzeugen. Besondere Aufmerksamkeit

widmete er dabei dem Abbau von Widerständen gegen Hitler und der Beschwichtigung seiner konservativen Freunde, die die Gewaltexzesse der Nazis mit Sorge betrachteten. Die NSDAP sei im Grunde monarchistisch gesinnt, so setzte er etwa dem Kronprinzen wider besseres Wissen auseinander, und es könne keine Rede davon sein, daß Hitler »unvernünftig und ambitioniert« sei: »Er ist der Erste, der eingesteht, daß er kompetente und erfahrene Kräfte braucht, die ihm helfen, wenn er einmal an der Macht ist.«[53] Mit ähnlichen Argumenten drang Renzetti auch auf Exponenten der DNVP und auf Seldte und andere Stahlhelmführer ein. Es sei das beste, sagte er ihnen, die Deutschnationalen mit der NSDAP zu verschmelzen und den Bund der Frontsoldaten in eine Miliz Hitlers umzuwandeln.[54]

Den gleichen Zielen diente es, wenn Renzetti Politiker der in sich zerstrittenen nationalen Opposition in seinem Haus zusammenbrachte, wo sie sich auf gleichsam neutralem faschistischem Boden im kleinen Kreise austauschen konnten. Renzetti selbst maß diesen Treffen große Bedeutung bei, am wichtigsten erschien ihm der Meinungsaustausch der NS-Granden Göring, Kerrl und Kube mit Schmidt-Hannover und Stadtler von der DNVP, Seldte und von Bülow vom Stahlhelm sowie mit Thyssen, Schacht und dem Gründer des Berliner Herrenclubs, Heinrich von Gleichen, zu dem es am 10. Januar 1933 in seinem Hause kam.[55] Ohne sein Zutun – so Renzettis feste Überzeugung – wäre es den heterogenen Kräften des nationalen Lagers schwerlich möglich gewesen, »in Ruhe miteinander zu reden und sich zu verständigen«.[56]

Historisch am bedeutsamsten schließlich war Renzettis Versuch, Hitler zu lenken und auf den richtigen Weg zur Macht zu führen. Unabdingbar dafür waren, so meinte er, Geschlossenheit und Kampfbereitschaft der eigenen Partei. Dissidente Stimmen wie die von Gregor Strasser mußten rücksichtslos zum Verstummen gebracht werden. »Eine revolutionäre Bewegung (...) kann nur einen Führer und eine Idee haben. Eine revolutionäre Bewegung gleicht einer religiösen Bewegung und kann wie diese nicht mehrere Tendenzen zulassen. Man kann andere Auffassungen als der Führer haben; diese Auffassungen müssen dem Führer zur Prüfung vorgelegt werden (das ist im übrigen nichts weiter als ein Akt pflichtbewußter

Zusammenarbeit), dürfen aber nicht dazu dienen, sich eine Gefolgschaft zu schaffen, das Gefüge der Bewegung zu unterminieren.«[57]
Auch im Falle des SA-Führers Ernst Röhm riet Renzetti zum harten
Durchgreifen. »Röhm ist ein ausgezeichneter Organisator, ein er-
probter Freund Hitlers, aber er kann nicht auf seinem Posten bleiben ohne das Erscheinungsbild und den guten Namen der Miliz zu
beflecken.« Hitler werde bald gezwungen sein, so prophezeite Renzetti am 23. Januar 1933, »sich des Problems der Entfernung«
Röhms anzunehmen.[58]

Ebenso entschieden wandte sich Renzetti gegen die »Ehrgeizigen
oder Ängstlichen« in der NSDAP, die 1931/32 dazu tendierten, jede
Gelegenheit zur Regierungsbeteiligung zu nutzen. Die NSDAP,
schärfte er Hitler mehrfach ein, dürfe nur dann in die Regierung
eintreten, wenn sie stark genug sei, ihr den eigenen Stempel aufzu-
drücken. »Die nationalsozialistische Bewegung ist die Antwort auf
eine historische Notwendigkeit in Deutschland. Hitler (...) ist
nichts als der Ausdruck dieser Notwendigkeit, die immer stärker
erkannt, immer mächtiger wird. Es wäre deshalb ein Fehler (...),
den revolutionären Schwung der Partei zu bremsen, der naturgemäß an die historische Notwendigkeit gebunden ist und wie diese
zwangsläufig an Kraft gewinnen wird. Eine Regierungsbeteiligung,
die nicht angemessen ins Werk gesetzt wäre, könnte nicht nur Hitler
schaden, sondern, und das wäre schlimmer, der ganzen revolutionären Erneuerungsströmung, die momentan so kräftig ist.«[59]

Die NSDAP sollte sich von der Macht fernhalten, solange sie nicht in
der Lage war, sie ganz zu ergreifen, und statt dessen die Regierung
attackieren und durch eine permanente Mobilisierung der Straße in
Atem halten. Dabei sollte Hitler streng darauf achten, die führenden Repräsentanten der Regierung und der nationalen Opposition
etwas zu schonen, da diese »in Zukunft, alle zusammen oder einige,
wertvolle Helfer« sein könnten.[60] Renzetti empfahl hier machiavel-
listische Geschmeidigkeit, im Kampf um die Macht sei jedes Mittel
recht. Die NSDAP solle sich, wo es opportun erschien, durchaus
auch moderat geben, wenn damit etwa die Bischöfe der katholischen Kirche gewonnen oder die tiefsitzenden Ressentiments Hindenburgs gegen Hitler überwunden werden konnten. Es werde sich
bezahlt machen, so Renzetti zu Hitler und Göring, »herzliche Bezie-

hungen mit dem Reichspräsidenten zu unterhalten und ihm gegenüber erneut feierliche Erklärungen über die Rechtstreue der nationalsozialistischen Bewegung abzugeben«.[61]
Bei alledem war Renzetti allerdings nicht verborgen geblieben, daß die NSDAP – trotz imponierender Wahlerfolge – auf dem Weg zur Macht steckengeblieben war. Auch in ihm begann deshalb die Frage zu nagen, ob Hitlers Legalitätskurs zum Ziel führen oder in der Sackgasse enden würde. Er stand damit nicht allein. Gerade in der Führung der faschistischen Partei, die den Mythos kultivierte, 1922 der Welt gezeigt zu haben, was einige Haufen zu allem entschlossener Revolutionäre vermochten, gab es nicht wenige, die Hitler für einen Zauderer hielten. In diesen Kreisen nahm man Curzio Malapartes 1931 erschienenes Buch »Der Staatsstreich« begeistert auf. Hitler, so hieß es dort spöttisch, sei »ein Diktator, der es nicht wird«, ein »revolutionärer Opportunist«. Der nationalsozialistischen Revolution fehle nicht die Armee, »sondern der Führer«.[62]
Selbst Mussolini, der lange an den Erfolg der »via legale« geglaubt hatte, gab nun seine in diesen Dingen sonst geübte Zurückhaltung auf und ließ zuweilen spitze Bemerkungen fallen, aus denen zu erkennen war, wie wenig Gefallen er an der Linie Hitlers fand.
Dieses Unbehagen griff Renzetti auf, als er im April 1932 erstmals die »Idee eines Handstreiches in Berlin« ventilierte. »Es würden (...) etwa hundert Mann genügen«, meinte er, »um die Führer der gegnerischen Kräfte zu schnappen und um jenen Marsch auf Berlin zu starten, der die erste Phase der nationalen Revolution abschließen würde.«[63] Es muß offen bleiben, ob Renzetti dem Auftrag Mussolinis folgte, als er diesen Vorschlag unterbreitete, oder ob er dabei auf eigene Faust handelte. Fest steht aber, daß der Duce die Initiative seines Vertrauten billigte, als er ihn am 9. Juni 1932 in Rom traf[64], denn Renzetti wiederholte danach im Gespräch mit Hitler und Göring mehrfach seine Auffassung, daß »es der Bewegung der Braunhemden auf legalem Wege nicht gelingen wird, die Macht zu ergreifen, daß es nötig ist, eine Gewaltaktion zu versuchen«. Hitler, so schrieb Renzetti in seinem Bericht vom 25. Oktober 1932, habe seiner »eingehenden Darstellung«, in der er ihm erklärt habe, »wie man in Italien über diese Dinge denkt«, aufmerksam zugehört und sich seiner Meinung angeschlossen. »Ich warte«, so soll Hitler erwi-

dert haben, »auf den günstigsten Moment, um die zweite Phase der
Revolution einzuläuten. Ich weiß nicht, ob ich den Staatsstreich vor
oder nach meiner Machtergreifung versuche. Sicher ist aber, daß ich
ihn versuchen werde, um von einer Regierung der Paragraphen zu
einer revolutionären Regierung zu kommen.«[65]
Niemand vermag zu sagen, was Renzettis Ratschläge fruchteten, ob
sie von der NS-Führung beherzigt oder überhört wurden, und keiner
weiß, ob sich Renzettis Gesprächspartner vom Stahlhelm und von
der DNVP von seinen Überredungs- und Beruhigungsversuchen tatsächlich beschwichtigen ließen, weil in ihnen vielleicht die tröstliche
Verheißung mitschwang, der Nationalsozialismus werde eine ähnlich moderate Entwicklung nehmen wie der Faschismus in Italien.
Renzetti selbst zweifelte keinen Moment daran, daß sein Rat gefragt und befolgt wurde, während andere sich über ihn etwas lustig
machten, wenn er den Eindruck zu erwecken suchte, »daß er es war,
der die Politik der Nazis bestimmte und daß die gesamte NS-Führung an seinen Lippen hing und nichts Eiligeres zu tun hatte, als
seine Ratschläge zu befolgen«.[66] Eines läßt sich aber auch hier mit
Gewißheit sagen: Renzetti erfreute sich nach Hitlers Machtergreifung im Lager der neuen Regierung höchster Wertschätzung.
»Seldte, Göring, Schacht und andere«, schrieb er in der Stunde des
Triumphes der NS-Bewegung, den er auch als den eigenen empfand,
»haben mir mehrfach für meine, auf die Bildung einer nationalen
Front gerichtete Arbeit gedankt.«[67] Hitler wollte ihn am Abend des
30. Januar 1933 neben sich haben, als er vom Fenster der Reichskanzlei aus die vorbeimarschierenden SA- und Stahlhelmformatio-
nen grüßte,[68] und er rief den italienischen Major am 31. Januar als
einen der ersten zu sich, um ihm eine Botschaft an Mussolini zu
übermitteln und ihm zu versichern, daß er an seiner »Politik der
Freundschaft zu Italien« festzuhalten gedenke.[69] Noch Jahre danach, als Renzettis Stern längst verblaßt war, notierte Goebbels in
seinem Tagebuch: »Er hat soviel an der Partei und im Werden unseres Staates mitgemacht, daß er fast als alter Nazi gelten könnte.«[70]

IV.

Renzettis Berichte sind, so wird man zusammenfassend sagen können, die wichtigste Quelle für die Erforschung des Verhältnisses von
Hitler und Mussolini vor 1933, und zwar vor allem insofern, als sie
Mussolini nicht als Kommentator oder Beobachter zeigen, der – typisch für ihn – einmal dies und einmal jenes sagte, je nachdem, wie
die Umstände es erforderten. Der Duce tritt in ihnen gleichsam als
Akteur zutage, wenn auch nur in mittelbarer Form über seinen »verlängerten Arm« in Deutschland. Diese besonderen, noch nie syste-
matisch ausgewerteten Dokumente setzen das bis heute weitgehend
im dunkeln liegende Verhältnis zwischen dem Diktator »in spe und
dem anderen im Amt«[71] in ein ganz neues Licht. Sie belegen eines in
aller Deutlichkeit: Die in der Forschung vorherrschende, vor allem
von Renzo De Felice aufgestellte These[72], der Aufstieg der NS-Bewegung habe Mussolini bekümmert, der Duce habe Hitlers Weg zur
Macht mit gemischten, wenn nicht eindeutig negativen Gefühlen
verfolgt, seine klarsichtige Furcht vor Hitler habe seine mit der
Wende in Berlin verbundenen Hoffnungen verdüstert, geht letztlich
an der Realität vorbei und schreibt Mussolini ein Maß an staatsmän-
nischem Verantwortungsgefühl zu, das er nicht hatte. Denn in
Wirklichkeit hat der Duce die Machtergreifung Hitlers herbeige-
wünscht, nein, mehr als das: Er hat Hitler beraten und ab 1932 zum
Losschlagen gedrängt, er hat versucht, ihn vor Fehlern zu bewahren, und sein ganzes Prestige in die Waagschale geworfen, um die
potentiellen Bündnispartner des Nationalsozialismus von Stahlhelm
und DNVP dazu zu bewegen, der NSDAP den Weg zu bereiten –
einmal sogar persönlich, als er Seldte bei dessen Rom-Aufenthalt im
November 1932 zum Eintritt in eine Regierung Hitler überreden
wollte.[73]
Mussolini hat Hitler 1933 nicht gefürchtet, sondern ebenso unter-
schätzt wie das Gros der europäischen Staatsmänner. Nicht entfernt
rechnete er damit, daß Hitler sich schon wenige Jahre später an-
schicken würde, die Landkarte Europas neu zu gestalten. 1933
fühlte er sich ihm in jeder Hinsicht überlegen, er sah sich als seinen
»maestro politico«, und er hielt sich für geschickt genug, den neuen
deutschen Reichskanzler so in sein ambitioniertes Spiel um die Vor-

herrschaft in Europa einzubauen, daß schließlich er, Mussolini, allein es wäre, der die Regeln bestimmte.[74]

Auch die Grundfrage nach den Beweggründen und Ursachen, die zum unseligen Achsenbündnis zwischen Rom und Berlin führten, ist anhand der Berichte Renzettis etwas besser zu beantworten. Mussolinis Überzeugung, daß ein zur Macht gelangter Hitler sich niemals mit Frankreich aussöhnen würde, hat dabei eine große Rolle gespielt, außerdem seine Einsicht, daß eine nationalsozialistische Regierung die beste Gewähr bot für die Endabrechnung mit der Arbeiterbewegung in Deutschland, und schließlich auch seine Hoffnung, mit dem Erfolg Hitlers werde die Tür zu einem faschistischen Zeitalter aufgestoßen, das ganz im Zeichen seiner Herrschaft stehen sollte. Den Ausschlag aber gab das dominierende Interesse Mussolinis an der Etablierung einer autoritären Rechtsregierung im Deutschen Reich, die an den auch ihn hindernden Fesseln von Versailles zu zerren beginnen mußte. Nur wenn die deutsche Führung von der Politik der schleichenden Revision zur offen-aggressiven Herausforderung der Versailler Schutzmächte überging, hatte er den Rükken frei für seine imperialistischen Abenteuer im Mittelmeerraum und in Afrika. Nach Lage der Dinge konnte es dazu nur unter der Führung der Nationalsozialisten kommen, die DNVP oder der Stahlhelm, den Mussolini zeitweise favorisierte, waren dafür zu schwach und zu unentschlossen.

Mussolinis Hauptmotiv war also machtpolitischer Natur. Der Imperialist war in Mussolini stets stärker als der Pragmatiker, der zum Kompromiß mit Frankreich und Großbritannien riet, und auch stärker als der Ideologe, der »verwandtschaftliche Gefühle« zu Hitler und zum Nationalsozialismus gespürt haben mochte. Solche ideologischen Affinitäten sollen keineswegs in Abrede gestellt werden. Waren Empfindungen der Verachtung für Hitler und den Nationalsozialismus ansatzweise durchaus vorhanden, verflüchtigten sie sich aber stets schnell, wenn machtpolitische Interessen auf dem Spiel standen, wie sich insbesondere in der Österreich-Frage zeigte, die Hitler und Mussolini so unterschiedlich beurteilten, daß es beinahe zu einem dauerhaften Zerwürfnis zwischen den beiden Diktatoren gekommen wäre.

Mit alledem soll nicht gesagt sein, daß der Duce die potentielle Ge-

fahr, die von Deutschland ausging und auch seine Position be-
drohte, ganz verkannt hätte. Er wußte, daß Hitler seine auf revolutionäre Anciennität beruhende Vorrangstellung im Lager der europäischen Rechten nicht nur nicht anerkennen, sondern energisch
bestreiten würde und sich zum neuen Kristallisationspunkt aller revisionistischen und autoritären Bewegungen entwickeln konnte.
Genauso klar stand ihm vor Augen, daß sich das Deutsche Reich
unter der Führung Hitlers von der lähmenden Staats- und Wirtschaftskrise erholen und wieder zu einer europäischen Großmacht
aufsteigen würde; selbst einen deutschen Expansionskrieg hielt er
nicht für ausgeschlossen, ja eigentlich wünschte der träumerische
Krieger die große Auseinandersetzung sogar. Bis zu diesem »Ex-
amen der Völker«[75] würde aber noch geraume Zeit vergehen, die
Italien zur Eroberung und Konsolidierung eines mediterranen und
afrikanischen Imperiums und damit zur Festigung seiner eigenen
Großmachtstellung nutzen konnte. Würde es dann, in ferner Zukunft, brenzlig werden, so glaubte er, frei entscheiden zu können,
auf welche Seite er sich schlagen würde. Das war ein verhängnisvol-
ler Irrtum, der Mussolini schließlich auch dazu verführte, das ana-
chronistische Kolonialabenteuer in Abessinien zu starten. Damit
ruinierte er nicht nur das politische Verhältnis zu Frankreich und
England, dieser Akt imperialistischen Freibeutertums war schließlich auch der erste entscheidende Schritt zum »Achsen«-Bündnis,
das – alles in allem genommen – viel von einer Zweckgemeinschaft
zweier, in manchen Bereichen sogar konkurrierender Imperialis-
men und wenig von jenem »quasi unauflöslichen (...) Weltanschau-
ungs- und Freundschaftsverhältnis zweier Männer und zweier
Systeme« hatte, zu dem es in der späteren Selbstinterpretation über-
höht wurde.[76]

Hermann Weiß
Der »schwache« Diktator
Hitler und
der Führerstaat

Seit Allan Bullocks Hitler-Buch aus dem Jahre 1952, das als Biographie noch 1961 für die »beste Gesamtdarstellung des Nationalsozialismus« gehalten wurde,[1] hat die nicht-marxistische Zeitgeschichtsschreibung bis Mitte der sechziger Jahre die Rolle Adolf Hitlers im Machtgefüge des »Dritten Reiches« unisono als die des Herrn und Meisters »seines« Staates dargestellt. Hitler war der zentrale Bezugspunkt jeder Beschäftigung mit der Geschichte des Nationalsozialismus.[2] Natürlich war der Tote, der am 30. April 1945 in einem Bombentrichter verscharrt worden war, mehr als nur der Erste Mann des Dritten Reiches gewesen. Aber hatte er in den zwölf Jahren seiner Regierungszeit wirklich die absolute Macht besessen, deren Totalität auch so manches entschuldigte, was an Untaten von anderen Bürgern dieses Staates, Funktionären wie einfachen Volksgenossen, begangen worden war?

Es ist mit das Verdienst Martin Broszats, in seiner 1969 erschienenen Untersuchung der inneren Organisation des »Dritten Reiches«[3] die Schwächen des bislang vorherrschenden, auf Hitler konzentrierten Bildes vom nationalsozialistischen Staat aufgezeigt zu haben. Broszats strukturanalytische Darstellung förderte das »institutionelle Gestrüpp des Regimes« zutage, dem der »organisatorische Dschungel« die Möglichkeiten beschnitt, »eine rational-organisierte, einheitliche und gleichmäßig verfolgte Politik und Regierungsweise« durchzusetzen.[4] Hitler habe sich in der Vielfalt konkurrierender Kräfte opportunistisch, freilich auch mit taktischem Geschick, den Situationen angepaßt und Anregungen aufgenommen, ohne selbst schöpferisch in die Politik einzugreifen. Das galt für die Steuerung des Machtapparates wie für die Handhabung der Ideologie. Zwar erwies sich sein Festhalten an bestimmten ideologischen wie politischen Grundvorstellungen als »entscheidende Schubkraft der nationalsozialistischen Politik«; aber »über das Ob, Wann und Wie bestimmter Maßnahmen konnte der Führer keineswegs souverän entscheiden. Seine ›spontanen‹ Entschlüsse waren stets auch Reflex und Ergebnis des inneren Verfassungszustandes und der äußeren Position des Regimes.«[5] Wie neuartig Broszats aus der umfassenden Darstellung der Binnenstrukturen des NS-Regimes gewonnene Feststellungen waren, verdeutlicht die Gegenüberstellung mit Joachim Fests Fazit, das dieser in seiner umfangreichen Hitler-Biographie zog; hier erscheint Hitler – wenn auch mit negativem Vorzeichen – als personifizierter Weltenbeweger von geradezu antiken Dimensionen: »Kein anderer hat, in einem nur wenige Jahre dauernden Alleingang, dem Zeitlauf so unglaubliche Beschleunigungen gegeben und den Weltzustand verändert wie er.« Und: »In seiner Person hat ein Einzelner noch einmal seine stupende Gewalt über den Geschichtsprozeß demonstriert.«[6]

Die sechziger und siebziger Jahre waren auch in der Geschichtswissenschaft eine Periode mit ausgeprägten Theoriebedürfnissen. Der bis dahin nahezu allein dominierenden Totalitarismustheorie machten marxistische und nicht-marxistische Faschismustheorien erfolgreich Konkurrenz.[7] Die Anhänger der beiden Theorien trennte bald ein – wie es schien – unüberbrückbarer Graben. Die Verbindung von wissenschaftlichem Interesse und vorwissenschaftlicher politischer Erfahrung und Überzeugung, die – beim Thema Nationalsozialismus nur zu verständlich – in den Auseinandersetzungen nicht zu übersehen ist, mag erklären, weshalb die Diskussionen zwischen den beiden Lagern zeitweise unter einer wenig förderlichen Emotionalisierung litten. Warum jedoch die Thesen Broszats und dann vor allem Hans Mommsens über Hitlers Stellung im Machtapparat des »Dritten Reiches« die Wogen höher schlagen ließen als zunächst die Theorie von Ernst Nolte über die Bedingtheit des deutschen »Radikalfaschismus« aus der fundamentalen Gegnerschaft zum Kommunismus/Bolschewismus, ist angesichts des Gewichts beider Aussagen für die grundsätzliche Bewertung des Nationalsozialismus nicht ganz verständlich, auch nicht, wenn man den aus der Anwendung der Nolteschen These auf den Holocaust entstandenen Historikerstreit von 1986/1988 in die Frage mit einbezieht.[8]

Die denkwürdige Tagung von Cumberland Lodge im Mai 1979, die Themen zur Herrschaftsstruktur und Gesellschaft des »Dritten Reiches« gewidmet war, bot Hans Mommsen ein Forum, seine Thesen über Hitlers Stellung im nationalsozialistischen Herrschaftssystem ausführlich darzulegen. Die in den Diskussionsbeiträgen und nachfolgend in den Fachblättern der beiden Lager behandelten Fragen und Antworten bildeten den Höhepunkt der ideologischen und wissenschaftstheoretischen Auseinandersetzungen.[9]

Ein zunächst eher als eine Art »Abfallprodukt« aufgenommenes Ergebnis der Tagung bestand in der Klassifizierung der westdeutschen Zeithistoriker, genauer gesagt der Hitler- und NS-Forscher, in *Intentionalisten* und *Funktionalisten*, die Tim Mason vornahm.[10] Das Problematische dieser Etikettierung bestand zum einen darin, daß die Intentionalisten zwar in der Regel, aber nicht durchweg Verfechter der Totalitarismustheorie, die Funktionalisten nicht unbedingt Anhänger der Faschismustheorie waren, und zum anderen, daß mit dieser Trennung die in der historiographischen Praxis bereits damals erkennbaren Annäherungen nicht berücksichtigt waren.[11] Die Position der Funktionalisten war nicht zuletzt eine Gegenposition gegen die zwar nicht auf Hitler fixierte, aber doch auf ihn zentrierte »intentionalistische« Darstellung des Nationalsozialismus. Anstelle einer personalistischen Betrachtungsweise bemühten sich die Funktionalisten um die Herausarbeitung der Strukturen, die hinter dem äußeren Bild des Nationalsozialismus die wirklichen Wesenszüge erkennen ließen. Hitler wurde in den Antagonismus eines polykratischen Herrschaftsapparates hineingestellt, in dem er einen mehr propagierten als tatsächlich handelnden, ja zu rationalem politischem Handeln im Grunde gar nicht fähigen, keinesfalls omnipotenten Diktator abgab. Zum besseren Verständnis des Nationalsozialismus war es, wie Mommsen überspitzt formulierte, geradezu notwendig, eine Methode der »Antibiographie« zu entwickeln.[12]

Naturgemäß bestimmte bei Intentionalisten wie Funktionalisten das Erkenntnisinteresse die Forschungsziele und Methoden. In der Frage, ob der Nationalsozialismus ein Hitlerismus war und ob mit der Erforschung der Mentalität und des Charakters des Diktators ein Schlüssel für das wissenschaftliche Erfassen der nationalsozialistischen Bewegung in die Hand zu bekommen sei, sahen die Funktionalisten keinen erkenntniserheblichen Sinn. Weit wichtiger war für sie das Problem, »wie es möglich war, daß Hitler zur Verwirklichung seiner chimärischen und... verbrecherischen Ideen in hinreichendem Maße Gefolgsleute fand, und zwar... auch in den sich zunehmend anpassenden traditionellen Führungseliten Deutschlands«.[13] Dazu war es nötig, den »Entscheidungsbildungsprozeß innerhalb des nationalsozialistischen Herrschaftssystems zu analysieren und spezifische Strukturelemente dieses Systems zu beschreiben, die nicht einfach aus dem Charakter und der stilisierten Führungsrolle Hitlers ableitbar sind«.[14]

Sicherlich vermittelte die funktionalistische Betrachtungsweise in vielerlei Hinsicht Anregungen und neue Einsichten bei der Erforschung und Beschreibung des Phänomens Nationalsozialismus. Die Differenzierung der persönlichen Rolle Hitlers, die opportunistische Tendenz mancher seiner Entscheidungen, die Betonung der antagonistischen und polykratischen Strukturen im Machtapparat des nationalsozialistischen Staates, die von sozialdarwinistischen Vorstellungen getragene Dynamik dieses Regimes, die Zersetzung der Staatsverwaltung, kurz: das innenpolitische »organisierte Chaos« des NS-Staates, konnte mit ihrem theoretischen Fundus überzeugender dargestellt werden als mit dem personalistischen Ansatz der Intentionalisten.

Das soll nicht heißen, daß funktionalistische Interpretationen immer überzeugt hätten. Der improvisatorische, zufällige Charakter mancher Entscheidungen Hitlers wurde in seiner Auswirkung auf die Programmatik der nationalsozialistischen Politik sicher überzeichnet,[15] die Verselbständigung mancher Prozesse und ihre Loslösung vom »Führerwillen«, also von einer Initiative Hitlers, gleich in welcher äußeren Form, in einigen wichtigen Punkten »überrationalisiert«[16].

Nicht frei von Überzeichnung ist vor allem die Charakterisierung Hitlers als »schwacher« Diktator, die in der Forschung bisher auch auf wenig Zustimmung gestoßen ist, selbst wenn einige Voraussetzungen, die diese Wertung konstituieren, zu akzeptieren sind.[17] Mommsen entwickelte diese These bereits in seiner frühen Dokumentation zur Beamtenpolitik des NS-Regimes mit der in einer Fuß-

note versteckten Feststellung, daß Hitler »in allen Fragen, die einer grundsätzlichen und definitiven Stellungsnahme bedurften, ein schwacher Diktator« war.[18] In späteren Beiträgen entwickelte Mommsen etwas umfassender, welche Fakten ihn zu dieser Charakterisierung Hitlers veranlaßt hatten.[19] Ausgehend von seinen früheren Studien und in ähnlicher Gedankenführung wie Broszat[20] erkannte er in Hitler weniger den Ideologen der NS-Bewegung als vielmehr den Propagandisten seiner unklaren ideologischen Vorstellungen, der »nur extremer Exponent einer durch den Wegfall aller institutionellen, rechtlichen und moralischen Barrieren freigesetzten antihumanitären Impulskette war, die, einmal in Gang gebracht, sich potenzierend fortzeugte«.[21] Hitlers »ideologische Festlegungen« seien »weit mehr ›fixe Ideen‹« als reale politische Ziele gewesen; im Rahmen des vorgegebenen politischen und ideologischen Umfelds war die Konsequenz seines Handelns »in weitem Umfang nichts anderes als ein übersteigerter Reflex bestehender Bedingungen«.[22] Diesem Bild eines drittklassigen Politikers ohne eigene Ideen, der – wie es scheint – ohne besondere Fähigkeiten Anführer und zugleich Spielball eines, von wem auch immer initiierten, kontraproduktiven historischen Prozesses geworden war, fügt Mommsen noch einige Beobachtungen an, die, wenn sie stimmen, sein Urteil vom »schwachen« Diktator akzeptabler machen würden: Bei Hitler, dessen Sozialverhalten gestört gewesen sei, bestand die Tendenz, »Konflikten mit hohen Positionsinhabern aus dem Wege zu gehen«, und nur selten habe er höhere Funktionäre seiner Partei fallen, abtrünnig gewordene Kampfgenossen nur widerstrebend liquidieren lassen.[23] Weiter stellt Mommsen fest, daß das Scheitern der von Reichsinnenminister Frick vorgelegten Pläne über den Aufbau einer funktionstüchtigen zentralen Reichsverwaltung auf den Druck der Reichsstatthalter und Gauleiter und auf Hitlers »notorische Unentschlossenheit, zwischen rivalisierenden Gruppen zu entscheiden«, zurückzuführen war.[24]
Es finden sich in der funktionalistischen Literatur weitere Beobachtungen, die Mommsens These vom »schwachen« Diktator zu stützen scheinen. Aus Untersuchungen zur nationalsozialistischen Sozialpolitik entwickelte Tim Mason die These, daß Hitler aus einer sozialen Krisensituation heraus, die aus den konkurrierenden An-

forderungen der forcierten Aufrüstung und dem durch sie wiederum
gesteigerten Konsumverhalten entstanden war und zu Arbeitskräf-
temangel, Devisenverknappung und einer Verschlechterung des
Warenangebots geführt hatte, in seinem Handlungsspielraum der-
art eingeschränkt worden sei, daß er die Flucht nach vorn antrat und
den Zeitpunkt des Kriegsausbruchs vorverlegt habe.[25] Eine Möglichkeit, diese Zwangslage zu verhindern, hätte in der rechtzeitigen
Umstellung der deutschen Wirtschaft in eine totale Kriegswirtschaft
bestanden, eine Bedingung von kriegsentscheidender Bedeutung,
die wegen Hitlers Sorge vor den dann zu erwartenden sozialen Spannungen nur halbherzig in die Wege geleitet und im Grunde erst mit
der Bestellung Speers zum Rüstungsminister ab 1942 erreicht
wurde.[26]

Martin Broszat stellte in seiner Untersuchung der inneren Verfassung des Hitler-Staates eine 1938 beginnende Periode der »Polykratie der Ressorts« fest, die sich nach Kriegsbeginn – bei Konzentration der obersten Reichsverwaltung auf wenige »Sonderbevoll-
mächtigte« und Superminister – noch verfestigte.[27] Den »polykratischen« Ansatz systematisierte Peter Hüttenberger, wobei er neben
den klassischen Machtstrukturen der Staatsverwaltung und der konkurrierenden NSDAP mit den besonders stark expandierenden und
in staatliche Funktionen drängenden parteigebundenen Bereichen
der Staatssicherheit (SD/Gestapo), der Deutschen Arbeitsfront
und des Reichsnährstands auch die politisch wirksamen sozialen
Machtgebilde wie Großwirtschaft und Wehrmacht in seine Betrachtung einbezog.[28] Die seit 1935 durch Differenzierungsprozesse vor
allem zwischen SA, Politischer Organisation der NSDAP, DAF und
SS auseinanderdriftende Partei wurde nach Hüttenberger im wesentlichen durch die Person Hitlers zusammengehalten. Dabei trifft
er sich mit Broszat, wenn er den Grund für die »Kohärenzfunktion«
Hitlers weniger in dessen staatsmännischen Fähigkeiten vermutet
als in der Angst der Funktionäre, daß die internen Konflikte ihre
eigenen Positionen gefährdeten: »Sie mußten Hitler zur symbolhaf-
ten Figur hochstilisieren.«[29] Obwohl beide Autoren das »Dritte
Reich« keineswegs als den monokratischen »Staat Hitlers« beschreiben, sondern dessen zentrifugale Tendenzen hervorheben, bezeichnen sie Hitler nicht ausdrücklich als »schwachen« Diktator.

Der Terminus »schwacher Diktator«, schon in seiner Begrifflichkeit eine contradictio in adjecto, scheint bei einem Menschen, der nach der Popularität in der »Gewalt... die zweite Grundlage jeder Autorität« sah,[30] absolut unangemessen zu sein. Er hat freilich seine Berechtigung, wenn nachzuweisen ist, daß

1. Hitler Schwierigkeiten hatte, sich gegen Untergebene oder Gruppen von Untergebenen (Kabinett, Parlament, Gliederungen der NSDAP, Wehrmacht) gleich welchen Ranges mit Anweisungen, Befehlen u. ä. durchzusetzen bzw. die Verwässerung oder Nichtausführung seiner Anordnungen zu verhindern;

2. Hitler Machtkonstellationen duldete, durch die er gegen seinen Willen in seinen Kompetenzen beschnitten wurde;

3. Hitler entscheidungsschwach war;

4. Untergebene sich Hitler gegenüber Freiheiten herausnahmen, die geeignet waren, sein Ansehen als »Führer« herabzusetzen.

Nicht in die Kategorie Schwäche, sondern in die des politischen Versagens wird man die Fälle einreihen müssen, in denen Hitlers Handlungsspielraum aus systemimmanenten Gründen eingeschränkt war und er dies nicht rechtzeitig bemerkte oder aus ideologischen oder auch sachlichen Gründen nicht ändern wollte. Damit ist Masons Argumentation, Hitler habe den Angriffstermin gegen Polen aus Sorge vor sozialen Spannungen in Deutschland vorverlegt, bereits die argumentative Grundlage entzogen. In diesem speziellen Fall kommt hinzu, daß ihre Richtigkeit mit guten Gründen bestritten wird.[31] Damit konzentrieren sich die Belege für die angebliche Schwäche Hitlers auf den Bereich der inneren Organisation und der Steuerung der Regierungstätigkeit bzw. – für die Zeit vor der Machtergreifung – der Leitung der NSDAP.

Mit der Parteiarbeit hängen die Fälle von nachsichtiger Kameraderie zusammen, die Mommsen, allerdings ohne konkret zu werden, zu Recht als politische Schwäche bezeichnet. Hitler selbst hat sich nach dem Motto: »Wer Jude ist, bestimme ich!« zu diesem Thema geäußert: Als der Oberste SA-Führer Franz Pfeffer v. Salomon beschuldigt worden war, eine beträchtliche Geldsumme, die für die SA bestimmt war, nicht an die Parteikasse weitergeleitet zu haben, fragte er lakonisch, ob man glaube, »daß er sich wegen einer solchen

Lappalie von einem treuen Kampfgefährten, der täglich sein Leben für ihn einsetze, trennen werde?«[32] Als Pfeffer aus organisatorischen und politischen Gründen nicht mehr tragbar war, wurde er dagegen umgehend zum Rücktritt veranlaßt.

Wenn Hitler bei Regierungsmitgliedern und anderen Mitarbeitern aus dem obersten Führungskreis wie Röhm, Göring, Rosenberg oder Ribbentrop zögerte, sich von ihnen zu trennen, auch wenn er von ihren Führungsqualitäten nicht mehr überzeugt war oder objektive Gründe für ihre Auswechslung sprachen, dann geschah dies in der Regel nicht aus persönlicher Rücksichtnahme, sondern im Hinblick auf die öffentliche Meinung des In- und Auslandes.[33] Fühlte er sich kompetent genug – und in dieser Beziehung war er nicht kleinlich[34] –, arbeitete er unter Umgehung der Betroffenen direkt mit deren Untergebenen, wie im Falle Görings mit dessen Generalstabschef Jeschonnek,[35] oder übernahm, wie auf dem Gebiet der Außenpolitik, von Fall zu Fall selbst die Geschäfte des Ministers. In Momenten vermeintlicher oder tatsächlicher existentieller Bedrohung des Regimes, aber auch bei Bedrohung persönlicher Interessen fiel es Hitler jedoch nicht schwer, gegen Personen auch der engsten Umgebung vorzugehen und ein Exempel zu statuieren. Das bekam sein Kammerdiener Krause[36] ebenso zu spüren wie sein Leibarzt Karl Brandt, den er im April 1945 zum Tode verurteilen ließ, weil er seine Frau vor der Roten Armee in Sicherheit gebracht hatte; während an Brandt das Urteil nicht mehr vollstreckt wurde, weil er dem Zugriff des in Berlin eingeschlossenen Führers entzogen war, wurde der desertierte Hitler-Schwager und SS-Adjutant Fegelein in Berlin aufgespürt und auf Hitlers Befehl erschossen. Ein gleiches Schicksal wäre sicher auch Göring und Himmler nicht erspart geblieben, nachdem sich die ehedem Treuesten der Treuen als »Verräter« entpuppt hatten, wenn nicht die Kriegsereignisse Hitler die Entscheidung aus der Hand genommen hätten. Besonders überrascht in diesem Zusammenhang jedoch, wie schnell und ungerührt Hitler sich von seinem langjährigen Chefadjutanten Brückner trennte, der Eifersüchteleien und Intrigen der Führerumgebung zum Opfer fiel, die Hitler sonst stets mit staatsmännischer Geste zu übergehen pflegte. Den Adjutanten Wiedemann, Hitlers Regimentsadjutant im Ersten Weltkrieg, machte die durch Auslandserfahrungen gewonnene politische Selbständigkeit und Unabhängigkeit vom Denken Hitlers nicht länger tragbar. Hitler versetzte ihn, obwohl dies für die Funktionsfähigkeit der Adjutantur ein Verlust war.[37] Auch entfernte Hitler einen seiner bewährtesten Gauleiter, den Nachfolger Goerdelers im Amte des Reichskommissars für Preisbildung, Josef Wagner, wegen dessen offen ausgesprochener Ablehnung der SS und seines Bekenntnisses zum katholischen Glauben aus allen seinen Ämtern; nach langer Gestapohaft wurde er wenige Tage vor Kriegsende ermordet. Auch Wagners Vorgänger im Amte des Gauleiters von Schlesien, Helmuth Brückner, wurde im Zusammenhang mit dem 30. Juni 1934 in Auseinandersetzungen mit der SS verwickelt, in deren Verlauf ihn Hitler absetzte.

Nur in unpolitischen Ausnahmefällen hielt Hitler seine manchmal demonstrativ gezeigte Nibelungentreue wirklich durch. Vor allem bei den Gauleitern der NSDAP, denen er sich spätestens seit der nur mit ihrer Hilfe möglich gewesenen Ausschaltung Gregor Strassers in einem durchaus als feudal zu bezeichnenden persönlichen Treueverhältnis verbunden fühlte, entschuldigte er trotz seiner eher kleinbürgerlichen Ansichten Korruption und andere moralische Verfehlungen. Julius Streicher dürfte – anders als der Hitler-Duzfreund und Stabschef der SA, Ernst Röhm – einer der größten Nutznießer dieser aus Emotion und Kalkül gemischten Haltung Hitlers gewesen sein. Aber selbst der Rassenfanatiker Streicher wurde schließlich durch Hitler als Gauleiter suspendiert und auch als Herausgeber des »Stürmer« ausgeschaltet,[38] obwohl Hitler von ihm noch 1942, also nach Streichers Kaltstellung, sagte, man dürfe ihm seine Verdienste um die Partei »nie vergessen«.[39] Gerade die Behandlung Röhms verrät daneben, wie kalkuliert Hitler auch gegenüber alten, bewährten Mitarbeitern und hohen Funktionsträgern der Partei vorging. Röhm wurde als fähiger Organisator, der Erfahrung mit der Aufstellung und Führung von Milizverbänden besaß, trotz seiner durch Briefveröffentlichungen längst bekannten Homosexualität und der entsprechenden Angriffe auch aus den Reihen der NSDAP 1930 zum Stabschef der SA bestellt. In dem Augenblick, in dem er als innenpolitischer Machtfaktor gefährlich werden oder zumindest Irritationen hervorrufen konnte, andererseits seinen historischen

Auftrag als SA-Organisator erfüllt hatte und ersetzbar geworden war, wurde er auf persönlichen Befehl Hitlers ermordet.[40] Gegenüber der Öffentlichkeit wurde dieser erst nachträglich mit dem Schein der Gesetzlichkeit verbrämte Gewaltakt bezeichnenderweise auch mit dem Hinweis auf Röhms nicht zu tolerierende private Verfehlungen kaschiert.

So unterschiedlich im einzelnen die Gründe für die Maßregelungen alter Weggenossen und Kampfgefährten auch gewesen sind, wesentlich ist hier, daß Hitler keineswegs zögerte, mit den härtesten Maßnahmen selbst gegen höchste Funktionäre und Personen seiner nächsten Umgebung vorzugehen, wenn politische Umstände dies nach seiner Meinung erforderlich machten.[41] Zu den politischen Erfordernissen zählte dabei auch die Beschädigung des persönlichen Verhältnisses zum Führer. Die herausgehobene Stellung der Gauleiter in diesem Beziehungsgeflecht darf nicht darüber hinwegtäuschen, daß sie Hitler als absolut zuverlässige Stützen seiner Politik in dem von ihm ja gewollten Konkurrenzsystem des nationalsozialistischen Machtapparates unbedingt benötigte. Aus diesen Nützlichkeitserwägungen erklären sich seine Toleranz gegenüber ihren persönlichen Verfehlungen und seine Bemühungen, den Gauleitern das Gefühl persönlicher Immunität zu vermitteln.[42]

Hitlers erste große Leistung nach dem mißlungenen Putsch des Jahres 1923 bestand zweifellos in der Vollendung des Umbaus der wiedergegründeten Partei zur »Führerpartei« nach dem Grundsatz der »Autorität eines jeden Führers nach unten und Verantwortlichkeit nach oben«[43]; denn für Hitler galt, »daß die Stärke einer politischen Partei keineswegs in einer möglichst großen und selbständigen Geistigkeit der einzelnen Mitglieder liegt, als vielmehr im disziplinierten Gehorsam, mit dem ihre Mitglieder der geistigen Führung Gefolgschaft leisten«.[44] Die Aufgabe des demokratischen Prinzips der Wahl durch die Mehrheit ließ zwar noch eine Beratung der Führung »durch die besten Köpfe« zu, aber: »Die Entscheidung trifft ein Mann.«[45] Als Propagandaleiter war Hitler, ausgestattet mit einem glänzenden Gedächtnis[46] und einer primitiven, aber wirkungsvollen Beredsamkeit, in seiner Partei schnell bis zu ihrem Führer aufgestiegen. Mit großem propagandistischem Aufwand – »Mein Kampf« ist voll von Überlegungen und Ratschlägen Hitlers für eine wirkungs-

volle politische Propaganda – impfte er seinen Anhängern das
Führerprinzip ein. Parteigenossen, die seinen »politischen Unfehl-
barkeitsanspruch«[47] zurückwiesen, wie der Wortführer der Arbeitsgemeinschaft der norddeutschen Verbände, Dr. Volck, und andere,
wurden ausgebootet.[48] Wie sicher sich Hitler seiner absoluten Führungsrolle schließlich war, verriet er 1931 bei einer Rede in Essen,
die eine deutliche Drohung gegen den koalitionsbereiten Kreis um
Gregor Strasser enthielt: »Es geschieht nichts, ohne daß ich es weiß
oder billige, noch mehr, es geschieht nichts, ohne daß ich es wünsche.«[49]

Nach dem Prinzip des absoluten Führertums wollte Hitler auch den
neuen Staat, den »Führerstaat«, aufbauen, und zwar mit Hilfe der in
der »Bewegung« organisierten und indoktrinierten Anhänger. Wie
er in »Mein Kampf« deutlich macht, können nicht alle Maßnahmen
zur Veränderung des künftigen »völkischen Staates«, weil sie auch
Verfassung, Gesetzgebung und das »allgemeine bürgerliche Leben«
durchdringen sollen, durch Anordnung von oben erfolgen: »Solch
eine Umwälzung kann und wird nur stattfinden durch eine Bewegung, die selbst bereits im Geiste dieser Gedanken aufgebaut ist und
somit in sich selbst schon den kommenden Staat trägt.«[50]

Auch wenn der Anteil Hitlers an der Erfindung des »Röhmput-
sches« und an den nachfolgenden Bestrafungsaktionen nicht mehr
in allen Einzelheiten aufgeklärt werden wird, ist nicht zu übersehen,
daß der Reichskanzler nach einer zweiwöchigen Phase des Abwar-
tens die zustimmende Reaktion der Bevölkerung wie der Wehrmacht zum eigentlichen Staatsstreich ausnutzte, sich per Gesetz
zum Staatsoberhaupt machte und die Reichswehr nicht mehr auf die
Verfassung, sondern auf seine Person vereidigte, und zwar nicht
ausschließlich in deren Funktion als Staatsoberhaupt.[51] Damit hatte
Hitler das Führerprinzip von seiner »Bewegung« auf den Staat übertragen.

Es scheint, daß Hitler aus innen- wie außenpolitischen Motiven auf
dem Weg zum »Führerstaat« hin und wieder Pausen eingelegt hat.
So verkündete er in einer Rede vor den Reichsstatthaltern im Juli
1933 das Ende der »Revolution von unten« – was ihm freilich erst
mit dem 30. Juni 1934 durchzusetzen gelang –, in der Absicht, nun
eine Phase der Konsolidierung einzuleiten.[52] Ähnlich bremste er

auch die mit dem Reichsstatthaltergesetz vom 7. 4. 1933 beabsichtigte Durchsetzung des »Primats der Partei« – faktisch die Institutionalisierung des Dualismus von Partei und Staat – durch das Abstoppen der »Reichsgau«-Pläne nach der Auflösung der Länder, um seine Ziele vor allem auf dem Gebiet der Rüstungspolitik nicht zu gefährden.[53] Dies bedeutete aber weder die Rückkehr zu einer geordneten zentralen Reichsverwaltung noch die schnelle Übernahme staatlicher Funktionen durch die Partei. Mit dem Reichsprotektorat Böhmen und Mähren, dem Generalgouvernement und den neuen Reichsgauen in den eingegliederten Gebieten des Ostens kam nicht nur die Partei wieder stärker zum Zuge; nunmehr bildeten sich hier ausgesprochen partikularistische Sonderverwaltungen heraus, die die »Polykratie der Ressorts«, die sich aus Hitlers esoterischer Handhabung der Regierungsgeschäfte schon vor dem Kriege herausgebildet hatte, ständig zugunsten der Sonderinteressen erweiterten.

Hitlers persönliches Dilemma war dabei zweifach: Erstens verfolgte er – von ethischen Gesichtspunkten einmal völlig abgesehen – die falschen Ziele mit falschen Mitteln, was allein schon seinen staatsmännischen Fähigkeiten ein schlechtes Zeugnis ausstellt; zweitens stand seine maßlose Selbstüberschätzung in keinem Verhältnis zu seinen wirklichen Möglichkeiten als Staatsmann. Sein rational nicht nachvollziehbarer Glaube an die Kraft und Wirkung der Persönlichkeit,[54] an das »Führertum«, verleitete ihn so nicht nur bei sich, sondern auch bei der praktischen Umsetzung auf die nationalsozialistische Führerschaft dazu, von der im nationalsozialistischen Sinne geformten und im Konkurrenzkampf ausgelesenen Persönlichkeit an Wunder grenzende Fähigkeiten zu erwarten. Seine sozialdarwinistischen Vorstellungen von der Bedeutung dieser Art von Auslese und Führertum machten es ihm unmöglich, die sich entwickelnde Polykratie als Nachteil für seinen eigenen Staat zu betrachten.

Die von Hitler aus ideologischen und sicher auch persönlichen Gründen ausgehende Dynamik auch und besonders auf dem administrativen Sektor, aber auch seine Improvisationen auf dem Gebiet der Legislative werden von Mommsen viel zu sehr aus den Kriterien des traditionellen Verfassungsstaates bewertet, um Hitlers Rolle als Diktator gerecht zu werden. Gerade die fehlende Institutionalisie-

rung der Macht und die Zersplitterung des bestehenden Lenkungs-
apparates begünstigte seine Entscheidungsfreiheit. Hitler war als
»Führer« oberste legislative Instanz und an rechtliche und ethische
Normen nicht gebunden. Die Polykratie des NS-Staates war realpo-
litisch eine Sub-Polykratie unter Hitler. Zur Vervollständigung der
Kritik an Mommsen muß außerdem darauf hingewiesen werden,
daß Hitler die Entscheidungsprozesse besonders auf den Gebieten
der Gesetzgebung, die ihn interessierten, doch in weit größerem
Maße beeinflußte, als früher angenommen wurde.[55]
Hitler zeigte als Politiker eine Vielzahl von Schwächen, seine Staatsführung war mangelhaft. Als alleinentscheidender[56] Diktator jedoch setzte er sich in einer einmaligen Weise durch, die in ihrer
Besonderheit nur vom Kriegsende her begriffen werden kann:
Trotz der völlig hoffnungslosen militärischen Lage Deutschlands
nach der Invasion in Frankreich und dem Durchbruch der Roten
Armee an der Weichsel war es gegen Hitlers Willen nicht durchzusetzen, den Krieg zu beenden. Weder der Höchste SS- und Polizeiführer in Italien, Karl Wolff, noch Himmler und Göring wagten zu
Lebzeiten Hitlers, ihre Verhandlungen mit dem Gegner bzw. ihre
Bereitschaft dazu offen zu erklären. Den Endpunkt unter den Krieg
setzte erst Hitlers Tod.
Aus den Quellen, die uns für das »Dritte Reich« und seinen Begründer zur Verfügung stehen, ist nicht mit letzter Sicherheit zu ergrün-
den, ob Hitler die Konkurrenz der Ämter in seinem Staat bewußt als
Instrument für die Sicherung seiner Schiedsrichterstellung und damit seiner Machtstellung überhaupt einsetzte oder ob die »autoritäre Anarchie« ein Charakteristikum seiner Persönlichkeit war.[57]
Vieles spricht bei Hitler für ein instinktives Verhalten, und zwar
gerade in Angelegenheiten, die einer rationalen Behandlung bedurft hätten. Die Schilderung eines Gesprächs aus dem Jahre 1930
zwischen Albert Krebs und Hitler, das den damaligen Obersten SA-
Führer, den bereits erwähnten Franz Pfeffer v. Salomon, und einige
seiner organisatorischen Maßnahmen betraf, verrät, wie wenig Hitler aus instinktivem Verhalten heraus ein »schwacher« Diktator sein
konnte... »Wiederholt knurrte er [Hitler] während der Unterhal-
tung: ›Der Pfeffer soll fragen! (...) Wann lernt der Pfeffer endlich,
daß er nichts auf eigene Faust anordnen kann. (...) Im Grunde ist es

gleichgültig, wie es gemacht wird. Sie sollen sich aber nicht einbilden, daß sie machen dürfen, was sie wollen.‹«

Mit Entscheidungen warten zu können, sie »auszusitzen«, kann ein wirkungsvolles Prinzip politischen Handelns sein – Elisabeth I. von England machte damit genauso erfolgreich Politik wie heute Bundeskanzler Kohl. Was jedoch Mommsen, von rationalem Staatshandeln geleitet, bei Hitler als »Entscheidungsschwäche« deutet, läßt sich häufig mit dessen sozialdarwinistischen Vorstellungen erklären. Hitlers Zögern war zumindest auf den Gebieten der Legislative und der Innenpolitik in der Regel nichts anderes als das Warten auf das Sich-Durchsetzen des Stärkeren.

Theorien und Erklärungsmodelle, wie sie die moderne Politikwissenschaft reichlich zur Verfügung stellt, können selbstverständlich auch auf dem Gebiet der Geschichte und speziell der Zeitgeschichte helfen, geschichtliche Entwicklungen zu verdeutlichen, Geschichte plausibler zu machen. Oberstes Kriterium wird aber für den Historiker immer die Wahrheit seiner Erklärung und nicht die Funktionalität seiner Theorie bleiben müssen. Man wird auch bei der Erforschung der Geschichte des »Dritten Reiches« so wenig um die Beschäftigung mit der Person und Persönlichkeit Hitlers herumkommen, wie man auf die Anwendung aller der Wahrheitsfindung dienenden Methoden, über intentionalistische und funktionalistische Ansätze hinaus, zu verzichten braucht, etwa aus Sorge, damit in eine unwissenschaftliche Beliebigkeit zu verfallen.

Lothar Gruchmann
Die »rechtsprechende Gewalt« im nationalsozialistischen Herrschaftssystem
Eine rechtspolitisch-historische Betrachtung

Funktion und politischer Einfluß der »dritten Gewalt« im Staat

Ihrem Wesen und ihrer Funktion nach stellt die Rechtsprechung (Judikative) gegenüber Legislative und Exekutive die schwächste der drei staatlichen Gewalten dar. Jeder Akt staatlicher Herrschaft, der das Verhalten seiner Bürger aus fremdem Willen – also durch Befehl – festlegt, erfolgt entweder auf dem Wege der Gestaltung von Einzelfällen oder der Normsetzung, d. h., die eigentliche Herrschaftsgewalt drückt sich in zwei Formen aus: in der *vollziehenden* Gewalt und in der *gesetzgebenden* Gewalt. Die *rechtsprechende* Gewalt ist aus der Sicht des Herrschens nur eine »Hilfsgewalt«, die feststellen soll, ob das Verhalten eines Bürgers dem staatlichen Befehl bzw. den Gesetzen entspricht. Nur dadurch, daß diese Feststellung, wenn sie einmal »rechtskräftig« geworden ist, bestimmte in der staatlichen Herrschaftsordnung bereitliegende Befehle auslöst, die entweder Normen setzen oder Einzellagen gestalten (z. B. durch Festsetzen einer Strafe, Auferlegen einer Polizeiaufsicht, Aberkennen von Ehrenrechten, Amtsenthebung, Verurteilung zum Erbringen bestimmter Leistungen), werden die Rechtsprechenden zu Inhabern von »Gewalt«, und zwar von Teilen der anderen beiden Gewalten.[1] In diesem Sinne ist die von den Gesetzen der Legislative und bei der Durchsetzung ihrer Entscheidungen von der Exekutive abhängige rechtsprechende Gewalt überhaupt keine »Gewalt« und – um mit Montesquieu zu sprechen – »en quelque façon nulle«.

Das notwendige Korrelat zur Unabhängigkeit der Gerichte von politischen und administrativen Weisungen, die die Eigenständigkeit der »dritten Gewalt« ausmacht, ist die Bindung an das Gesetz, in dem die Legislative die politische Vorentscheidung getroffen hat. Allerdings handelt der Richter bei der Anwendung des Gesetzes nicht als bloßer Automat, der den konkreten Sachverhalt unter die vom Gesetz getroffene abstrakte Regelung subsumiert. Bei der Auslegung des Gesetzes trifft er häufig Wertentscheidungen, die nicht dem Gesetz selbst entnommen werden können und die bei gleichem Gesetzeswortlaut durchaus verschiedene Rechtsfolgen bewirken können. Das bedeutet jedoch nicht, daß die Entscheidung ausschließlich vom Willen des Richters abhängt. Sie muß im Einklang mit dem Geist und den Wertvorstellungen der bestehenden Rechtsordnung erfolgen, andernfalls würde sich der Richter der Rechtsverletzung schuldig machen. Dennoch schaffen die Gerichte durch Auslegung und Ergänzung der Gesetze Normen für künftige Entscheidungen, sie bilden das Recht fort, d. h., sie schöpfen selbst Recht und treten damit an die Stelle des Gesetzgebers. Insofern gestaltet die rechtsprechende Gewalt neben den anderen beiden Gewalten die öffentliche Ordnung mit und übt damit auch eine *politische* Funktion aus.[2] Das ist besonders dort der Fall, wo das positive Recht Lücken und Blankettbestimmungen (Generalklauseln) aufweist, die vom Richter mit Inhalt gefüllt werden müssen, um im konkreten Fall das Recht zu »finden«. Solange er dabei in einer Gesellschaft wirkt, in der eine auf allgemeinem Konsens beruhende Rechtsüberzeugung herrscht, verleiht er dadurch lediglich den einheitlichen, nicht normierten Rechtsvorstellungen der Gesellschaft Geltung. Seine Tätigkeit wird jedoch eminent politisch, sobald diese Rechtsüberzeugung nicht homogen, sondern in miteinander unvereinbare Überzeugungen gesellschaftlicher Gruppen aufgespalten ist: Da die einheitliche Richtschnur für die Anwendung wertbezogener unbestimmter Rechtsbegriffe fehlt und deshalb die Mittel herkömmlicher juristischer Auslegungsmethoden versagen, entscheidet allein der Richter, welche der konkurrierenden Rechtsüberzeugungen er durchsetzen will. Ein extremer Fall derartiger »Politisierung« der Justiz liegt vor, wenn dem Richter von der Staatsführung eine neue ideologisch ausgerichtete Rechtsanschauung vorgeschrieben wird, um die Anwendung überkommener Gesetze an veränderte politische Umstände und Wertvorstellungen anzupassen. So forderte die nationalsozialistische Führung ab 1933 von der Justiz, in

der Rechtsprechung ihren Willen mit Hilfe der in den Gesetzen ent-
haltenen Generalklauseln durchzusetzen, für deren Handhabung
ausschließlich die Grundsätze des Nationalsozialismus maßgebend
sein sollten.[3]

Im Rechts- und Verfassungsstaat gestaltet die Justiz das öffentliche
Leben ferner durch das richterliche Prüfungsrecht mit, indem sie
über die Verfassungsmäßigkeit der Gesetze befindet. Dabei kann
sie auch hier nicht frei nach politischer Zweckmäßigkeit entscheiden, sondern muß sich an den Bestimmungen der Verfassung und an
dem von ihr intendierten Gesamtsystem ausrichten; das unterscheidet ihr Urteil von der politischen »Maßnahme« der Exekutive.
Trotz richterlichen Prüfungsrechts und richterlicher Rechtsbildung
ist die rechtsprechende Gewalt daher die politisch schwächste der
drei staatlichen Gewalten, zumal das Richterrecht jederzeit durch
Gesetze der Legislative beseitigt oder geändert werden kann. Ihr
gestaltender Einfluß ist schon dadurch eingeschränkt, daß sie nicht
aus eigenem Antrieb und Willen, sondern nur dann regelnd ein-
greift, wenn der Wille anderer in Konfliktsituationen kollidiert. Da
die Gerichte den Handlungen anderer die Rechtmäßigkeit zu- oder
abzusprechen haben, ist ihre Tätigkeit nicht durch »Aktion«, sondern durch »Reflexion« gekennzeichnet. Die Justiz *allein* hat noch
nie eine Revolution gemacht und noch nie eine Revolution verhindert, sie besiegelt letztlich nur die politischen Entscheidungen, die
bei den anderen beiden staatlichen Gewalten fallen. Nur in Verbindung mit anderen politischen und gesellschaftlichen Kräften vermag
die Justiz wirksam Einfluß auszuüben. So kann die richterliche Kon-
fliktentscheidung z. B. die Öffentlichkeit mobilisieren und eine oder
mehrere interessierte soziale Gruppen als Verbündete auf den Plan
rufen. Aber diese Einflußnahme ist der Justiz nur in einem Staats-
wesen möglich, in dem Presse- und Informationsfreiheit sowie ein
Pluralismus eigenständiger politischer und gesellschaftlicher Kräfte
besteht, nicht dagegen in einer totalitären Diktatur.

23

Die Justiz bei der Etablierung des nationalsozialistischen Herrschaftssystems: ihre institutionelle Schwäche und politische Anfälligkeit

Als Hitlers Funktionäre nach der »Machtergreifung« die Polizeigewalt in den Ländern übernahmen, Deutschland mit der Reichstagsbrandverordnung vom 28. Februar 1933 unter Ausnahmerecht gestellt wurde, das die Exekutive von der Einhaltung gesetzlicher Schranken befreite und die Ausschaltung oppositioneller und nonkonformistischer Gruppen mit außernormativen Mitteln ermöglichte, und die Regierung, d. h. de facto Hitler, mit dem Ermächtigungsgesetz vom 24. März 1933 die uneingeschränkte – auch verfassungsändernde – Gesetzgebungsgewalt in die Hand bekam, war die rechtsprechende Gewalt in politischer Hinsicht weitgehend paralysiert. Sie hätte sich weder der Anwendung des neuen Rechts noch der außergerichtlichen Verfolgung politischer Gegner des Regimes entgegenstellen können, da ihr die Handhabe der richterlichen Nachprüfung der Gesetze auf ihre Vereinbarkeit mit der Verfassung und der Maßnahmen der Sonderpolizeibehörden auf ihre Vereinbarkeit mit dem bestehenden Recht genommen war. Die Etablierung des NS-Regimes wäre durch die Justiz auch dann nicht aufzuhalten gewesen, wenn die politischen Vorstellungen der überwiegenden Mehrheit ihrer Angehörigen weniger Affinität mit den Zielen der Nationalsozialisten aufgewiesen und sie aufgrund ihrer positivistischen Ausbildung nicht alles als verbindlich anerkannt hätten, was die neuen Gesetzgeber an Normen erließen. Bei der institutionellen Schwäche, die der rechtsprechenden gegenüber den beiden anderen staatlichen Gewalten anhaftet, hätte selbst eine Richterschaft der Entwicklung nicht Einhalt gebieten können, die von der notwendigen Ausrichtung des positiven Rechts auf eine höhere (naturrechtliche) Idee von Recht und Gerechtigkeit durchdrungen gewesen wäre. Auch der Weg, von den neuen Gesetzen und dem Willen der Führung abweichende Urteile zu fällen und sich mit den Urteilsbegründungen an die Öffentlichkeit zu wenden, wäre durch die gelenkte Presse versperrt und durch die Gleichschaltung aller politischen und gesellschaftlichen Kräfte zur Erfolglosigkeit verdammt gewesen. Ferner bildete die Richterschaft keinen homogenen, in sich straff organisierten »Rechtsstand«, der etwa wie die Reichswehr geschlossen hätte auftreten können. Richter und Staatsanwälte waren schließlich nur Angehörige der allgemeinen Stellen- und Besoldungshierarchie der Beamtenschaft, die eine der vielfältigen staatlichen Funktionen ausübten.[4] Da das neue Regime auf die äußere »Legalität« der Machtübernahme und die Kontinuität des Rechts hinweisen konnte sowie keine prinzipielle Änderung der Eigentums- und Gesellschaftsordnung anstrebte, hatte es eine Opposition der damaligen Richterschaft nicht zu befürchten. Aus der Sicht der politischen Führung war daher zur Sicherung der unmittelbaren Existenz des Regimes ein sofortiger personeller Umbau der – in politischen Angelegenheiten ohnehin »ausschaltbaren« – Justiz nicht notwendig. Sie konnte sich mit der Entlassung der als politische Gegner hervorgetretenen sowie der jüdischen Richter begnügen und auf eine Massensäuberung des amtierenden Justizpersonals nach bolschewistischem Muster verzichten.

Es wäre verfehlt, die Fügsamkeit der deutschen Juristen gegenüber den neuen Machthabern und ihren Gesetzen ausschließlich mit rechtstheoretischen Gründen – der grundsätzlichen Schwäche der »dritten Gewalt« und dem Rechtspositivismus der Richterschaft – erklären zu wollen und politische, soziale, ideologische Ursachen außer acht zu lassen: Durch Herkunft, Tradition und die einseitige Auslese der Justizverwaltungen im Kaiserreich war ein erheblicher Teil der Richter und Staatsanwälte in der Weimarer Republik konservativ eingestellt und huldigte dem Ideal eines Staatswesens, das über den Interessen- und Machtkämpfen der politischen Parteien stand und hauptsächlich von einem sachlich arbeitenden, »unpolitischen« Berufsbeamtentum getragen wurde.[5] Diese im Sinne einer über den Parteien stehende »unpolitische« Einstellung lehnte die parlamentarische Demokratie von Weimar ab und wurde dadurch zwangsläufig selbst zu einer parteiischen und politischen Gesinnung, so entschieden ihre Anhänger das bestritten. Das »Unpolitisch-Sein« wurde zu einem eigenen Politikum. Obwohl sich viele Justizangehörige innerlich vom Nationalsozialismus und seinen negativen Begleiterscheinungen distanzierten, kam es zu einer Identifizierung ihrer Interessen mit der »nationalen Erhebung«, die eine

Wiederherstellung des ersehnten Berufsbeamtentums und die Ausschaltung der pluralistischen Einflüsse der einander bekämpfenden politischen und sozialen Gruppen auf den Staatsapparat versprach. Von der »nationalen« Regierung erhofften sich jene Justizkreise die Wiederaufrichtung einer obrigkeitsstaatlichen Ordnung – eines autoritären Staates, der auch die Folgen der Niederlage von 1918 zu beseitigen in der Lage war, und befanden sich mit dieser Hoffnung im Einklang mit den Zielvorstellungen großer Teile des deutschen Besitz- und Bildungsbürgertums. Für die Realisierung eines solchen Staates war jener Teil der Richterschaft bereit, eine als vorübergehend angesehene Einschränkung der Rechtsstaatlichkeit sowie die Neigung der Nationalsozialisten zur Mißachtung überlieferter Rechtsprinzipien gegenüber »Staatsfeinden« als unvermeidliches Übel in Kauf zu nehmen – zumal angenommen wurde, daß die bedenklichen Erscheinungen des Regimes einer Übergangszeit angehören und mit der Beruhigung der innenpolitischen Lage verschwinden würden. Daß von der *offen bekundeten* kritischen Haltung gegenüber der Gesetzgebung, in der sich die oppositionelle Haltung eines Teils des Richtertums gegenüber der Weimarer Republik geäußert hatte,[6] nach der »Machtergreifung« nichts mehr zu bemerken war, darf daher nicht allein dem Terror zugeschrieben werden, den die Diktatur ausübte: Dienten doch die Maßnahmen der neuen Regierung offenbar dem Schutz des Staates vor linksradikalen Elementen, die – wie die offizielle Propaganda verkündete – gewaltsame Umsturzabsichten hegten und durch die die Justizangehörigen ihre eigenen sozialen, historischen und ethischen Grundlagen bedroht sahen. Waren doch die neuen Gesetze eine Reaktion auf die Schwäche des Weimarer Staates und zielten auf eine wirksamere, »autoritäre« Strafjustiz ab. In der Tat waren schon seit dem Zerfall der Koalitionsmehrheit der Weimarer Parteien grundlegende Gesetzgebungsarbeiten wie die Strafrechtsreform im Reichstag nicht vorangekommen und erfüllte nunmehr der nationalsozialistische Gesetzgeber mit der Erweiterung und Verschärfung des geltenden Strafrechts kriminalpolitische Forderungen, die schon seit geraumer Zeit keineswegs nur von radikalen Anhängern dieser Reform vertreten worden waren. Nur verfolgte die nationalsozialistische Führung wie auf vielen Gebieten auch hier hinter der offiziellen Fas-

sade ganz andere, nicht für jedermann gleich erkennbare Ziele,
nämlich die rechtsstaatliche Funktion der Strafrechtspflege abzu-
bauen und den Rechtsstaat zugunsten der Diktatur zu zerstören.
Aus den angeführten Gründen mangelte es den Angehörigen der
Justiz gegenüber dem Notverordnungsrecht des Reichspräsidenten
und der Ermächtigungsgesetzgebung einer Regierung, die den Begriff des »Nationalen« für sich usurpiert hatte und bis Mitte 1934 von
der Autorität eines Hindenburg gedeckt wurde, an jener Skepsis,
die sie gegenüber manchen Gesetzen des Weimarer Parlaments an
den Tag gelegt hatten. Dem einzelnen, aufgrund seiner politischen
Einstellung oder seines Berufsethos anders denkenden Richter – soweit er der personellen Säuberung entgangen war – blieb nur die
Möglichkeit, das nationalsozialistische »Unrecht in Gesetzesform«
im Anwendungsfall zu mildern. Hätte er die Anwendung solchen
Rechts offen sabotiert, wäre er schnell seines Amtes enthoben oder
anderen diskriminierenden Maßnahmen ausgesetzt worden. Ein
kollektiver Schritt der Richterschaft in diese Richtung lag aus den
angegebenen Gründen völlig außerhalb der Realität. Sowohl durch
ihre institutionelle Schwäche wie durch die politische Einstellung
ihrer Angehörigen war die »rechtsprechende Gewalt« somit nicht
geeignet, der Etablierung des nationalsozialistischen Regimes wirksam zu begegnen.

Der NS-Maßnahmenstaat und die Justiz: ihre partielle Ausschaltung

Die an sich schwache Stellung der Justiz gegenüber den beiden anderen staatlichen Gewalten war im NS-Herrschaftssystem noch dadurch geschmälert, daß ihr Kompetenzen und Funktionen entzogen
und politischen Organen übertragen wurden, die sich als Sonderge-
bilde zum Ausbau und zur Sicherung des Regimes entwickelten.
Nach der nationalsozialistischen Verfassungstheorie beruhte das
NS-Herrschaftssystem nicht auf der Volkssouveränität wie das Re-
gierungssystem von Weimar, sondern auf der Führersouveränität:
durch geschichtliche Sendung zum Führer des deutschen Volkes er-
koren, verkörperte Hitler »die politische Einheit und Ganzheit des

Volkes«.[7] Da die Staatsgewalt von der originären Führergewalt ab-
geleitet wurde (und nicht umgekehrt) und nur einen Teil hoheit-
licher Gewalt darstellte, war der Staatsapparat auch nur *ein* Träger
öffentlicher Gewalt. Der andere war die nationalsozialistische Bewegung, die durch die NSDAP, deren Gliederungen und ange-
schlossene Verbände einen eigenen Apparat zur Durchsetzung des
Führerwillens aufbaute, dem Hitler für bestimmte politische Aufgaben staatliche Funktionen übertrug und dafür teilweise staatliche
Organe zu- und unterordnete. »Dort, wo sich die formale Bürokratie des Staates ungeeignet erweisen sollte«, proklamierte er auf dem
Parteitag vom September 1935, werde »die deutsche Nation ihre
lebendigere Organisation ansetzen«. Was »der Staat seinem ganzen
Wesen nach eben nicht zu lösen in der Lage« sei, werde »durch die
Bewegung gelöst«. Denn der Staat sei »nur eine der Organisations-
formen des völkischen Lebens«.[8] Während die Behörden der traditionellen Staatsverwaltung und die Gerichte der Justiz unter
Einhaltung überkommener oder neuer Gesetze, d. h. »normativ«
arbeiteten, brauchten sich die politischen Organe keineswegs an die
geltenden Gesetze zu halten, sie arbeiteten »außernormativ«. Ihr
Instrument war nicht das Gesetz, sondern die »Maßnahme«. Wenn
die politischen Instanzen eine Angelegenheit für politisch erklärten
und eingriffen, suspendierten sie die Funktion der normativ handelnden Staatsorgane, die somit im NS-Herrschaftssystem nur unter
dem »Vorbehalt des Politischen« arbeiteten. Angesichts der Koexi-
stenz von unter Vorbehalt arbeitendem »Normenstaat« und diesen
bei Bedarf suspendierenden »Maßnahmenstaat« charakterisierte
Ernst Fraenkel das NS-Herrschaftssystem in seiner politikwissen-
schaftlichen Analyse treffend als »Doppelstaat«.[9]
Die verfassungsrechtliche Grundlage, durch die sich der Maßnahmenstaat auf dem Boden der am 30. Januar 1933 noch in Geltung
befindlichen Weimarer Verfassung etablierte, war die von Reichspräsident Hindenburg unterzeichnete »Verordnung zum Schutz von
Volk und Staat« vom 28. Februar 1933[10] (»Reichstagsbrandverordnung«). Sie setzte die wichtigsten Grundrechte der Weimarer Verfassung »bis auf weiteres« außer Kraft und ermächtigte die Regierung Hitler bzw. die ihr nachgeordneten Exekutivbehörden, alle
»zur Wiederherstellung der öffentlichen Sicherheit und Ordnung

nötigen Maßnahmen« zu ergreifen. Diese Verordnung – die eigentliche »Verfassungsurkunde« des »Dritten Reiches« – beseitigte die
Unverbrüchlichkeit der Gesetze und erklärte den zivilen Ausnahmezustand, der in Deutschland bis zur Kapitulation im Mai 1945
andauerte: Die verfassungsmäßige vorübergehende (kommissari-
sche) Diktatur wurde zum Ausbau der verfassungswidrigen dauernden (souveränen) Diktatur,[11] d. h. zur Vernichtung der rechtsstaat-
lichen Ordnung ausgenutzt.

Zum wichtigsten Kontrahenten der Justiz auf dem Gebiet des Maßnahmenstaates entwickelte sich der Exekutivapparat der SS. Er
wurde durch die Herauslösung der Polizei aus dem Ressort des
Reichsinnenministeriums und ihre organisatorische Verschmelzung
mit der SS unter dem »Reichsführer SS und Chef der Deutschen
Polizei« Heinrich Himmler gebildet, der seine Weisungen auch in
Polizeiangelegenheiten unmittelbar von Hitler erhielt.[12] Da die außernormativen polizeilichen Maßnahmen in Leben, Freiheit und Eigentum des einzelnen eingriffen, für deren Schutz im Rechtsstaat
die Justiz zuständig ist, wurde ihre Funktion vom Maßnahmenstaat
besonders betroffen.

Die Reichstagsbrandverordnung vom 28. Februar 1933 berechtigte
die politische Polizei – die Geheime Staatspolizei (Gestapo) – u. a.
zur Verhängung der polizeilichen Schutzhaft, d. h. zur Freiheitsent-
ziehung von beliebiger Dauer unter Ausschaltung der Justiz. Als
Organ des Maßnahmenstaates konnte die Gestapo Personen ohne
gerichtliches Verfahren – auch solche, die vom Gericht ausdrücklich
freigesprochen worden waren – jahrelang im Konzentrationslager
einsperren, sie konnte Rechtsansprüche enteignen, die von den
höchsten gerichtlichen Instanzen als berechtigt anerkannt waren,
sie konnte ohne gesetzliche Beschränkung jede Maßnahme ergreifen, die sie politisch für notwendig hielt – ohne daß die Berechtigung
(bzw. der Mißbrauch) und die Zweckmäßigkeit (bzw. die Willkür)
dieser »politischen Akte« von der Justiz nachgeprüft werden konnten. Nach einem Rückzugsgefecht der Gerichte wurde ihnen die
Nachprüfung der Maßnahmen der Gestapo durch das Gesetz vom
10. Februar 1936 schließlich ausdrücklich entzogen.[13] Ein Jahr später brachte Himmler eindeutig zum Ausdruck, daß die Polizei als
politische Exekutive »den Willen der Staatsführung zu vollziehen

und die von ihr gewollte Ordnung zu schaffen« habe – also nicht mehr auf ihre ursprüngliche Aufgabe der Gefahrenabwehr beschränkt sei –, daher ihre Befugnisse »nicht aus Einzelgesetzen, sondern aus der Wirklichkeit des nationalsozialistischen Führerstaates und aus den ihr von der Führung gestellten Aufgaben« herleite und folglich »nicht durch formale Schranken gehemmt werden« dürfe: »Wie die Wehrmacht kann die Polizei nur nach Befehlen der Führung und nicht nach Gesetzen tätig werden.«[14] Daher handelte die Gestapo auch nicht aufgrund publizierter, generell verbindlicher Normen, die den Betroffenen subjektive Rechte gewährt hätten, sondern aufgrund interner Bestimmungen, die generalklauselartig gefaßt waren und für deren Anwendung die Polizeiorgane nur ihren Vorgesetzten verantwortlich waren.

Durch die mit umfassender und rechtlich nicht verbindlich definierter Kompetenz ausgestattete Polizei wurde die Justiz nicht nur bei der präventiven Verhaftung politischer Gegner (Schutzhaft), sondern auch bei der Verhaftung vorbestrafter Krimineller, aber auch nicht vorbestrafter »Gemeingefährlicher«, denen die Polizei den Willen zu einer Straftat zusprach, und »Asozialer« (Vorbeugungshaft) ausgeschaltet.

Einen empfindlichen Einbruch des Maßnahmenstaates in ihre ureigenste Funktion mußte die Justiz hinnehmen, als die Polizei dazu überging, auch die Ahndung von Straftaten – gleich ob politischer oder unpolitischer Art – in eigener Regie durch Schutzhaft zu ahnden. Mit der Begründung, daß die normativ arbeitende Justiz den Willen der politischen Führung nicht radikal genug durchsetze, handelte die Gestapo aber nicht nur *anstelle* der Justiz, sondern setzte die Schutzhaft auch zur *Korrektur* der Rechtspflege ein. Sie verhaftete gerichtlich Verurteilte, die ihrer Ansicht nach zu milde bestraft worden waren, nach Verbüßung ihrer Freiheitsstrafe und brachte sie ins Konzentrationslager. Zu diesem Zweck nahm sie häufig auch Angeklagte, die gerichtlich freigesprochen worden waren, unmittelbar nach der Urteilsverkündung in Haft. Während die Gerichte im Rechtsstaat die Polizei auf die Gesetzmäßigkeit der Verwaltung hin kontrollieren, kontrollierte und korrigierte im NS-Herrschaftssystem die Polizei die Gerichte unter dem Gesichtspunkt der politischen Zweckmäßigkeit.

Obwohl die Leitung des Justizressorts den Alleinanspruch der Justiz auf die Ahndung von Straftaten zunächst zäh verteidigte und auch die Aufnahme entsprechender Bestimmungen in die internen Schutzhaftvorschriften erreichte, vermochte sie ihn – vor allem unter den Umständen des Krieges – in der Praxis nicht durchzusetzen, da die Gestapo im Konfliktfall ihr Handeln als politische Maßnahme deklarierte, über deren Notwendigkeit ausschließlich sie entschied. Auch bei der Korrektur der Rechtsprechung, die das Ansehen der Justiz und die Autorität der Gerichte besonders schädigte, blieben Gegenvorstellungen ohne Ergebnis. Im Gegenteil mußte sich die Justiz sogar bereit finden, bei bestimmten Kategorien von Strafgefangenen die bevorstehende Entlassung aus dem Strafvollzug mitzuteilen, um der Gestapo eine anschließende KZ-Haft zu ermöglichen.

Die konkurrierenden und korrigierenden Maßnahmen der Gestapo blieben auf die Justiz nicht ohne – durchaus beabsichtigte – Wirkung: Um durch ihr »Versagen« bei der Strafverfolgung nicht weitere Kompetenzen an die Polizei zu verlieren, wurden die Gerichte angehalten, den normativ jeweils vorgeschriebenen Strafrahmen möglichst extensiv auszuschöpfen und unter Vernachlässigung des Gesichtspunktes der Gerechtigkeit schärfere Strafen zu verhängen. In bestimmten Situationen konnte durch eine Freiheitsstrafe statt Freispruch aber auch erreicht werden, daß der Fall im Bereich des Normenstaates verblieb und nicht vom Maßnahmenstaat übernommen wurde, was den Betroffenen unter Umständen vor dem Tod im Konzentrationslager bewahrte.

Wie beim Freiheitsentzug wurde der Justiz auch die ausschließliche Entscheidung über Leben und Tod durch den Maßnahmenstaat entzogen. Die Tötung ohne gerichtliches Todesurteil durch Organe des Maßnahmenstaates wurde – von Ausnahmen abgesehen – in den Konzentrationslagern durchgeführt und nach außen, auch der Justiz gegenüber, als Erschießung »auf der Flucht« oder »wegen tätlichen Widerstandes« oder als Selbstmord getarnt. Die Versuche der gesetzlich zunächst dafür zuständig gebliebenen Justizorgane, die Fälle unnatürlichen Todes – aber auch sonstige Straftaten wie Mißhandlungen usw. – in den Lagern zu untersuchen und die schuldigen Bewacher zu bestrafen, wurden von den politischen Stellen mit Deckung durch die oberste Führung auf die verschiedenste Weise

sabotiert: Die Ermittlungen wurden verschleppt und verhindert, die
Verfahren gegen eindeutig ermittelte Beschuldigte durch Hitler nie-
dergeschlagen. Diese Reibereien zwischen den Organen des Normenstaates und des Maßnahmenstaates nahmen erst ein Ende, als
der Justiz im Oktober 1939 auf Befehl Hitlers die Strafgerichtsbarkeit für bestimmte SS- und Polizeiangehörige – darunter die KZ-
Wachmannschaften – genommen und eigenen »SS- und Polizeige-
richten« übertragen wurde,[15] die trotz ihrer Bezeichnung als
Gerichte Instrumente des Maßnahmenstaates waren, da sie bei ihrer Funktion fundamentale Rechtsprinzipien mißachteten. Für die
Vorgänge in den Konzentrations- und Vernichtungslagern des Maßnahmenstaates war die Justiz nicht mehr zuständig.
Nach Kriegsausbruch wurde die Polizei von Hitler zur »inneren
Staatssicherung« sogar ermächtigt,[16] in besonderen Fällen gegen
Beschuldigte ohne Einschaltung der Justiz die Exekution anzuord-
nen und die Vollstreckung in der Presse bekanntzugeben. Daß die
Justiz nur noch »unter Vorbehalt« arbeitete, wird besonders ein-
drucksvoll durch die Tatsache verdeutlicht, daß Hitler in Einzelfällen rechtskräftig zu Freiheitsstrafen Verurteilte der Polizei zur Exekution überstellen ließ.
Die erwähnten SS- und Polizeiangehörigen waren nicht der einzige
geschlossene Personenkreis, für den der Justiz die Strafgerichtsbarkeit entzogen wurde. Eine weitere Gruppe waren die »Fremdvölki-
schen«: Die Ahndung der Straftaten von Juden wurde der Polizei
durch eine Verordnung vom Juli 1943[17] gesetzlich übertragen, während die Polizei die Strafgerichtsbarkeit über die zwangsweise nach
Deutschland verbrachten polnischen und sowjetischen Zivilarbeiter
durch interne Erlasse[18] eigenmächtig an sich zog und nur einzelne
Fälle aus Gründen der Zweckmäßigkeit an die Justiz abgab, unter
anderem dann, wenn ein Todesurteil sicher zu erwarten war. Die
Errichtung einer eigenen Strafgerichtsbarkeit für die SA konnte die
Justiz abwenden, ebenso die Einfügung einer Klausel ins Strafrecht,
daß Straftaten von NSDAP-Angehörigen, die im Dienste der Partei
verübt wurden, von der Justiz nur mit Zustimmung der obersten
Parteiführung verfolgt werden sollten. Dennoch wurde nach diesem
Grundsatz bei den Verbrechen anläßlich des Pogroms vom November 1938 (»Reichskristallnacht«) verfahren: Die Justiz durfte nur

diejenigen Fälle aburteilen, die ihr von den vorgeschalteten Partei-
gerichten der NSDAP übergeben wurden; dazu gehörten zwar Sitt-
lichkeitsdelikte (»Rassenschande«), aber keiner der 91 an Juden
begangenen Morde.

Wenngleich die Justiz gesetzlich für die strafrechtliche Verfolgung
von individuellen Ausschreitungen Parteiangehöriger gegen politische Gegner zuständig blieb, wurde sie daran gehindert, sobald es
die Führung für politisch zweckmäßig hielt. Diese Fälle wurden der
Rechtsprechung entweder durch Einzelniederschlagungen – die
Hitler als Staatsoberhaupt anordnete – oder durch den Erlaß entsprechender Straffreiheitsgesetze entzogen; wo der Justiz eine Verurteilung gelang, wurde ihre Tätigkeit dadurch annulliert bzw.
relativiert, daß Hitler die Strafen auf dem Gnadenwege ganz oder
teilweise erließ.

Die strafrechtliche Verfolgung der Tötungen, die SS und Gestapo
1934 bei der »Röhm-Aktion« zur angeblichen Niederwerfung eines
unmittelbar bevorstehenden Putsches der SA-Führung vornahmen,
wurde den Gerichten durch ein Gesetz [19] entzogen, das die ergriffenen Maßnahmen »als Staatsnotwehr rechtens« erklärte, denn Nie-
derschlagung oder Amnestie dieser Handlungen hätten das Einge-
ständnis befohlener Verbrechen bedeutet. Demgegenüber genügte
1939 ein nichtveröffentlichter »Erlaß« Hitlers, um die Gerichte an
der Verfolgung der »Vernichtung lebensunwerten Lebens« zu hindern.

Im NS-Herrschaftssystem wurden der »rechtsprechenden Gewalt«
somit einerseits Zuständigkeiten auf dem Gesetzgebungswege –
durch die Legislative – entzogen; andererseits wurde sie durch die
Exekutive aber auch aus Bereichen ausgeschaltet, für die sie gesetzlich zuständig blieb.

Die Justiz im NS-Normenstaat:
ihre institutionelle Anpassung

Das Haupthindernis, das der Umwandlung der Justiz als Organ des
Normenstaates zu einem gefügigen Werkzeug des NS-Herrschaftssystems im Wege stand, war die Unabhängigkeit der Gerichte.

Durch sie unterschied sich die Funktion der Justiz grundlegend von denen der Exekutive und der Legislative, die durch die Einheit der Staatsgewalt im »Dritten Reich« – in dem die Gewaltenteilung ohnehin auf eine bloße Funktionsverteilung reduziert worden war – weitgehend verschmolzen waren. Von der Problematik einer Weitergeltung der Weimarer Verfassung und ihres einschlägigen Artikels 102 abgesehen, blieb jedenfalls der § 1 des Gerichtsverfassungsgesetzes[20] während der Zeit des »Dritten Reiches« unverändert in Kraft: »Die richterliche Gewalt wird durch unabhängige, nur dem Gesetz unterworfene Gerichte ausgeübt.« Während bei der Exekutive die Durchsetzung des Willens der Staatsführung durch eine geschlossene Befehlshierarchie bis zur untersten Ebene gesichert war, endete sie auf dem Gebiet der Justiz vor dem weisungsfreien Richter. Für die Führung barg daher die richterliche Unabhängigkeit stets die Gefahr einer nicht vorhersehbaren Abweichung von ihrem Willen in sich.

Im Unterschied zur Maßnahme, die diesen Willen in einem konkreten Einzelfall verwirklicht, regelt ihn die Norm für alle vorkommenden Fälle gleicher Art. Im Normenstaat realisiert der Verwaltungsbeamte den im Gesetz niedergelegten Willen nach »pflichtgemäßem Ermessen«, d. h. durch Entscheidungen, bei denen der Gesichtspunkt der Zweckmäßigkeit für die staatlichen Ziele dominiert; dabei muß er aber die Weisung seines Vorgesetzten befolgen, der die getroffene Entscheidung überprüfen und abändern kann. Der Richter dagegen ist bei der Realisierung des Gesetzeswillens nicht utilitaristischen Werten, sondern nur dem Rechtswert verpflichtet: Er soll nach bestem Wissen und Gewissen die Wahrheit ermitteln und Recht finden. Er muß seine Entscheidung ohne Weisung und Deckung durch einen Vorgesetzten fällen; sie kann nicht zurückgenommen, sondern gegebenenfalls wiederum nur durch ein unabhängiges Gericht überprüft und geändert werden. Auf das Wesentliche reduziert, besteht die richterliche Tätigkeit darin, festzustellen, welcher Einzelfall im Leben tatsächlich aufgetreten ist, d. h. welcher Sachverhalt vorliegt, ihn am Willen des Gesetzgebers – an der »richtig« gewählten Norm und der ihr zugrundeliegenden Rechtsidee – zu messen und zu bestimmen, welche Rechtsfolgen sich daraus für den konkreten Fall ergeben. Bei der Tatsachenermittlung, der Tren-

nung von Wahrem und Unwahrem in der vorgebrachten Anschuldi-
gung ist der Richter an den Maßstab der Objektivität, bei der Bestimmung der Rechtsfolgen – Strafe oder Leistung – an den Maßstab
der Gerechtigkeit und an das Gesetz gebunden. Gerade Objektivität, Wahrheit und Gerechtigkeit aber waren Maßstäbe, die die NS-
Führung bei der Verfolgung ihrer utilitaristischen politischen Ziele
nicht gelten ließ. Schon in seinem programmatischen Buch »Mein
Kampf« zog Hitler gegen den Gerechtigkeits- und »Objektivitäts-
fimmel« der Deutschen zu Felde: Im politischen Kampf gelte es,
»nicht objektiv auch die Wahrheit, soweit sie anderen günstig ist, zu
erforschen (…), sondern ununterbrochen der eigenen zu dienen«.[21]
Denn sowie »erst einmal nur der Schimmer eines Rechtes auch auf
der anderen Seite zugegeben wird, ist der Grund zum Zweifel an
dem eigenen Rechte schon gelegt«.[22] »Recht ist, was dem deutschen
Volke [d. h. dem NS-Herrschaftssystem] nützt« lautete die prä-
gnante, alle Überlegungen der Gerechtigkeit ausschließende Ma-
xime des »Reichsrechtsführers« Hans Frank, die den deutschen Juristen immer wieder eingehämmert wurde.[23] Die Forderung nach
einem Menschentyp des fanatischen, nicht nach Recht oder Unrecht
fragenden Kämpfers mußte zwangsläufig mit der Leitfigur des Richters kollidieren, die ein Höchstmaß an Gerechtigkeitssinn, Selbst-
kontrolle und Selbstzucht erfordert. Um daher Richter und Gerichte zu zuverlässigen Institutionen des NS-Herrschaftssystems zu
machen, mußten Maßnahmen zu ihrer Anpassung ergriffen werden.
Das Ziel war die Beseitigung »einer ›objektiven‹ Rechtsprechung«,
die – wie Staatssekretär Freisler formulierte – »in gleicher Weise das
Gesetz auslegte und anwandte (…) ohne Rücksicht darauf, ob der
Richter im Einzelfall die Aufgabe hatte, Handlungen von Personen
zu beurteilen, die für die Belange des Volkes [d. h. des NS-Regimes,
d. V.] kämpften, oder Handlungen von Personen, die (…) an der
Auflösung der Volkskräfte [d. h. gegen das Regime, d. V.] arbeiteten«.[24]
Für die Erreichung einer »angepaßten« Rechtsprechung genügte es
offensichtlich nicht, dem Richter durch die Legislative entsprechende neue Gesetze an die Hand zu geben, zu deren strikter Anwendung er verpflichtet war. Theoretisch wäre vorstellbar, ihn
durch eine kasuistische Gesetzgebung zu binden, die möglichst

jeden vorausgedachten Tatbestand erfaßt und im Sinne des Gesetzgebers regelt. Dadurch wäre der Richter zu einem präzis funktionie-
renden Automaten geworden, der den konkreten Tatbestand lediglich unter eine der zahlreichen Normen zu subsumieren hätte. Ein
neben dem positiven Recht bestehendes außergesetzliches (»über-
positives«) Recht hätte diese Art Rechtsprechung allerdings weitgehend vernachlässigen müssen. Da aber künftige Entwicklungen
nicht vorauszusehen sind, ist es schlechterdings unmöglich, alle im
Leben auftretenden Fälle zu überschauen und den Willen der
Staatsführung mit Hilfe der in dieser Hinsicht unvollkommenen
menschlichen Sprache für alle Einzelfälle unmißverständlich nie-
derzulegen. Wenn die Umstände erforderten, daß sich dieser Wille
im konkreten Fall unvorhergesehen änderte, hätte sich darüber hinaus die Führung im Netzwerk der kasuistischen Gesetzgebung selbst
gefangen: Die Entscheidung des Richters mußte in ihrem Sinne wiederum falsch ausfallen. Eine kasuistische Gesetzgebung wurde daher von der Führung abgelehnt, da starre Einzelregelungen keinen
Raum für Leitgedanken gelassen hätten, mit deren Hilfe der Richter im Bedarfsfalle elastisch judizieren konnte, um zu dem von der
Führung gewünschten Ergebnis zu gelangen.

Im Gegenteil sollte der Richter neben dem Gesetz – vor allem bei
der Anwendung fortgeltender Gesetze aus der vornationalsoziali-
stischen Zeit – das Parteiprogramm oder andere »autoritative Willenskundgebungen« Hitlers berücksichtigen; selbst Führerreden
stellten nach nationalsozialistischer Auffassung »Rechtserkenntnis-
quellen« dar.[25] Der NS-Gesetzgeber suchte wichtige Materien durch
Rahmengesetze zu ordnen, in deren Präambeln oder zentralen Bestimmungen Leitgedanken – die Zielsetzungen der Führung – nie-
dergelegt waren. Sie enthielten ferner häufig ausfüllungsbedürftige
Generalklauseln oder allgemeine Wertungsmaßstäbe wie: gesundes
Volksempfinden, Wohl der Volksgemeinschaft, Wohl des Reiches,
öffentliche Sicherheit, völkische Belange, Förderung der Allge-
meinheit u. a., die dem Richter einen weiten Ermessensspielraum
einräumten und »nach nationalsozialistischem Rechtsempfinden«
oder im Geiste der »nationalsozialistischen Sittenordnung« auszulegen waren.[26] Bei der Gesetzanwendung handelte es sich in diesen
Fällen im Grunde weniger um eine Auslegung als um eine Ergän-

zung: Das Gesetz gab die Generalentscheidung, der Richter sollte mit Hilfe der Generalklausel der Besonderheit des Falles gerecht werden. Andererseits durfte der Richter keinesfalls von sich aus vorprellen und sich mit der Begründung, nationalsozialistische Rechtsforderungen zu erfüllen, über den im Gesetz niedergelegten Willen der Führung hinwegsetzen: Er hätte sich damit – von seiner eigenen Auffassung geleitet – an die Stelle des Gesetzgebers, d. h. der Führung gesetzt. Mit »nationalsozialistischem Rechtsempfinden« oder »gesundem Volksempfinden« waren keinesfalls Vorstellungen vom Recht gemeint, die ungeschrieben im Volke lebten, sondern jene Vorstellung, die die Führung diktierte. Das brachte Freisler in seinen grundsätzlichen Gedanken zum neuen Strafrecht eindeutig zum Ausdruck: »Der Richter soll in erster Linie die autoritativen Willenskundgebungen des Führers (...) als Ausdruck des gesunden Volksempfindens anschauen, tut er das, wird er nicht fehlgehen können.«[27]

Da der Volkswille nach der nationalsozialistischen Theorie einzig und allein im Willen des Führers in Erscheinung trat, konnte auch nur er allein – und nicht etwa der Richter – das Rechtsempfinden des Volkes authentisch interpretieren. Der Richter sollte gegebenenfalls vom Buchstaben des Gesetzes nur so weit abweichen, wie es der Zielsetzung der Führung entsprach. Daher mußten sich die zu Generalklauseln tendierenden NS-Gesetze in einer um so stärkeren Bindung des Richters an den Führerwillen auswirken. Es wurde daher vorgeschlagen, den § 1 des Gerichtsverfassungsgesetzes durch folgende Formulierung zu ersetzen: »Die Gerichtsbarkeit (...) wird durch unabhängige, nur dem Führergesetz und den vom Führer feierlich erklärten Grundsätzen der nationalsozialistischen Weltanschauung unterworfene Richter ausgeübt.«[28] Noch stärker als bei der Anwendung gesetzlicher Einzelregelungen mußte daher der Richter bei der Ausfüllung der Generalklauseln die Sprachregelung von oben beachten.

Nach Absicht der Führung sollten dem Richter mit den Generalklauseln u. a. wirksame Instrumente an die Hand gegeben werden, um politische Gegner unschädlich zu machen: Die Berechenbarkeit der Folgen einer Tat aufgrund präziser rechtlicher Bestimmungen sollte durch eine nicht vorauszusehende Entscheidung des Richters

nach Maßstäben politischer Zweckmäßigkeit ersetzt werden. Durch
die Verwischung der Grenze zwischen erlaubtem und unerlaubtem
Verhalten sollten oppositionelle Handlungen von vornherein unter-
drückt und ihre strafrechtliche Verfolgung erleichtert werden. Um
Taten unter Verletzung des Grundsatzes nulla poena sine lege bestrafen zu können, wurde neben den Generalklauseln und gelegentlichen
Gesetzen mit rückwirkender Kraft 1935 das Analogieprinzip ins
Strafrecht eingeführt. Danach sollte außer den gesetzlich bestimmten Straftaten jede Tat bestraft werden können, »die nach dem
Grundgedanken eines Strafgesetzes und nach gesundem Volksempfinden Bestrafung verdient«.[29] Da der Begriff »gesundes Volksempfinden« ausschließlich durch die Führung interpretiert wurde und
ihm gegenüber die einschränkende Bindung an den Grundgedanken
eines Strafgesetzes in den Hintergrund treten sollte,[30] stellte diese
Formel den Richter vor die Frage, ob die Führung die Bestrafung
einer Tat auch dann wünschte, wenn sich kein Verstoß gegen einen
bestimmten Gesetzesparagraphen nachweisen ließ.[31] Da die Richter
aufgrund ihrer traditionellen Ausbildung die Analogie außerordentlich zögernd anwendeten, war auch dieses Mittel der NS-Gesetzge-
bung für die Anpassung der Rechtsprechung unzureichend. Mehr
Erfolg hatte die Gesetzgebung dadurch, daß sie ständig neue Straftat-
bestände schuf und hohe Strafen vorschrieb, die abschreckend
wirken sollten und daher oftmals zum Maß der Schuld in keinem
Verhältnis mehr standen. Da jedoch die Gesetze bis auf wenige Ausnahmen eine untere und eine obere Strafgrenze festlegten, hing die
extensive Ausschöpfung des Strafrahmens auch hier vom Richter ab.
Wo verschiedene dieser Gesetze im Kriege die Strafen für bestimmte
»Tätertypen« (Volksschädlinge, Gewaltverbrecher) verschärften,
konnte er die Strafe nicht mehr nur anhand der Tatbestände, sondern
mußte sie durch Zuordnung des Angeklagten zu einer dieser Täter-
gruppen bemessen. Diese Zuordnung sollte der Richter aufgrund der
Erwägung entscheiden, ob der Angeklagte durch Gesinnung und Tat
die Sicherheit und Stabilität des Regimes gefährdete. Hierbei konnte
er seine Entscheidung nicht mehr durch Subsumtion des Sachverhalts
unter die abstrakte Norm gewinnen, sondern mußte sie nach Kriterien fällen, die sich aus politischen Zweckmäßigkeitserwägungen ab-
leiteten.[32]

Für die gewünschte Anpassung des Richters stand neben seiner
Ausstattung mit neuen Gesetzen und einer Reihe noch zu erörtern-
der äußerlicher, institutioneller Maßnahmen zunächst einmal das
Mittel der ideologischen Schulung zur Verfügung, die durch die Organe der NS-Bewegung betrieben wurde und bewirken sollte, daß
der Richter den Willen der Führung aus eigenem Antrieb vollzog.
Dabei ging es nicht etwa nur um eine verstandesmäßige Schulung,
die den Richter befähigen sollte, die Gesetze im Geiste der »nationalsozialistischen Sittenordnung« und des »gesunden Volksempfindens« auszulegen. Denn auch dann bestand noch die Gefahr, daß
der Richter unter Berufung auf wirkliche oder vermeintliche »objektive« Forderungen dieser Sittenordnung am Willen der Führung
vorbeijudizierte. Nicht der nationalsozialistisch versierte Jurist war
daher das Ziel, sondern – so Freisler – der »rechtskundige Nationalsozialist«.[33]

Die neue Lehre sollte dem Richter »unter die Haut« gehen: Ihm
sollte ein seelisches »Gemeinschaftserlebnis« vermittelt werden,
das ihn innerlich eins macht »mit dem Geiste, dem Fühlen, Sehnen
und Wollen des Volkes«.[34] Er sollte »durchdrungen sein von der
Unumstößlichkeit des nationalsozialistischen Vorstellungsbildes
vom Verhältnis des einzelnen zu seinem Volk« und in sich niemals
einen Zweifel aufkommen lassen, »ob es nicht auch andere Anschauungen vom Zweck des Daseins des einzelnen gibt«.[35] Erst bei
Erfüllung dieser Voraussetzungen konnte laut Freisler das den nationalsozialistischen Anschauungen gemäße Recht »sicher erfühlt«
und bei der Anwendung der Gesetze »instinktmäßig« das Richtige
getroffen werden. »Die volle Gleichheit der Grundeinstellung des
Staatsführers und der einzelnen Richter« werde dafür bürgen, daß
die Entscheidung im Sinne des Führers ausfalle.[36] Hinter diesen
Phrasen verbarg sich lediglich die Forderung, jede andere Anschau-
ung von Gerechtigkeit und Ordnung – sei sie religiöser, naturrecht-
licher oder anderer Art –, jeden eigenständigen objektiven Maßstab,
jede unvoreingenommene Einstellung bei der Beurteilung von Le-
bensvorgängen und damit die *innere Unabhängigkeit* gegenüber der
nationalsozialistischen Führung aufgeben. Gefordert wurde die
bedingungslose Unterwerfung unter den Willen der Führung, den
der Richter aus weltanschaulichen – d. h. unter Umständen auch

außerrationalen – Gründen stets von vornherein als richtig und allein maßgebend anerkennen sollte. Einem Richter, der durch Erziehung zu einer solchen gefühls- und verstandesmäßigen Haltung innerlich total abhängig gemacht worden wäre, hätten natürlich um so leichter Attribute äußerer Unabhängigkeit zugestanden werden können. Diese Garantie für eine willfährige Rechtsprechung zu schaffen, gelang dem Regime trotz aller Indoktrination nicht. Aber selbst durch ein weltanschaulich ausgerichtetes Richterkorps wäre nicht gesichert gewesen, daß der Richter im Einzelfall trotz aufrichtigen Bemühens das von der Führung Gewollte tatsächlich immer traf. Denn die NS-Weltanschauung stellte trotz einiger Konstanten kein geschlossenes, rational konzipiertes Gebäude dar, sondern wurde vom charismatischen Führer unter dem dynamischen Zwang des »ewigen Lebenskampfes« den Gegebenheiten ständig neu angepaßt und opportunistisch interpretiert.[37] Daher konnte auch das nationalsozialistische »Recht« nicht an ihr, sondern nur am Zweckmäßigkeits- und Machtdenken der Herrschenden orientiert sein. Da die Entscheidung des Richters nur dann »richtig« war, wenn sie in der gegebenen Situation im Sinne der Führung »zweckmäßig« war, wäre selbst bei einer erfolgreichen ideologischen Ausrichtung der Richter die Möglichkeit einer »Lenkung« der Rechtsprechung notwendig geblieben, um im Einzelfall die Absicht der Führung zur Geltung zu bringen.

Das rigoroseste institutionelle Mittel zur Erzielung einer Rechtsprechung, die exakt im Sinne der politischen Führung funktionierte, wäre die förmliche Aufhebung der richterlichen Weisungsfreiheit, d. h. die Abschaffung der richterlichen Unabhängigkeit gewesen. Tatsächlich wurde Hitler gegenüber die Weisungsfreiheit bereits durch die Fiktion als aufgehoben betrachtet, daß der Führer – der alle staatliche Gewalt in seiner Hand vereinigte – in diesem Falle in seiner Eigenschaft als »Oberster Richter« tätig werde und seine Weisung folglich eine richterliche Handlung darstelle. Dennoch scheute die Führung davor zurück, die richterliche Unabhängigkeit förmlich abzuschaffen, um den Richter in politisch bedeutsamen Fällen bindend anweisen zu können, wie er bei der Feststellung des Sachverhaltes die Zeugenaussagen würdigen, den Tatbestand rechtlich bewerten und welche Strafe er verhängen sollte. Dabei hätte die

Führung allerdings die Entscheidung ohne mündliches und unmittelbares Verfahren de facto selbst treffen, d. h. »Kabinettsjustiz« üben müssen. Da Hitler als »Oberster Richter« in der Praxis zudem nur einen Bruchteil der »problematischen« Fälle selbst hätte entscheiden können, hätte er sie einer ihm zugeordneten Stelle delegieren müssen, die – da sie nicht selbst als Gericht fungierte – als ein Organ der Exekutive dem Richter die entsprechende Weisung erteilte. Der zuständige Richter wäre dadurch aber seines Richteramts entkleidet gewesen: Wem in bezug auf die Feststellung des Sachverhalts und seiner Beurteilung befohlen wird, kann nicht wirklich Richter sein. Er wäre zum bloßen Vollstrecker des »Judikativbefehls«, sein Urteil zur bloßen Verwaltungsmaßnahme geworden. Sollte dabei aber die Fiktion eines vom Richter selbständig durchzuführenden Verfahrens aufrechterhalten und die Weisung intern gegeben werden, dann konnte sein Urteil nicht einmal offen mit der Entscheidung der Führung begründet werden, sondern mußte nach außen auf der Vortäuschung beruhen, der Richter habe aufgrund der in der Verhandlung gewonnenen Ergebnisse selbst entschieden. An dieser inneren Unwahrheit mußte der Charakter des Richters zerbrechen, wenn er nach außen die Verantwortung übernehmen mußte, obwohl das Verfahren nicht mehr der Verwirklichung der Gerechtigkeit diente. Wenngleich Hitler tatsächlich in Einzelfällen über das Reichsjustizministerium auf die Urteilstätigkeit der Richter einwirkte, vermied die nationalsozialistische Führung dennoch eine förmliche Beseitigung des Instituts der richterlichen Weisungsfreiheit, da sie auf die Öffentlichkeit des In- und Auslandes eine äußerst ungünstige Wirkung haben und das Vertrauen des Volkes in die Rechtsprechung erschüttern mußte. Bevor die Führung – ohne zu dieser Radikallösung zu greifen – im Kriege die sachliche Unabhängigkeit des Richters durch verschiedene, noch zu erörternde »Lenkungsmaßnahmen« beeinträchtigte, suchte sie ihr Ziel zunächst durch andere Mittel zu erreichen.

Zu ihnen gehörte die Beseitigung der *persönlichen* Unabhängigkeit, d. h. der Unabsetzbarkeit und Unversetzbarkeit der Richter,[38] die durch die Weimarer Verfassung und das Gerichtsverfassungsgesetz garantiert gewesen waren. Wenn der Richter damit rechnen mußte, nach einem oder mehreren der Führung nicht genehmen Urteilen –

womöglich in ein niederes Amt – versetzt, nicht mehr befördert oder sogar zwangspensioniert zu werden, war auch seine *sachliche* Unabhängigkeit nicht mehr gegeben. Ein wegen eines politisch »schiefliegenden« Urteils kritisierter Richter konnte einem gleichen oder ähnlichen Rechtsfall innerlich nicht mehr unabhängig gegenüberstehen, persönliche Erwägungen mußten die Rechtsfindung beeinflussen. Dabei konnten sich die tatsächlich gegen Richter ergriffenen Maßnahmen auf wenige exemplarische Fälle beschränken: Allein das Faktum, daß sie durch die institutionelle Beseitigung der persönlichen Unabhängigkeit ermöglicht wurden, genügte als psychisches Mittel, auf die Rechtsprechung einzuwirken.

Die Beseitigung der persönlichen Unabhängigkeit des Richters ermöglichte ferner – unter obligatorischer Mitwirkung der NSDAP bei Ernennungen und Beförderungen –, eine zielgerichtete Personalpolitik zu betreiben und neben der Entlassung politisch unzuverlässiger Richter linientreue Nationalsozialisten – etwa freiberufliche Rechtsanwälte – in den Justizdienst hineinzubringen. Da die Partei nur über ein begrenztes Reservoir an juristisch voll ausgebildeten Mitgliedern verfügte, blieb es ihr Hauptanliegen, ihre Anhänger innerhalb des Justizdienstes in maßgebende Positionen zu befördern. Da mangels nationalsozialistischer Richter nicht alle Gerichte zu ergebenen Werkzeugen der Führung gemacht werden konnten, sollten zumindest für politische Fälle »zuverlässig« zusammengesetzte Gerichte gebildet werden. Mit der Abschaffung der Präsidialverfassung der Gerichte [39] bekam die Führung – unter Verstoß gegen den im Gerichtsverfassungsgesetz garantierten Grundsatz, daß niemand »seinem gesetzlichen Richter entzogen« werden durfte – das Recht, den jeweiligen Gerichtspräsidenten anzuweisen, jederzeit – d. h. auch innerhalb des laufenden Geschäftsjahres – einen »geeigneten« Richter in das erkennende Gericht zu bringen bzw. einen »ungeeigneten« daraus zu entfernen. Außerdem wurden für bestimmte politische Straftaten – neben dem bekannten Volksgerichtshof (1934) – schon im Frühjahr 1933 die Sondergerichte eingerichtet, deren vereinfachtes Verfahren sich durch Schnelligkeit, sofortige Rechtskraft und Vollstreckbarkeit ihrer Urteile auszeichnete, und die daher als »Standgerichte der inneren Front« [40] fungieren sollten. Als ihre Zuständigkeit im Kriege auf alle irgendwie bedeutsamen Fälle der allgemeinen Kriminalität ausgedehnt wurde und sie daher erheblich vermehrt und durch Einrichtung zusätzlicher Kammern vergrößert werden mußten, wurde es unmöglich, sie personell weiterhin so zu besetzen, daß sie ihren Charakter als »Elitegerichte« behielten. Es erwies sich, daß auch bei diesem Gerichtstyp ohne das Mittel der Lenkung nicht auszukommen war.

Die auf dem Gebiet des Gerichtsverfassungsrechts ergriffenen Maßnahmen wurden durch weitere im Bereich des Verfahrensrechts ergänzt. Eine mögliche prozeßrechtliche Maßnahme, die dem Richter zwar die sachliche Unabhängigkeit ließ, zugleich aber eine »Korrektur« seines Urteils ermöglichte, wäre die Einführung einer Bestätigung des Urteils gewesen, wie sie das militärgerichtliche Verfahren im Kriege zur Erlangung der Rechtskraft des Urteils vorschrieb. In der Tat schlug Staatssekretär Schlegelberger im Mai 1942 die Einführung einer verfahrensrechtlichen Möglichkeit vor, dem Strafausspruch eines rechtskräftigen (!) Urteils auf Antrag des regional zuständigen Generalstaatsanwalts die Bestätigung versagen zu können. Da Hitler als »Oberster Gerichtsherr« dieses Recht aus praktischen Gründen nur in seltenen Fällen selbst hätte ausüben können, sollte es auf den Reichsjustizminister bzw. auf die Oberlandesgerichtspräsidenten delegiert werden. Als Gerichtsherren sollten die Oberlandesgerichtspräsidenten die Sache »zur anderweitigen Straffestsetzung« an das Gericht zurück- oder an ein anderes Gericht verweisen können. In ihrer Eigenschaft als Richter sollten sie das Urteil unter Zuziehung zweier Richter »im freien Verfahren« aber auch selbst abändern können.[41]

Da das Bestätigungsrecht nach diesem Vorschlag abermals eingefleischten Juristen übertragen worden wäre, von denen die Parteiführung kein rigoroses Eingreifen in die Tätigkeit ihrer Richterkollegen erwartete, andererseits dieses Recht nicht an justizfremde Parteistellen abgetreten werden sollte, wurde auf diese Maßnahmen verzichtet. Um die grundsätzliche Unanfechtbarkeit rechtskräftiger Entscheidungen zu beseitigen, die eine Garantie für die Wirksamkeit der Urteile und die Rechtssicherheit in der Strafrechtspflege darstellt, wurden vielmehr die beiden nach Kriegsbeginn eingeführten außerordentlichen Rechtsbehelfe eingesetzt: Durch die Einlegung des »außerordentlichen Einspruchs«[42] konnte der weisungsgebundene Oberreichsanwalt binnen Jahresfrist jedes Strafurteil aufheben und die Sache zur Neuverhandlung an den »Besonderen Senat des Reichsgerichts« – im Falle eines aufgehobenen Volksgerichtshofurteils an den »Besonderen Senat des Volksgerichtshofs« – verweisen, denen jeweils die Präsidenten dieser Gerichte vorsaßen und deren weitere Mitglieder Hitler bestellte. Bei der »Nichtigkeitsbeschwerde«[43], die vom Oberreichsanwalt binnen Jahresfrist nur gegen Urteile der Landgerichte, Sondergerichte und Amtsgerichte eingelegt werden konnte, entschied das Reichsgericht über eine Aufhebung des Urteils; wurde sie ausgesprochen, konnte das Reichsgericht die Sache selbst entscheiden oder sie an das Erstgericht bzw. an ein anderes Gericht zurückverweisen. Mit diesen beiden Rechtsbehelfen war dafür gesorgt worden, daß auf Befehl der Führung – unter Verletzung des Grundsatzes »ne bis in idem«, wonach eine rechtskräftig abgeurteilte Strafsache nicht erneut zum Gegenstand eines Strafverfahrens gemacht werden darf – wegen derselben Tat nochmals verhandelt und das erste Urteil korrigiert werden konnte. Da jedoch untere Gerichte in erneuter Verhandlung gelegentlich abermals gegen die Ansicht der obersten Instanz judizierten, war zumindest die Nichtigkeitsbeschwerde kein unfehlbares Mittel für die Gleichschaltung der Rechtsprechung.

Für eine wirksame Anpassung griff die Führung im Kriege schließlich zum Mittel der »Steuerung« oder »Lenkung« der Rechtsprechung, die in die sachliche Unabhängigkeit des Richters eingriff, ohne sie formell aufzuheben und ohne verfahrensmäßig erkennbar zu werden. Die mildeste Form waren *allgemeine* Lenkungsmaßnahmen: offene rechtsgrundsätzliche Anweisungen im Justizministerialblatt oder in vertraulichen Rundverfügungen, die meist aus Anlaß eines einzelnen Falles gegeben wurden und künftig allgemein befolgt werden sollten. In den unter Verschluß zu haltenden »Richterbriefen«[44] wurden einzelne Urteile als Beispiele gelobt oder kritisiert. Auf Tagungen und Besprechungen im Reichsjustizministerium erhielten die Oberlandesgerichtspräsidenten und Generalstaatsanwälte vertrauliche Informationen über Absichten und Wünsche der Führung. Sie wurden beauftragt, durch Einwirkung auf die Gerichtspräsidenten bei den Richtern eine »konforme« Rechtsprechung zu erreichen. Dabei erwies sich die ermahnende

Aussprache des jeweiligen Dienstvorgesetzten mit dem betreffen-
den Richter nach einem unbefriedigenden Urteil offensichtlich als
unzureichend. Daher wurden für einschlägige Fälle *individuelle*
Lenkungsmaßnahmen vor der Hauptverhandlung eingeführt, für
die eine eingehende Berichtspflicht sowohl der Staatsanwälte wie
auch der Gerichtsvorsitzenden über alle wichtigen anstehenden
Prozesse Voraussetzung war.

Diese spezielle Lenkung erfolgte auf zwei Wegen: Der Staatsanwalt
wurde vom Ministerium auf dem Dienstweg angewiesen, einen bestimmten Strafantrag zu stellen und den vorsitzenden Richter ver-
traulich von dieser Tatsache zu unterrichten. Formal wurde dem
Richter zwar die freie Entscheidung überlassen, de facto aber
konnte er dem Fall nicht mehr unbefangen gegenüberstehen, da er
mit der Anfechtung eines »ungenügenden« Urteils durch den
Staatsanwalt und in wiederholten Fällen auch mit dienstlichen und
persönlichen Nachteilen (ausbleibende Beförderung, Einziehung
zur Wehrmacht usw.) rechnen mußte. Dennoch reichte dieser Len-
kungsweg nicht aus, die Rechtsprechung wirksam anzupassen, da
offensichtlich genügend Richter aufgrund ihrer Erkenntnisse aus
der Hauptverhandlung erheblich unter dem gewünschten Strafmaß
blieben. Deshalb wurde ein zweiter Weg der Lenkung beschritten:
Die jeweils anstehenden wichtigen Fälle wurden von den Landge-
richtspräsidenten – teilweise nach vorangegangener Absprache mit
den Oberlandesgerichtspräsidenten – mit dem erkennenden Richter
aufgrund der Aktenlage in einer »Vorschau« erörtert. In ihr konnten auch Hinweise auf die Interessen des Regimes oder seiner führenden Personen einfließen, die in der Verhandlung nicht zur Sprache gebracht werden sollten. Die Lenkung sollte als »taktvolle«
Beratung vorgenommen werden, die lediglich die Erkenntnismög-
lichkeit des Richters »erweiterte«[45]. Sie barg aber allein schon deshalb Gefahren für die Richtigkeit der Entscheidung, weil sie ohne
die »Unmittelbarkeit« der Hauptverhandlung erfolgte. Zwar wurde
möglichst darauf verzichtet, den Richter bei der Feststellung des
Tatbestandes zu gängeln und der tatsächlichen Würdigung vorzu-
greifen. Doch bei der rechtlichen Würdigung war der Richter insofern nicht mehr frei, als er ein von der Absprache abweichendes
Urteil in einer nochmaligen Besprechung – der »Nachschau« –

rechtfertigen mußte. Er mußte sich also bei der Entscheidung überlegen, inwieweit er seine aus der Hauptverhandlung gewonnene
Überzeugung vom Ausmaß der Schuld des Angeklagten und der
rechtlichen Beurteilung der Tat mit dem Vor-Urteil seiner Vorgesetzten bzw. der Führung in Übereinstimmung bringen konnte, von
denen sein berufliches Schicksal abhing. Für die damalige Lage der
Richterschaft ist es immerhin bezeichnend, daß zahlreiche verunsi-
cherte Richter in problematischen Fällen sogar ein Bedürfnis nach
derartiger Lenkung empfanden und sie begrüßten.[46] Andererseits
gehörte ein starker Charakter dazu, dem eigenen Gewissen zu folgen, den Ausspruch der geforderten Strafe abzulehnen und dafür
die Konsequenzen zu tragen.

Schlußbetrachtung

Wegen ihrer institutionell bedingten Schwäche und der Affinität ihrer Angehörigen zu den Zielen des Nationalsozialismus war die
rechtsprechende Gewalt 1933 kein Hindernis für die Etablierung
des NS-Herrschaftssystems. In der Phase, in der das System seinen
Unrechtscharakter endgültig offenbarte, wurde sie zudem aus politisch relevanten Bereichen ausgeschaltet. In ihrem Funktionsbe-
reich blieb sie wegen der Unabhängigkeit ihrer rechtsprechenden
Organe zwar dauernd Gegenstand kritischer Beobachtung und Korrektur seitens der politischen Führung, da sie trotz der geschilderten
Anpassungsmaßnahmen nicht immer einwandfrei im Sinne der Führung funktionierte. Dennoch war die Justiz – vom »vorauseilenden
Gehorsam« linientreuer Richter ganz abgesehen – schon deshalb
zum Vollzugsorgan des NS-Herrschaftssystems geworden, weil die
eingeführten institutionellen Mittel jederzeit eine Einwirkung er-
möglichten, um das von der politischen Führung gewünschte Ergebnis zu erzielen. Im NS-Herrschaftssystem war deshalb die rechtsprechende Gewalt kein Hort der Gerechtigkeit, sie konnte dem einzelnen keinen rechtlichen Schutz gewährleisten.

Peter Krüger
Hitlers Europapolitik

Wenn man einem in letzter Zeit Aufsehen erregenden englischen
Roman folgt, dessen Autor auch empirische Untersuchungen über
Nationalsozialismus und Zweiten Weltkrieg vorgelegt hat, und sich,
unweigerlich fasziniert, in eine zwar fiktive, aber wegen ihrer Denk-
barkeit und fiktiven Wirklichkeitsnähe beklemmende Vergangenheit versetzen läßt, dann gerät man in die Welt des Jahres 1964 – mit
dem Unterschied allerdings, daß Adolf Hitler den Zweiten Weltkrieg gewonnen hat.[1] Es sind unter anderem zwei charakteristische
Merkmale dieser erdachten Situation, die so beklemmend wirken,
weil sie überzeugend sind und zwei tatsächliche, wesentliche Ent-
wicklungslinien des »Dritten Reiches«, die auf dem Höhepunkt seiner Macht schon mehr oder weniger weit gediehen waren, in ihrer
vollen Entfaltung und Wirksamkeit zeigen: zum einen die radikale
existentielle Unsicherheit in einem Machtgebilde, das ohne Rücksicht alle herkömmlichen Werte, Rechte, Ordnungen und politisch-
gesellschaftlichen Funktionsbereiche zersetzt, fragmentiert, durchdrungen und ihrer Bezogenheit aufeinander entkleidet hat. Zum
anderen die nationalsozialistische Herrschaft über Europa – nicht
die Weltherrschaft, nicht der große Endkampf gegen die Vereinigten Staaten, aber ein Reich, dessen Grenzen sich, von den abhängigen Staaten und einer ebenso abhängigen europäischen Wirtschaftsgemeinschaft, die Großbritannien einschließt, abgesehen, von
Nordwesteuropa bis zum Ural erstrecken. Eine kleine einprägsame
Kartenskizze hilft dem Verständnis nach.
Vernichtung der Juden und aller derjenigen, die im Wege stehen,
unberechenbare Gewalt, Unterdrückung, Ausbeutung und nahezu
uneingeschränktes Schalten und Walten in einem wirtschaftlich annähernd autarken Großraum, der zu diesem Zweck in einem Zu-

stand gehalten wird, der sich nicht verfestigen, sondern in der
Schwebe bleiben, Verfügbarkeit ermöglichen soll, der permanente
Ausnahmezustand also – so sähe dann das Ergebnis nationalsozialistischer, genauer Hitlerscher Europapolitik aus. Der grundlegende
Gegensatz zu einer Integration Europas über mühevolle Verhandlungen und Vereinbarungen unter gleichberechtigten Partnerlän-
dern konnte kaum schroffer sein; in Hitlers Worten:»Welche Mühe
es koste, den Westen, den Norden, die Mitte und den Osten Europas zu einer großen Einheit zusammenzuschweißen, das gerate so
schnell in Vergessenheit (...). Auf eins möchte er aber auch bei
dieser Gelegenheit hinweisen – man könne ja gar nicht oft genug
darauf hinweisen –, daß nämlich die *Zusammenschweißung* Europas nicht durch das Einigungsbestreben einer Fülle von Staatsmän-
nern ermöglicht worden sei, sondern *nur mit Waffengewalt* zu machen gewesen wäre.«[2]
Dem entsprach, ebenso charakteristisch wie folgerichtig für Hitlers
Europa, neben der Rechtlosigkeit die Friedlosigkeit, der unaufhör-
liche Kampf, der etwa am Ural bewußt in Gang gehalten werden
sollte, um die kriegerischen Tugenden und die harte Führerauslese
der besten Rasse im Krieg, der »auch Leben sei, (...) sogar die
stärkste und klassischste Ausprägung des Lebens«, nach dem Sieg
nicht verfallen zu lassen.[3] Auf dem Wege zu diesem Europa war
man zur Zeit der größten nationalsozialistischen Machtentfaltung
schon ziemlich weit vorangekommen, und über die Bedeutung der
Rasse dabei stellte Hitler fest:»Kolonien sind ein fraglicher Besitz;
diese Erde ist uns sicher. Europa ist kein geographischer, sondern
ein blutsmäßig bedingter Begriff.«[4]
Damit wäre zum Thema schon Wichtiges gesagt. Es geht aber um
mehr, um die Einordnung in die deutsche und europäische Entwicklung, um die nicht sehr präzisen Vorstellungen Hitlers von einer
Neuordnung Europas, um die Stringenz seiner Absichten und Methoden im einzelnen und um ihr Verhältnis zu den europäischen
Konzeptionen anderer.

I.

Die fundamentalen Auseinandersetzungen des Ersten Weltkriegs, so trivial, deprimierend oder abstoßend sie auch wirken mochten, die Umwälzungen und Folgen, die er hervorrief, zogen immer mehr Menschen in den Sog eines unabsehbaren Geschehens. Die unglaubliche Intensivierung, Organisation und Ausweitung des Kampfes, die ungeahnten Möglichkeiten zur technisch-industriell bestimmten Mobilisierung der Ressourcen und die Sorgen vor den schweren Konsequenzen einer Niederlage verlängerten den Krieg bis zur Erschöpfung. Daraus wurde ein Prozeß jahrelanger Selbstzerstörung Europas, der schließlich unaufhaltsam erschien und durch das Eingreifen der Vereinigten Staaten augenfällig wurde. So unterschiedlich die Reaktionen darauf waren, Europa selbst, als Inbegriff der kulturellen Tradition, der Gemeinsamkeiten, des Zusammenlebens und der engen Verflochtenheit der europäischen Länder, ist seit dieser Existenzgefährdung – ausgesprochen oder unausgesprochen, akzeptiert oder verdrängt – zu einem der wesentlichen Probleme europäischer Politik geworden, eines, dem man nicht entrinnen konnte, selbst wenn man das wollte. Zu sehr waren die Europäer von allem, was in Europa geschah, in irgendeiner Weise betroffen.

Diese Erkenntnis, die ja als bis dahin eher selbstverständliche Basis des Denkens und Handelns nicht neu war, drängte sich nun allerdings mit der Wucht der europäischen Kriegs- und Nachkriegsveränderungen und der daraus hervorgehenden, in ihrer Kumulierung kaum lösbar erscheinenden politischen, wirtschaftlichen und gesellschaftlichen Probleme nachdrücklich in das Bewußtsein.[5] Die Reaktionen auf diese ganz neue, problematische Qualität Europas nahmen auch in Deutschland recht unterschiedliche Formen an:

1. Verfechter der europäischen Einheit formulierten Pläne und sammelten sich in Vereinigungen, die sich der Vorbereitung und Propagierung von Wegen zum europäischen Zusammenschluß widmeten. Sie gab es zwar schon früher, nun aber vermehrten sie sich beträchtlich und fanden in der Regel weit mehr öffentliche Beachtung. Unter dem Druck der furchtbaren Erfahrungen aus dem Ersten Weltkrieg schien ein geeintes Europa die einzige Ret-

tung vor neuen verheerenden Kriegen unter den europäischen Staaten zu sein. Daraus ergaben sich Kontakte zum Pazifismus. Andere gingen aus von den Aufgaben wirtschaftlicher Wiederaufbau und Sicherung eines gewissen Wohlstands in einem wirtschaftlichen Großraum. Aufgrund des Kriegsverlaufs wirkten zwei weitere Argumente besonders nachhaltig: Europa müsse seine kulturellen Werte retten, und es müsse sich gegen die bedrohlichen Einwirkungen von außen, vor allem gegen den überwältigenden Einfluß der Weltmacht USA, zusammenschließen.

2. Anders als diese überzeugten Verfechter des pan-europäischen Ideals wurden viele von denen, die sich mit den konkreten Kriegs- und Nachkriegsproblemen auseinandersetzen mußten, also vor allem Politiker und Vertreter der Wirtschaft, durch die Verhältnisse selbst auf die komplizierten Verknüpfungen dieser Probleme und auf die Notwendigkeit, vor allem aber auch auf den Nutzen europäischer Lösungen nachdrücklich hingewiesen. Dabei bedeutete »europäisch« zunächst nichts weiter als die nüchterne Anerkennung des europäischen Ausmaßes oder der europäischen Aspekte vieler Schwierigkeiten. Aus partiellen Erfahrungen heraus konnte dann allmählich neues Bewußtsein von den Vorteilen umfassender gesamteuropäischer Regelungen erwachsen, doch das mußte nicht so sein. Jedenfalls kann man diese Gruppe als europäische Pragmatiker bezeichnen. Der Erste Weltkrieg hatte sie darin bestärkt, daß Deutschland sich nicht in Isolierung und Abschottung nach außen begeben dürfe, sondern für seine Zukunft noch mehr als zuvor auf die internationale Verflechtung angewiesen sei.

3. Wenn man sich nicht weiter mit den gegenüber Europa Indifferenten abgibt (obwohl sie am ehesten zur Anpassung an vorherrschende Strömungen bereit waren oder ihre zur Schau getragene Indifferenz schon eine Reaktion auf den neuen europäischen Zusammenhang vieler Probleme darstellte, in Form einer Distanzierung allerdings), so kommt man zu denen, die nicht nur Zweifel am Nutzen europäischer Gemeinsamkeit hatten, sondern die Europa-Ideen ebenso wie die pragmatische europäische Zusammenarbeit bekämpften. Diese Gegner der Integration Europas

beriefen sich auf den Vorrang der unabhängigen deutschen Nation, die stark genug sein müsse, um allein mit allen Problemen
fertig zu werden, auch auf Kosten anderer und mit Hilfe des Aufbaus einer eigenen Macht- und Hegemonialsphäre in Mitteleuropa. Anders war eine unabhängige Großmachtposition für
Deutschland demnach nicht denkbar, und als zugkräftig erwies
sich für derartige Ziele die Reichsideologie, die gleichermaßen an
das zum Mythos erhobene alte Reich[6] wie an die chiliastischen
Verkündungen eines »Dritten Reiches«, an geopolitische Lehren[7] ebenso wie an den Mythos vom deutschen Volk als führende
und gestaltende Kraft Mitteleuropas anknüpfte und dezidiert
anti-westlich, anti-liberal und gegen die Republik von Weimar
gerichtet war.[8]

Weil alle europäischen Großmächte außer Österreich-Ungarn im
Ersten Weltkrieg zu den Gegnern Deutschlands zählten und sie in
erster Linie für den verhaßten Friedensvertrag von Versailles verantwortlich gemacht wurden, war es außerdem leicht, Europa als
feindliche, von den Siegern beherrschte Staatenliga zu denunzieren.
So ließ sich gleichzeitig eine Verbindung zu den ähnlich begründeten Angriffen gegen die internationale Organisation des Völker-
bunds herstellen.[9] Den Deutschen, das war die Quintessenz, hatte
dieses Europa Unrecht getan. Sie waren im Grunde die im Krieg
Unbesiegten, die um den Sieg Betrogenen. Eine solche Einstellung
verband sich nun häufig mit einer Schlußfolgerung aus den Erfahrungen des Ersten Weltkriegs, die der Forderung nach internationaler Verflechtung völlig entgegengesetzt war: Man müsse das Deutsche Reich eben noch unangreifbarer machen. Und im Extrem zog
man daraus die Konsequenz, daß Deutschland nicht nur der eigentliche, auch moralische Sieger, sondern im Grunde so stark sei, daß
es noch einmal versuchen sollte, den Sieg und die Vormachtstellung
in Europa tatsächlich zu erringen, vorausgesetzt man bereitete sich
besser vor und einte das ganze Volk in einer Form, die sowohl
höchste Opferbereitschaft im äußeren Kampf als auch Sicherheit im
Innern vor der Revolution, die 1918 angeblich die Niederlage her-
beigeführt hatte, zu gewährleisten vermochte. Das war die Sache
Adolf Hitlers und des von ihm geprägten Nationalsozialismus: »Das

Ganze bedeutet den Abschluß des [Ersten] Weltkrieges, nicht eine Einzelaktion. Es handelt sich nicht um eine Einzelfrage, sondern um Sein oder Nichtsein der Nation. (...) Wenn wir den Kampf erfolgreich bestehen, – und wir werden ihn bestehen –, wird unsere Zeit eingehen in die Geschichte unseres Volkes. Ich werde in diesem Kampf stehen oder fallen. Ich werde die Niederlage meines Volkes nicht überleben. Nach außen keine Kapitulation, nach innen keine Revolution.«[10]

Die europäische Dimension der nationalsozialistischen Außenpolitik ist also vor diesem Hintergrund zu betrachten. Zu ihren konkreten Voraussetzungen gehörte neben der Ermöglichung eines längeren Prozesses nationalsozialistischer Machtübernahme vor allem die schon seit 1930 erfolgte Neuorientierung der deutschen Außenpolitik – weg von kooperativen, kompromißbereiten und die zunehmende internationale Verflechtung Deutschlands in Rechnung stellenden Methoden der Interessenvertretung, worunter auch die Revision des Versailler Vertrags fiel, und hin zur Herauslösung des Reiches aus internationalen Bindungen und zur Grundlegung einer Politik der freien Hand, vor allem im Zuge verschärfter Revisions- und Machtpolitik.[11] Das brauchte Zeit, doch dabei halfen das am Ende des Krieges und danach tief gestörte nationale Selbstbewußtsein der Deutschen, die Enttäuschung über die Republik und die Erfahrung gewaltiger wirtschaftlicher Krisen. So wuchs das Verlangen nach nationaler Wiedergeburt, nach einem ganz neuen Weg aus dem Elend und nach neuem nationalem Prestige.

Hier liegen einige wichtige Gründe für eine zeitweilige Interessenparallelität zwischen der Außenpolitik der antirepublikanischen Rechten, der konservativen Eliten und der Nationalsozialisten in den dreißiger Jahren.[12] Daß seit 1930 der in den zwanziger Jahren mühsam in Gang gekommene, den strukturellen Bedingungen in Europa einigermaßen adäquate Prozeß der Annäherung, Verständigung und Kooperation in sich zusammenfiel, dafür war in erster Linie die Reichsregierung verantwortlich, anfangs, in der entscheidenden Phase der Weltwirtschaftskrise, zwar keineswegs allein, aber später um so nachhaltiger in einer Europa-Politik, die unter Hitler mit aller Entschiedenheit und jede Chance nutzend

sämtliche internationalen Bindungen und Sicherheiten paraly-
sierte.

Damit wurde nicht nur das europäische Staatensystem zerstört,
sondern die – obgleich zögernde – Entwicklung hin zu mehr Gemeinsamkeit, engerer Zusammenarbeit und ersten Planungen für
funktionale Integration [13] noch einmal umgekehrt – eine historische
Verzögerung mit einem kaum noch für möglich gehaltenen Versuch, noch einmal die Integration Europas durch die unumschränkte Macht und Herrschaft eines Staates an die Stelle schrittweise vorankommender Zusammenarbeit und Integration auf dem
Wege der Partnerschaft unabhängiger, gleichberechtigter Staaten
zu setzen. Das vollkommen Außergewöhnliche und eigentlich Un-
faßbare daran aber war, daß die Grundlage dieser Herrschaft über
Europa, das integrierende Element, schließlich die Vernichtung des
Judentums, die Vorherrschaft der arisch-germanischen Rasse unter
deutscher Führung und der Gewinn von »Lebensraum« sein sollte.
In enger Verbindung mit einer derartigen rassischen Homogenisie-
rung wollte Hitler an die Stelle von Demokratie und Liberalismus,
von Prinzipien moderner Regierung und Verwaltung eine möglichst
gleichförmige Organisierung der Entscheidungsprozesse nach dem
Modell von Führer und Gefolgschaft über fragmentierten, ihres ver-
fassungsmäßigen und funktionalen Zusammenhangs beraubten
Ämtern und Administrationen setzen.

Bis zum Versuch der Verwirklichung solcher Vorstellungen war es
allerdings ein langer Weg. Tatsächlich faßbar als – immer noch vage
– Zielsetzungen einer nationalsozialistischen Europa-Politik wurden sie erst nach dem Sieg über Frankreich im Juni 1940, als Hitler
weite Teile des europäischen Kontinents beherrschte und den Angriff auf die Sowjetunion als rassischen und politischen Vernich-
tungs- und Expansionskrieg [14] vorbereitete, also erst – und das ist für
die Beurteilung wesentlich – als Ergebnis einer günstigen Konstella-
tion, in der die Neuordnung Europas sich als Aufgabe und Chance
aufdrängte. Denn als Fixpunkte der Außenpolitik Hitlers, in dessen
Hand die eigentliche Entscheidungsgewalt lag, hatten andere Bestrebungen und Zukunftsvisionen, als ein geeintes Europa zu schaffen, Vorrang: eine dominierende Position in Mittel- und besonders
Ostmitteleuropa; außenpolitische Konstellationen und Bündnisse,

die einen Zweifrontenkrieg – den deutschen Alptraum nicht nur im Ersten Weltkrieg – vermeiden und das Vorgehen gegen einzelne, isolierte Gegner erleichtern sollten; und von dieser Ausgangsbasis aus die Gewinnung von »Lebensraum« im Osten. Nur in Rußland war nach Hitlers Überzeugung die Ausdehnung der deutschen Machtbasis, auch in wirtschaftlicher Hinsicht, noch möglich. Vor allem aber wollte er auf diese Weise seine eigentlichen Bestrebungen verwirklichen und Judentum und Bolschewismus zugleich vernichtend treffen. Die Herrschaft über Europa und ihre Sicherung war eher das Ergebnis dieser Anstrengungen, sobald sie von Erfolg gekrönt waren, nicht aber ein vorrangiges Ziel an sich.

Der Bolschewismus war für Hitler der gefährlichste Gegner, er galt ihm als eine Bastion des Judentums. Der Ostfeldzug sollte diesen Gegner beseitigen und schuf die Voraussetzungen für bis dahin unvorstellbare Formen des Völker- und Massenmordes, vor allem an den Juden. Europa spielte hier nur als Gesamtperspektive und Rahmen eine Rolle, innerhalb dessen nationalsozialistische Politik verwirklicht werden sollte, oder als lästige Aufgabe, die Hitler als unzeitgemäße Festlegung aufzuschieben trachtete. Allerdings brachte der Ostfeldzug eine ganz neue Situation: Das Risiko war besonders hoch. Denn der letzte Gegner im Westen, Großbritannien, war weder bereit einzulenken, noch ließ er sich bezwingen, und er verfügte außerdem in rasch steigendem Maße über die Unterstützung der Vereinigten Staaten. Es drohte also doch der Zweifrontenkrieg, falls es Hitler nicht gelang, die Sowjetunion in einem gigantischen Blitzfeldzug möglichst noch 1941 niederzuwerfen und auf diese Weise die gefährdete kontinentale Machtstellung abzusichern. Die Frage war nur, auf welche Weise dies geschehen sollte, zumal Stalin zweifellos zu einem für Deutschland besonders ungünstigen Moment in die Geschehnisse eingreifen würde.

Hitler machte seine Auffassung den führenden Militärs schon lange vor Beginn des Ostfeldzugs, des »Unternehmens Barbarossa«, hinlänglich klar. Am 23. November 1939 legte er die Leitlinie fest: »Jede Hoffnung auf Kompromisse ist kindisch: Sieg oder Niederlage! Dabei geht es nicht um ein nationalsozialistisches Deutschland, sondern darum, wer künftig in Europa dominiert. Diese Frage ist des höchsten Einsatzes wert.«[15]

Am 9. Januar 1941 erklärte er, was England aufrecht halte, sei die
Hoffnung auf die USA und Rußland. (...) Stalin, der Herr Rußlands, sei ein kluger Kopf; er werde nicht offen gegen Deutschland
auftreten, man müsse aber damit rechnen, daß er in für Deutschland
schwierigen Situationen in wachsendem Maße Schwierigkeiten machen werde. Er wolle das Erbe des verarmten Europa antreten,
habe auch Erfolge nötig und sei von dem Drang nach dem Westen
beseelt. Er sei sich auch völlig klar darüber, daß nach einem vollen
Siege Deutschlands die Lage Rußlands sehr schwierig werden
würde. (...) Bisher habe er nach dem Prinzip gehandelt, immer die
wichtigsten feindlichen Positionen zu zerschlagen, um einen Schritt
weiterzukommen. Daher müsse nunmehr Rußland zerschlagen
werden. Entweder gäben die Engländer dann nach, oder Deutschland würde den Kampf gegen England unter günstigsten Umständen weiterführen. Die Zertrümmerung Rußlands würde es auch
Japan ermöglichen, sich mit allen Kräften gegen die USA zu wenden. Das würde die letzteren vom Kriegseintritt abhalten. Für die
Zerschlagung Rußlands sei die Zeitfrage besonders wichtig. (...)
Der russische Riesenraum berge unermeßliche Reichtümer.
Deutschland müsse ihn wirtschaftlich und politisch beherrschen,
jedoch nicht angliedern. Damit verfüge es über alle Möglichkeiten,
in Zukunft auch den Kampf gegen Kontinente zu führen, es könne
dann von niemand mehr geschlagen werden. Wenn diese Operation
durchgeführt würde, werde Europa den Atem anhalten.[16]
Und am 30. März 1941 enthüllte er den Charakter des geplanten
Vernichtungskrieges: »Begründung und Notwendigkeit, die russische Lage zu bereinigen. Nur so werden wir in der Lage sein, in zwei
Jahren materiell und personell unsere Aufgaben in der Luft und auf
den Weltmeeren zu meistern, wenn wir die Landfragen endgültig
und gründlich lösen. Unsere Aufgaben gegenüber Rußland: Wehrmacht zerschlagen, Staat auflösen. (...) Kampf zweier Weltanschauungen gegeneinander. Vernichtendes Urteil über Bolschewismus, ist gleich asoziales Verbrechertum. Kommunismus ungeheure
Gefahr für die Zukunft. Wir müssen von dem Standpunkt des solda-
tischen Kameradentums abrücken. Der Kommunismus ist vorher
kein Kamerad und nachher kein Kamerad. Es handelt sich um einen
Vernichtungskampf. Wenn wir es nicht so auffassen, dann werden

wir zwar den Feind schlagen, aber in 30 Jahren wird uns wieder der kommunistische Feind gegenüberstehen. Wir führen nicht Krieg, um den Feind zu konservieren. (...) Der Kampf wird sich sehr unterscheiden vom Kampf im Westen. Im Osten ist Härte mild für die Zukunft.«[17]

Vier Beweggründe führten demnach zum »Unternehmen Barbarossa«, das am 22. Juni 1941 begann: die langersehnte Verwirklichung der drei Hitler beherrschenden Wunschvorstellungen, Lebensraum im Osten zu gewinnen, die Voraussetzungen für die Vernichtung der Juden in Europa zu schaffen und den Bolschewismus zu zerschlagen. Als vierter Beweggrund kam aus der 1940/41 entstandenen strategischen Situation heraus die Ausschaltung der Sowjetunion als der letzten, Hitlers Herrschaft in Kontinentaleuropa bedrohenden und möglicherweise mit Großbritannien zusammengehenden Macht hinzu. Das ganze Unternehmen war also zum Teil auch ein Umweg, um die britische Regierung von der Aussichtslosigkeit weiterer Kriegsanstrengungen gegen das Reich zu überzeugen.

In allen vier Beweggründen gab es eine mehr oder weniger starke europäische Komponente: Man wollte ein von Judentum und Bolschewismus befreites Europa als kulturell und rassisch wertvollsten Kontinent sowie als Expansions- und Herrschaftsraum des überlegenen Deutschtums aufbauen und außerdem einem von Deutschen durchdrungenen und geführten Europa die langfristige politische und wirtschaftliche Absicherung verschaffen, deren es bedurfte. Das läßt sich an einer Reihe von Äußerungen über den Vorrang und die autarke Stellung Europas erläutern.

Ein beträchtlich vergrößertes deutsch-germanisches Reich als Kristallisationskern und beherrschende Macht eines rassisch erneuerten Europa – diese Vorstellung kam dem, was Hitler wünschte, am nächsten. Die Verbindung von Raum und Rasse wurde in den Grundzügen deutlich: »Europa reicht so weit, als der nordisch-germanische Geist geht.«[18] Das war zwar konkret stärker auf den Osten bezogen, besaß aber allgemeine Gültigkeit. Das germanische Reich betrachtete Hitler als Verkörperung der »größeren Einheit ›Europa‹« über den anderen Völkern.[19] Unter dem Aspekt des Gewichts und der Überlegenheit eines vom nationalsozialistischen

Deutschen Reich beherrschten Europa war es durchaus folgerichtig, daß er häufig gegen die Mitsprache oder gar Gleichberechtigung
kleinerer Staaten, der schwächeren Völker, die schon von ihrer geringeren Zahl her im Kampf um die Führung nicht zu bestehen ver-
möchten, Stellung bezog und vor allem ein Feind des europäischen
Gleichgewichts war. Denn das Gleichgewichtsprinzip fördere die
Zerrissenheit Europas und seine Gefährdung und Beherrschbarkeit
durch auswärtige Mächte.[20] Die Auslese auch unter den Völkern
geschehe nur durch Kampf, und den könnten bloß die größten wa-
gen. Hitler wollte eine Weltordnung »der Kraft und der Stärke«.
Bezeichnend für dieses Überlegenheitsgefühl war es, daß er seine
Anstrengungen gelegentlich als »Kulturarbeit« bezeichnete und in
Europa die gerade im Vergleich mit den Vereinigten Staaten überlegene Kultur sah – dank der Kraft des nationalsozialistischen
Deutschland. Das Reich war sozusagen für ihn das Rückgrat Europas, und dies schon seit Karl dem Großen, der bei Hitler nun gegenüber der üblichen Verurteilung als »Sachsenschlächter« eine neue
Bewertung erfuhr: Es war Karls imperiale Leistung der Einigung
Europas unter einem deutschen Kaisertum, die zählte und von den
späteren deutschen Kaisern fortgesetzt wurde. Man habe in der Kritik am Kampf um Italien und die Kaiserkrone die deutsche Geschichte falsch gesehen. Schon Karl der Große habe erkannt, daß
nur Macht, Organisation und Zwang den Kontinent zu einigen ver-
möchten, und damit die »beste Substanz des alten römischen Imperiums« bewahrt. Und so hätten die Kaiser um die Durchsetzung
einer inneren Ordnung Europas und um seine Verteidigungsfähig-
keit gekämpft, ein Kampf zugleich um die wahre Volkwerdung des
stärksten Volkes, der unter Arminius angefangen und den Hitler
nun wieder aufgenommen habe.[21]
Autarkie, die Hitler als unerläßliche Voraussetzung für Unabhängigkeit und Unangreifbarkeit betrachtete, war nur in einem Großraum auf europäischer Grundlage annähernd zu verwirklichen, und
das bedeutete sowohl, auf Einfuhren kaum noch angewiesen, als
auch, nicht mehr zum Export außerhalb Europas gezwungen zu
sein. Stets droht dabei allerdings begriffliche Unklarheit. Großraum
und Großraumpolitik wurden zwar von führenden Nationalsozialisten häufig in gleicher Bedeutung wie Lebensraum und Lebens-

raumpolitik verwendet und gelegentlich auch auf ganz Europa bezogen. Aber sie meinten in der Regel damit etwas anderes; denn üblicherweise – auch hier gab es mehrere Bedeutungsvarianten – verstand man seit den zwanziger Jahren darunter ein wirtschaftliches Gebilde, ein über einzelne Staaten hinausgehendes, mehr oder weniger einheitliches Wirtschaftsgebiet.[22] Die Nationalsozialisten und vor allem Hitler meinten damit vor allem den unlösbaren Zusammenhang von Rasse und Raum. Rassenpolitische Vorstellungen waren für sie zugleich Raumvorstellungen. Solche Vorstellungen und Planungen bezogen sich wenigstens während des Krieges auf ganz Europa, auch wenn das Schwergewicht auf Mittel- und Osteuropa lag und der italienische Machtbereich immer in gewissem Ausmaß, trotz der deutschen Dominanz im Bündnis, anerkannt blieb. Es trifft den Kern der Sache also nicht, von nationalsozialistischer Großraumpolitik zu sprechen statt von Europapolitik, nur um das möglicherweise Anstößige der Verknüpfung von Europapolitik und Nationalsozialismus zu vermeiden. Es war eben kein beliebiger Großraum, der errichtet werden sollte, sondern es ging dezidiert um die Herrschaft über Europa.

Hitler äußerte sich über das autarke Europa vor allem nach dem Überfall auf die Sowjetunion. Durch den Besitz des russischen Raumes werde der Kampf um die Hegemonie in der Welt entschieden; »er macht Europa zum blockadefestesten Ort der Welt.« Europa – und nicht mehr die Vereinigten Staaten – werde das Land der unbegrenzten Möglichkeiten, keine Menschen germanischer Abstammung dürften mehr nach Amerika auswandern, sondern sollten in den eroberten Ostraum gelenkt werden, die Donau werde der Strom der Zukunft, und mit der wirtschaftlichen Neuordnung Europas, die wie in Deutschland nur durch Autarkie und Planung ermöglicht werden könne, »verlagert sich das politische Zentrum Europas: England wird ein großes Holland.« Die Zeit der großen Siege im Osten brachte gelegentlich fast lyrische Töne in Hitlers Gestaltungswünsche: Die Planmäßigkeit der Wirtschaft liege noch, so verkündete er seiner Umgebung, in den Anfängen, doch es sei etwas »wunderbar Schönes, eine gesamtdeutsche und europäische Wirtschaftsordnung aufzurichten«.[23] Unter diesen Voraussetzungen also hielt er ein nationalsozialistisches Europa für krisenfest und infolge-

dessen wieder befähigt, eine führende Stellung in der Welt einzu-
nehmen, fast ein Topos übrigens aus der Zeit der Weltwirtschaftskrise, als es hieß, das Land, das die Krise am ehesten und mit rigorosen Maßnahmen aus eigener Kraft überwinde, habe einen
Vorsprung gewonnen, der sich auch machtpolitisch auszahle.[24]
Alles das hing in jenem Entscheidungsjahr 1941 allerdings von der
schnellen Niederwerfung der Sowjetunion ab. Als sie fehlschlug,
war Hitler mit seinen Kräften und Möglichkeiten gebunden. Aus
dem erfolgreichen Widerstand und schließlich der Gegenoffensive
der Roten Armee ergaben sich die weiteren Entscheidungen Hitlers, einschließlich der Kriegserklärung an die Vereinigten Staaten
und der pathetischen Geste des deutschen Schutzwalles zur Verteidigung der »Festung Europa«. Viele dieser Entwicklungen und Entscheidungen scheinen nicht eigentlich außenpolitischer Natur, ja
nicht einmal durchweg außen- oder gar europapolitischen Erwägungen entsprungen zu sein. Es handelt sich zunächst einmal um Kriegführung und in mancher Hinsicht um eine extensive, nach außen
gewendete Form der Innenpolitik.

II.

Hitler hat mehrmals betont, daß es die traditionelle Trennung von
Innen- und Außenpolitik für ihn nicht gebe, und insoweit könnte
man seine Vorgehensweise als erweiterte Innenpolitik sehen. Er
wollte so wie in Deutschland auch in Europa eingreifen und sich
betätigen können, die staatliche Ordnung anderer Länder nach
Möglichkeit obsolet werden lassen oder beseitigen, das Völkerrecht
für Europa außer Kraft setzen, in sich zusammenhängende, den einzelnen und die gesellschaftlichen Gruppen sichernde Verfassungs-,
Rechts- und Regierungssysteme aushöhlen und aufsplittern und
noch bestehende internationale Strukturen fragmentieren. Das bedeutete, er wollte Barrieren, Grenzen, Einhegungen der politischen
Macht beseitigen und die möglichst unumschränkte Gewalt in
einem von ihm beherrschten Europa erringen, damit er seine Vorstellungen verwirklichen konnte.
Um eine solche dominierende Stellung zu erreichen, suchte er, be-

sonders während des Krieges, jede Verfestigung einer bestimmten Situation durch verbindliche Entscheidungen, langfristig wirksame internationale Abmachungen, Friedensverträge oder dergleichen unbedingt zu vermeiden. Nicht einmal Absichtserklärungen – etwa über die künftige Rolle Frankreichs in einem nationalsozialistischen Europa –, die seine Ungebundenheit eingeschränkt hätten, kamen für ihn in Frage, ebensowenig eine Diskussion seines künftigen Vorgehens noch etwa dessen Planung gemeinsam mit anderen. Denn damit hätte er ja klare Vorstellungen formulieren, erörtern und auch Gegenargumente anerkennen müssen, alles Dinge, die Festlegungen bedeuten. Deswegen liebte er als Form der Kommunikation die Rede oder in Gesprächen den Monolog, in denen er anderen seine Vorstellungen mehr oder weniger weitschweifig darlegte und einzelne Aufgaben und Ziele – oft in verschleiernder Absicht – in den Vordergrund rückte.

Hierin kam zugleich das Hermetische seiner Denk- und Argumentationsweise zum Ausdruck, das Hermetische als Basis seines politischen Denkens und Handelns, das nur noch eine sehr eingeschränkte Erörterung erlaubte, weil es undurchdringlich war, das sich Abschließende eines höheren Wissens vom wahren Wesen der menschlichen Welt, und weil es sich auf nicht mehr reduzierbare Grundauffassungen stützte, die logischer Überprüfung unzugänglich waren. Der Anspruch einer tieferen Erfassung der in der Welt wirkenden Kräfte und der Gesetze historischer Entwicklung wirkte sich in Hitlers Äußerungen auf vielfältige Weise aus, etwa wenn er über die Bedeutung der Rasse in der modernen Welt, über den unaufhörlichen Kampf ums Dasein, über den Sieg des Härtesten und Stärksten, über seine festgefügten Überzeugungen von der Kriegführung oder das aktuelle Verhalten von anderen Völkern und Regierungen urteilte. Große Wirkung konnte er damit nur erzielen, wenn er Leute fand, den einzelnen und die Masse, die ihm glaubten oder ihm einen starken Einfluß zutrauten. Die Ergebnisse, die nationalistische Agitatoren, von denen Hitler der einflußreichste, aber in der Weimarer Republik nicht der einzige war, mit solchem Verfahren erreichten, wurden durchaus und rechtzeitig als Gefahr erkannt, nur kümmerte sich kaum jemand darum. In seiner »Politischen Novelle« beschrieb Bruno Frank 1928 die Situation treffend:

19

»Man ist den Massen so lange mit mystischem Geschwätz in den Ohren gelegen, bis sie ein erreichbares und nahes Ziel für verächtlich zu halten anfingen.«[25] So war es.

Diese Wirkung des Hermetischen zog die Menschen in ihrer Suche nach neuen Gewißheiten an, und sie zeigte sich nicht nur in den Formen ideologischer Bearbeitung der Öffentlichkeit durch Hitler, sondern allgemein in der Abwendung von rationaler Argumentation – worin zugleich ein leicht zu mobilisierender anti-westlicher Affekt lag. Sie zeigte sich infolgedessen auch in der Absicherung von Ideologie, die nicht nur extreme Gruppen dadurch erreichten, daß man im Grunde keine wirkliche Diskussion mehr zuließ und Kernpunkte der eigenen und in weiten Kreisen der Bevölkerung ebenfalls vorherrschenden Überzeugung ähnlich behandelte wie nicht mehr anfechtbare, das Wesen der Zeit erfassende Glaubensinhalte – wer dagegen verstieß, konnte leicht zum Verräter an der nationalen Sache erklärt werden – und sie zur grundlegenden Voraussetzung und Rechtfertigung des unbedingten Vorrangs für den deutschen außenpolitischen Wiederaufstieg machte: Sie bezogen sich alle in der einen oder anderen Form auf die Fundierung des Selbstbildes der Deutschen als im Felde unbesiegt, auf die Revolution als Dolchstoß und Hauptverantwortlichen der Niederlage, und auf das wiedergutzumachende Unrecht von Versailles, und das alles ließ sich dann konsequent für den Kampf gegen die angeblich von Revolution und Siegermacht erzwungenen Neuerungen, insbesondere gegen die Republik, mobilisieren. Die Inflation, die Schwierigkeiten gesellschaftlichen Wandels und die Weltwirtschaftskrise mußten als schlagende Belege dafür herhalten, daß das Übel von außen und von der Linken herrührte und man ihm nur beikommen könne durch rigorosen Nationalismus und die Zusammenfassung der Nation zum Kampf gegen die Friedensordnung von 1919.

Obgleich es nun zu solcher hermetischen Art tieferer Erkenntnis des Zeitalters und seiner Anforderungen gehörte, daß sie nur Auserwählten vorbehalten war, zu denen die Massen im Verlangen nach Erklärung und Führung aufschauen sollten, hatte die Hinwendung zu den oberflächlichen Erscheinungsformen dieser Erkenntnisse seit dem Ersten Weltkrieg kollektiven Charakter angenommen und zwar, von Propagandisten des Nationalismus entsprechend verstärkt, als Möglichkeit des Ausweichens vor der politischen und gesellschaftlichen Wirklichkeit, als keinem Zweifel mehr unterworfene Erklärung der Niederlage des Reiches und aller Schwierigkeiten und modernen Entwicklungsprobleme danach, aber auch als Grundlage des Glaubens an den Wiederaufstieg der deutschen Nation. Nur solche Rückbesinnung auf die eigene Kraft, in wachsendem Maße auch von der Reichsregierung während der Weltwirtschaftskrise vertreten, schien Rettung zu bieten.

Diese weit über die extreme Rechte hinaus wirksame Einstellung erhielt ihre Attraktivität und breite politische Zustimmung auch aus der Tatsache, daß sie eine große Palette von Ursachen, Verantwortlichen und Sündenböcken anzubieten hatte, unter denen jeder Erklärungen zu finden vermochte, die ihm einleuchteten, ohne daß er alle übrigen ebenfalls teilen mußte. Gerade in der Wirtschafts- und Staatskrise seit 1930 ließen sich sehr unterschiedliche Dinge zugunsten eines sich verschärfenden Nationalismus verbinden. Die ganze moderne Entwicklung stand in Frage; man sah die Ursachen der Krise in Überindustrialisierung, Kapitalismus, Abhängigkeit vom Ausland, Liberalismus, Materialismus, Marxismus und westlicher Dekadenz[26]; man machte die Sieger des Ersten Weltkriegs ebenso dafür verantwortlich wie Sozialisten oder Juden. Hierin entwickelte sich eine Entsprechung zwischen Führer und Geführten, die nachhaltig zum Aufstieg und den Erfolgen Hitlers beitrug. Der hermetische Charakter seiner auf der Erkenntnis unabänderlicher Wahrheiten beruhenden Auffassungen macht darüber hinaus verständlich, warum seine Außenpolitik oder seine Politik überhaupt bestimmte Verhaltens- und Vorgehensweisen von vornherein ausschloß.

Dieser hermetische Charakter der Grundvorstellungen Hitlers vom Wesen der Politik liefert einen Hinweis zur Beantwortung der in unserem Zusammenhang entscheidenden Frage, warum es für ihn keine politischen, dauerhaften, auf Kompromisse und partnerschaftliche Anerkennung anderer Staaten gegründeten Lösungen für die europäische Integration und nicht einmal eine Außenpolitik im üblichen Verständnis gab. Dem entsprach der außenpolitische Stil, den Hitler seit 1933 entwickelte, die unkalkulierbare Kräfte entfesselnde Dynamik, mit der er eine Aktion nach der anderen vorantrieb, vor dem Krieg schon und im Krieg erst recht, außerdem der dadurch betonte permanente Ausnahmezustand und vor allem das Bestreben, die Dinge ständig im Fluß zu halten und jede Festlegung zu vermeiden. Das hatte allerdings auch zur Folge, daß seine Gewinne in Europa unsicher blieben und ihre Absicherung immer weiter ausgreifende Unternehmungen erforderlich machte, die bei kompromißbereitem Interessenausgleich und politischen Vereinbarungen zum Zwecke europäischer Integration überflüssig gewesen wären.

Damit aber europäische politische Lösungen überhaupt von der deutschen Führung hätten angestrebt werden können, wäre eine wirkliche Europakonzeption nötig gewesen, hätte diese Konzeption anziehend sein müssen für die anderen europäischen Länder, und es wären verbindliche Festlegungen und eine Rückkehr zum Verfassungstandard Europas unumgänglich gewesen, Veränderungen, die für Hitlers Diktatur und seine Auffassung vom unaufhörlichen Kampf um die Führung unter den Völkern das Ende bedeutet hätten. Es wäre außerdem das Ende der unkalkulierbaren außenpolitischen Dynamik, der schrankenlosen Verfügbarkeit aller Ressourcen und der Veränderbarkeit jedes Zustandes gewesen. Gerade die Verhaltensweisen, die Hitler hätte aufgeben müssen, boten die notwendige Voraussetzung für seinen Herrschaftsstil im Sinne seines Machtbegriffs.

Hitler kam dabei eine moderne Erkenntnis entgegen, die auf eine notwendige Intensivierung der außenpolitischen Absicherungsmethoden gerichtet war, sofern es darum ging, einen internationalen Zustand langfristig zu konsolidieren. Eine am Ende des Ersten Weltkriegs noch zaghaft angewandte Bereicherung des außenpolitischen Instrumentariums, die angesichts der zunehmenden modernen Verflechtung für eine gewisse Übereinstimmung der politisch-gesellschaftlichen Ausgangslage der Staaten sorgen sollte, bestand darin, auch auf Veränderungen der Verfassung zu drängen, wie es der amerikanische Präsident Wilson 1918 von der Führung des Kaiserreichs verlangte. Diese Methode der außenpolitischen Absicherung eigener Interessen durch Eingriffe verschiedenster Art in die innere Struktur anderer Staaten wurde nach 1945 im Osten wie im Westen von den führenden Mächten umfassend angewendet. Diese Methode sagte Hitlers außenpolitischer Vorgehensweise besonders zu, und er suchte sie in den von ihm abhängigen Ländern je nach Ausgangssituation mehr oder weniger brutal zu Geltung zu bringen, um seine Herrschaft abzusichern. Das ändert nichts an der Tatsache, daß es sich hierbei um ein neues Strukturelement des internationalen Systems, die Homogenität der inneren Strukturen, handelte, das unter anderen Umständen schon in früheren Epochen nicht unbekannt war.

Den Zustand, über wirkliche Macht zu verfügen, betrachtete Hitler nur dann als voll erreicht, wenn es keine eigenständige Gegenkraft mehr gab. Dem entsprach in erster Linie ein militärisches und ein, wann immer nötig, auf brutaler Gewalt beruhendes Verständnis von Herrschaft; Macht war für Hitler die Fähigkeit zum unmittelbaren Eingriff, zur direkten Machtausübung. Daher war sein außenpolitischer Einfluß auch relativ gering, sobald seine Ziele außerhalb seiner militärischen Reichweite lagen. Mittelbaren außenpolitischen Einfluß und informelle Herrschaft vermochte er im Grunde nicht zu handhaben. Dazu paßt unter anderem, daß er ein von ihm beherrschtes autarkes Europa wollte mit einem eigenen, von der allgemeinen Entwicklung abgekoppelten, Einspruchsmöglichkeiten verhindernden Völkerrecht, unter Vermeidung von Verbindungen mit Ländern außerhalb Europas, wenn derartige Verbindungen lebenswichtig werden und infolgedessen zur Abhängigkeit vom Ausland führen konnten.[27] Dem entsprach ferner das »Führerprinzip«, das bestehende politische und administrative Strukturen durchbrach und zersetzte und auch international eine starke voluntaristische Komponente in die Entscheidungsprozesse einführte. Nur die völlige Herrschaft über Europa konnte infolgedessen seinen Absichten einer Neuordnung auf rassischer Basis genügen und den Deutschen in allen wichtigen Fragen die Entscheidungsgewalt sichern.

Innenpolitik war Hitlers Außenpolitik auch insofern, als mit deren Hilfe der permanente Ausnahmezustand gerechtfertigt und, sofern die Außenpolitik erfolgreich war, akzeptabel gemacht werden konnte. Vergleichbare innenpolitische Mobilisierungsmöglichkeiten verbrauchten sich, sobald die Wirtschaftskrise samt der Arbeitslosigkeit überwunden war. Denn die Antriebskraft des wirtschaftlichen Aufschwungs war die Aufrüstung; doch sie konnte nicht unbegrenzt weitergetrieben werden. Es hätte eine zivile und vor allem weltwirtschaftlich orientierte Schwerpunktverlagerung und eine finanzielle Konsolidierung stattfinden müssen, die höchstwahrscheinlich die weitere Existenz der nationalsozialistischen Diktatur in ihrer Hitlerschen Ausprägung, also mit labilen, für den außergewöhnlichen, vor allem militärischen Einsatz und Eingriff verfügbaren Strukturen, unmöglich gemacht hätte – oder man mußte Europa der nationalsozialistischen Herrschaft unterwerfen und Krieg führen. Hatte man dieses Ziel erst einmal erreicht, so würde schon die aufrechtzuerhaltende Unterwerfung und Unterdrückung vieler anderer Völker in Europa durch die Deutschen für die Dauerhaftigkeit des Ausnahmezustandes und darüber hinaus für den als unentbehrlich erachteten fortwährenden Kampf als Herausforderung und Bewährungsprobe deutscher Führungskraft vor allem im Osten[28] sorgen.

Auf den Krieg steuerte Hitlers Außenpolitik von vornherein zu. Der Krieg erlaubte die Fortsetzung und Verschärfung des Ausnahmezustandes der deutschen Nation, weil er in der Anspannung der Psyche und der Kräfte einerseits außergewöhnliche Aktionen und unübliche Regierungs- und Verwaltungsmaßnahmen plausibel oder eher vertretbar machte, andererseits, solange es Kriegserfolge und auszubeutende Eroberungen gab, die Stimmung nicht umschlagen ließ und einen immer noch relativ hohen Lebensstandard sicherte, den man zur Vermeidung von Unruhen oder Revolution für unentbehrlich hielt.[29] An diesem Punkt wird dann deutlich, in welchem Ausmaß Außenpolitik eben auch Kriegspolitik war.

Außenpolitik spielte sich für Hitler in erster Linie in Europa ab. Schon in den zwanziger Jahren war allmählich seine Wunschvorstellung herangereift, mit Hilfe von Bündnissen, insbesondere mit Großbritannien – auf der Basis einer, wie er meinte, für beide Mächte gewinnbringenden Interessenverteilung zwischen Deutschland in Kontinentaleuropa und Großbritannien in Übersee und in seinem Empire – sowie mit Italien, dessen Einflußsphäre der Mittelmeerraum sein sollte, freie Hand und Rückendeckung für seine eigene Expansion in Mittel- und Osteuropa zu erhalten.[30] Als 1933 die Zeit nationalsozialistischer Herrschaft begann, mußte das Reich zunächst einmal durch eine schwierige Phase der Aufrüstung und des

Aufbaus einer starken internationalen Stellung hindurch, die derartige Bündniskonstellationen und Expansionen erst erfolgver-
sprechend machte. Diese Phase der Schwäche sollte so schnell wie
möglich überwunden werden, und allgemeine Bekundungen europäischer Friedenspolitik mußten als notdürftiges Täuschungsmanö-
ver herhalten.

Außenpolitik im Grunde also auch als Kriegspolitik, als eine andere
Form von Expansion und Kriegführung – das bedeutete nicht nur
den Vorrang beschleunigter Aufrüstung und ihre internationale Abschirmung, sondern zeigte sich auch in Zielsetzung und Stil: in der
Form des diplomatischen Überraschungsangriffs und der den Partner oder Gegner isolierenden Aktion, ähnlich den sogenannten
Blitzfeldzügen später; dann in der gezielten, Vertrauen und internationale Zusammenarbeit zerrüttenden Herausforderung vornehmlich der Großmächte, und zwar möglichst im Grenzbereich sehr
schwer zu fällender Entscheidungen – etwa aufgrund des deutschen
Einmarsches ins entmilitarisierte Rheinland –; und schließlich insgesamt in der von vornherein zerstörerischen Absicht dieser Außenpolitik. Zerstört werden sollten das europäische Staatensystem und
jede Form von internationaler Solidarität, Moral, Verbindlichkeit
und Gemeinschaft. Alle diplomatischen Aktionen hatten für Hitler
den Sinn, dem Reich Schritt für Schritt eine überlegene Militär-
macht und freie Hand für seine Expansion zu verschaffen, außerdem die anderen Länder weitgehend isoliert der deutschen Macht
auszuliefern oder einseitig an Deutschland zu binden und in einigen
Fällen durch Ermunterung und Beteiligung an Eroberungen zu kor-
rumpieren.[31]

In teils wiederbelebten, teils neuen Formen von Gewaltaktionen
verschwammen die Unterschiede zwischen Außenpolitik und mili-
tärischer Maßnahme oder Kriegspolitik. Deutlich erkennbar war
das bereits beim Anschluß Österreichs und noch deutlicher in der
tschechoslowakischen Krise, die zum Münchner Abkommen
führte.[32] Die Entscheidung über Krieg und Frieden hing an einem
Faden, und es fragte sich für Hitler nur, ob der Zweck, die Einbezie-
hung der Tschechoslowakei in den deutschen Machtbereich, durch
militärisches Vorgehen erreicht werden konnte oder doch noch eine
internationale politische Lösung in letzter Stunde zustande kam.

Genauso wie Hitler in den ersten Jahren nach 1933 immer wieder
seine friedlichen Absichten beschwor, beschwor er Europa, dem er
mit seiner Politik dienen wolle, und eine europäische Mission
Deutschlands. Das war alles reine Propaganda und Ablenkung,
man weiß es. Es steckte keine Europakonzeption oder wirkliche Europapolitik dahinter.[33] Und trotzdem: Hier zeigten sich zwei tatsächliche europäische Komponenten in Hitlers außenpolitischem
Vorgehen. Zum einen wurde der kontinentaleuropäische Raum als
nationalsozialistischer Expansionsraum umrissen – mit einigen Aus-
sparungen etwa zugunsten Italiens und der künftigen »Achsen«-
Partnerschaft, die zugleich auf so etwas wie europäische Arbeitstei-
lung hindeutete –; zum anderen war auch die europäische Mission
eines nationalsozialistischen Deutschen Reiches keine pure Propaganda. Dahinter standen auch dezidierte Auffassungen Hitlers und
anderer führender Nationalsozialisten vom verrotteten Europa, das
dringend der Erneuerung bedürfe und besonders vom Judentum
und vom Bolschewismus befreit werden müsse. Zu einer solchen
weitgehenden Umgestaltung, die, um erfolgreich zu sein, auf rassischer Grundlage vorgenommen werden müsse, sei eben nur der Nationalsozialismus in der Lage.[34]
Was diese Art der Europapolitik zwischen Destruktion, Nötigung
und militärischem Überfall so riskant machte, war die Konsequenz,
daß sie ihre eigenen Grundlagen zerstörte. Sie beruhte auf der Ge-
schicklichkeit, im rechten Augenblick freie Hand für überraschende
Entscheidungen zu haben, auf ihrer Beweglichkeit und ihren Optio-
nen. Sobald Hitler jedoch, auch aufgrund des selbstgeschaffenen
inneren und besonders wirtschaftlichen Drucks, die beabsichtigten
Expansionsschritte einleitete, überschritt er irgendwann die Grenze
des Tolerierbaren, und es formierte sich wachsender Widerstand.
Seine Handlungsfreiheit engte er durch das, was er sich vornahm,
weitgehend wieder ein, insbesondere nachdem er den Krieg begonnen hatte. Im Krieg sollte zwar das bis dahin erfolgreiche Muster des
Vorgehens fortgesetzt, jeder Gegner möglichst isoliert und – auch
wegen der begrenzten Ressourcen – in kurzen, überfallartigen Feld-
zügen überwältigt werden und die Handlungsfreiheit und Reak-
tionsschnelligkeit auf diese Weise gewahrt bleiben. Aber die immer
weiter gesteckten Ziele, vor allem das der Vernichtung der Sowjet-

union, nahmen Dimensionen an, die das Mittel des Blitzkriegs überforderten. Blieb also der schnelle Sieg aus, konnte der Umschlag von der operativen, politisch-militärischen Nutzung der freien Hand zur strategischen Bewegungsunfähigkeit und zur Festlegung aller Kräfte in einem für deutsche Verhältnisse gigantischen, das ganze Potential überfordernden Mehrfrontenkrieg sehr abrupt und durchschlagend erfolgen. Diese Situation war erreicht, als es weder 1941 noch 1942 gelang, die Sowjetunion vernichtend zu schlagen, und Hitler nach dem japanischen Überfall auf Pearl Harbor den Vereinigten Staaten nolens volens den Krieg erklärte.

Hätte es zu dieser Außen- und Kriegspolitik, die auf eine Beherrschung Europas ausgerichtet war, eine Alternative gegeben? Möglicherweise, allerdings wohl nur in einer ganz bestimmten Richtung, welche die europäische Bedingtheit nationalsozialistischer Außenpolitik herausstellte. Nur dann nämlich wäre an eine Alternative ernsthaft zu denken gewesen, wenn eine wirkliche Neuordnung und Integration Europas zustande gekommen wäre, zwar unter deutscher Führung, aber auf dem Weg fairer Verhandlungen, bei denen die unterschiedlichen Interessen, die Eigenständigkeit und die freie Entscheidung der als Partner ernstzunehmenden europäischen Staaten hätten gewahrt werden müssen. Die Bereitschaft dazu war in den meisten anderen Ländern vorhanden, und die günstigste Situation zur – vielfach erwarteten – deutschen Initiative ergab sich nach dem deutschen Sieg über Frankreich und noch einmal nach den großen Anfangserfolgen über die Sowjetunion. Aber das kam für Hitler, mochten auch führende Nationalsozialisten an einer solchen Lösung interessiert gewesen sein, keinesfalls in Betracht. Eine derartige Entwicklung hätte ihm Festlegungen, Zugeständnisse und eine erhebliche Einschränkung seiner Verfügungsgewalt insbesondere gegenüber den Besiegten abverlangt. Er wollte hingegen die Entwicklung in Fluß halten und ihre Richtung unentschieden lassen, aufkeimende Hoffnungen höchstens zur bequemeren Ausbeutung der von ihm abhängigen Länder Europas ausnutzen und sich die künftigen Regelungen vorbehalten.[35] Dieses Vorgehen verstärkte indessen nur den Zwang zur Ausdehnung und gewaltsamen Stabilisierung nationalsozialistischer Herrschaft in Europa.

Hitler betrachtete auf dem Höhepunkt seiner Macht Kontinental-

europa – abgesehen von der Interessensphäre des in immer stärkere
Abhängigkeit von ihm geratenen italienischen Verbündeten – bis
zum Ural als den Raum, um den es ihm ging und den er seiner unan-
gefochtenen Herrschaft unterwerfen wollte, und sein »europäisches
Indien« lag in der Ukraine: Jeder Gedanke an Weltpolitik, so erklärte Hitler, sei lächerlich, solange man nicht den europäischen
Kontinent beherrsche; wenn das Deutsche Reich Herr über Europa
sei, dann erst werde es auch eine dominierende Stellung in der Welt
einnehmen.[36] Neben dieser Zielsetzung blieben seine Vorstellungen
über die vielzitierte »Neue Ordnung in Europa« – ohnehin bloß eine
notdürftige Auskunft, die bestenfalls einer sie ausfüllenden Phantasie Raum ließ – sehr vage, und in bezug auf das künftige Europa
beschränkten sich seine Hinweise auf die rassische Basis, strikte
Führungs- und Unterordnungsverhältnisse, fast völlige Abhängigkeit von einem stark vergrößerten Deutschen Reich und die Aus-
höhlung oder Beseitigung der in Jahrhunderten entwickelten, auf
das Recht gestützten, das Souveränitätsprinzip achtenden europäischen Staatlichkeit einschließlich der völkerrechtlich gesicherten
Formen zwischenstaatlichen Verkehrs.

Hier handelt es sich also um zwei völlig unvereinbare Grundauffassungen, die Integration Europas durch seine Unterwerfung unter
die Herrschaft einer Macht gegenüber seinem Zusammenschluß auf
der Basis gemeinsamer Anstrengungen und Vereinbarungen unabhängiger, gleichberechtigter Staaten. Ansatzweise entwickelte sich
eine ähnliche Diskrepanz sogar zwischen den Vorstellungen der
»Achsen«-Partner Italien und Deutschland, auch wenn die abweichende Haltung der faschistischen Führung Italiens angesichts ihrer
Schwäche und Ohnmacht im Bündnis auf Hitlers Entscheidungen
keinen Einfluß hatte. Aufschlußreich ist aber der grundsätzliche
Unterschied, der auf die Sonderstellung des nationalsozialistischen
Deutschland unter Hitlers Herrschaft auch in Fragen der europäischen Zukunft hinweist: Seit dem Sommer 1940[37] drängten die Ita-
liener auf eine konkrete, in ihrer Verbindlichkeit überschaubare
staatliche Neuordnung Europas, ganz aus der Tradition eines kla-
ren, politisch-institutionellen Denkens heraus, das sich im Grunde
mit den ausschweifenden Vorstellungen Hitlers, mit seinem Verlangen nach unkalkulierbarer, schrankenloser, jede Einschränkung

und ordnende Festlegung zurückweisender Verfügungsgewalt über das von ihm beherrschte Europa nicht in Einklang bringen ließ. Weil die nationalsozialistische »Neue Ordnung in Europa« keinen rechten Inhalt hatte, mußten pompöse, europäisch überhöhte Ersatzveranstaltungen zur Kaschierung der Unklarheiten und unüberbrückbaren Diskrepanzen in den Vorstellungen über Europa herhalten. Allerdings machten allein schon die deutschen militärischen Erfolge in Europa es unvermeidlich, daß sich die Führung des Reiches auf allen dabei in Frage kommenden Gebieten mit einer Neuordnung Europas befassen und wenigstens den deutschen Machtbereich organisieren mußte. So entwickelten sich nebeneinander in der manchmal fast euphorischen Stimmung nach dem Sieg über Frankreich drei verschiedene Ausgangspunkte europäischer Planungen und Politik in Deutschland.

Die offizielle Außenpolitik knüpfte mit inzwischen stärkerer verbaler Betonung Europas an das bis dahin entstandene Vertragssystem an, den Antikominternpakt und die vielen zweiseitigen Abmachungen unterschiedlicher Form. Der Dreimächtepakt vom 27. September 1940 wurde, auch in der Öffentlichkeit, mit deutlichen Hinweisen auf das Ziel und die Sicherung einer Neuordnung Europas garniert, und die feierliche Erneuerung des Antikominternpaktes am 25. November 1941 stilisierte man zum ersten europäischen Kongreß. Weil aber sowohl die »Neue Ordnung in Europa« als auch die genannten Vertragswerke eines wirklich bedeutsamen Inhalts ermangelten und keinerlei die Zukunft gestaltende Konzeptionen enthielten, mußte man zu deklamatorischen Veranstaltungen und lavierenden diplomatischen Äußerungen Zuflucht nehmen.[38] Das Wirkungsvollste an der »Neuen Ordnung« blieb noch die geschickte Formulierung selbst. Sie kam zwei Strömungen in Europa entgegen, einerseits dem Verlangen nach geordneten Verhältnissen, nachdem man die turbulenten Jahre seit der Weltwirtschaftskrise oder gar seit dem Ersten Weltkrieg erlebt hatte und nun vor drohenden Umwälzungen und Zerstörungen stand, falls der 1939 von Deutschland entfesselte Krieg sich ausdehnte und intensivierte; andererseits der in Europa weit verbreiteten Bereitschaft zu engerer Integration, die in der einen oder anderen Form für unentbehrlich gehalten wurde, sollte der Kontinent nicht dem Verfall und unabsehbaren Gefahren

preisgegeben werden. Mit dieser Bereitschaft war auch die Anerkennung der deutschen Führungsrolle verbunden, sofern die Eigenständigkeit, die Beteiligung und die Möglichkeit zur Geltendma-
chung nationaler Interessen der beteiligten Staaten gewährleistet
worden wären.[39]

Diese Bereitschaft förderte nur noch die nachdrücklichen Impulse,
die der Sieg über Frankreich und die neue, überraschend schnell
errungene europäische Machtposition Deutschlands bei einer weiteren Form von Europapolitik auslöste – oder besser: ihrer auf unterschiedliche Weise mehrmals versuchten, aber erfolglosen Vorbereitung –, nämlich einem plötzlichen Ausbruch, einem Aufblühen
von Europaplanungen der obersten Reichsbehörden, unterstützt
von entsprechenden publizistischen Bemühungen. Von mehr oder
weniger hemmungsloser Ausnutzung des Sieges bis zu durchdach-
ten europäischen Strukturen und Integrationsplänen waren dabei
alle Varianten vertreten. Es glaubten auch jene an eine Chance, die
schon 10 bis 15 Jahre zuvor in der Weimarer Republik eine europäische Zollunion und Wirtschaftsgemeinschaft in Erwägung gezogen
hatten.[40] Die Siege Hitlers erweckten für kurze Zeit eher als part-
nerschaftlich zu klassifizierende Pläne europäischer Einigung ebenfalls wieder zum Leben. Allerdings wurden alle diese Analysen und
Projekte rasch zurückgedrängt; nicht Friedens- und Neuordnungs-
stimmung war erwünscht, sondern die Vorbereitung des Vernichtungskrieges gegen die Sowjetunion.

Mit dem Überfall auf die Sowjetunion war dann die dritte und bru-
talste Form deutscher Europapolitik verbunden, man könnte sagen,
die für die nationalsozialistische Führung im Grunde allein gültige
Form, die Besatzungspolitik und die Maßnahmen zur Organisierung des europäischen Machtbereichs entsprechend den deutschen
Bedürfnissen auf allen Gebieten.[41] Hitler lehnte alle Vorschläge ab,
die seinen direkten Zugriff auf die besiegten Länder und ihre Ressourcen beeinträchtig hätten. Die Besatzungspolitik diente Hitlers
Absichten in mehrfacher Hinsicht: zur Ausbeutung der besiegten
Länder für die deutsche Kriegswirtschaft, zur Stärkung der deutschen Verhandlungsposition, zur Vernichtung der Juden und zu ersten Maßnahmen der Umstrukturierung Osteuropas im Sinne nationalsozialistischer Rassendoktrinen, Siedlungsvorstellungen und

Wirtschaftsbedürfnisse. Im Osten wurde ein Unterdrückungs- und Vernichtungsprozeß in Gang gesetzt, wie er bis dahin unvorstellbar war und in Westeuropa in dieser Form nicht praktiziert wurde. Hinzu kam, daß auch die SS begann, ihre eigene europäische Politik zu betreiben und eine Art eigenes Imperium in Europa zu errichten.

Aber alles hing vom weiteren Verlauf des Krieges ab. Über den Krieg hatte es stets unterschiedliche außenpolitische Auffassungen innerhalb der nationalsozialistischen Führung gegeben, etwa Ribbentrops Kontinentalblockkonzeption,[42] mit der Sowjetunion und Japan gegen Großbritannien, die Hitler kurz testete, bis der Besuch Molotows im November 1940 in Berlin und die sowjetischen Forderungen endgültig den Umschwung zum »Unternehmen Barbarossa« brachten; oder Göring, der überhaupt den großen Krieg lieber vermieden und es, wie andere auch, vorgezogen hätte, auf weniger gefährliche Weise die nationalsozialistische Macht zu genießen. Göring setzte zunächst auf einen Ausgleich mit Großbritannien, und als das fehlschlug, wenigstens mit der Sowjetunion.[43] Ähnlich dachten Angehörige der alten Eliten, besonders unter den Diplomaten. Aber alle diese Erwägungen hatten bei Hitler kein Gewicht. Dieses Schicksal teilte erst recht eine neue Welle von Plänen für eine Neuorientierung der Europapolitik seit dem Frühjahr 1943, diesmal nicht aus der Hochstimmung des Sieges heraus, sondern zur Abwehr der drohenden Niederlage und obendrein als ganz offizielle Konzeption Ribbentrops und des Auswärtigen Amts.[44] Die Vernünftigkeit der Integrationspläne im Sinne gleichberechtigter Partnerschaft der europäischen Staaten nahm zu, je deutlicher die Niederlage des »Dritten Reiches« sich abzeichnete.

Hitler wies alle solche Pläne brüsk zurück und bestand bis zum Ende auf der vollen Gewalt über seinen Machtbereich. Der einzige europäische Anstrich, den er seiner Außen- und Kriegspolitik mit einer gewissen Überzeugung gab, war die allerdings propagandistisch breit ausgewalzte Rolle Deutschlands als Schutzwall und Vorkämpfer Europas, des europäischen Abendlandes, gegen den Bolschewismus. Das betonte er schon vor dem Krieg, besonders aber seit dem Überfall auf die Sowjetunion, und er forderte die Unterstützung der anderen europäischen Völker als Gegenleistung für diesen

Kampf, den das »Dritte Reich« auf sich genommen habe. Die my-
thische Überhöhung der Abwehr bolschewistisch-asiatischer Hor-
den, vornehmlich im Rückgriff auf das Nibelungenlied, deutete er
hingegen hin und wieder zwar an, aber im Grunde überließ er das
anderen, die, als die Phase der Niederlagen im Osten begann, Parallelen zwischen Stalingrad und den Nibelungen in Etzels Halle zogen.[45] Wichtiger war für Hitler, als die Rote Armee ihren Vormarsch nach Mitteleuropa begann, der Versuch, die verzweifelte
Lage der Staaten – nicht nur der Verbündeten – zwischen den beiden Gegnern außenpolitisch auszunutzen; denn sie standen nur
noch vor der Wahl: Stalin oder Hitler, trotz heroischer Versuche vor
allem der Polen, einen dritten, eigenen Weg zu finden.

Was Hitler tatsächlich erreichte, war »the unmaking of Europe«[46].
Das löste allerdings, im Vergleich mit dem Ersten Weltkrieg, infolge der extremen Form des völligen Zusammenbruchs Europas,
nachdem sich also die Katastrophe in viel schrecklicherer Form wiederholt hatte, einen noch tieferen Schock aus. Daraus erwuchs nach
1945 der Wille, Europa zu einen, um künftig solche Katastrophen zu
verhindern und Europa wenigstens die Aussicht zu eröffnen, in gemeinsamer Anstrengung den Wiederaufbau auf neuer, dauerhafter
Grundlage zu schaffen. Das gilt nicht nur für die am bekanntesten
gewordenen Pläne der europäischen Widerstandsgruppen gegen die
nationalsozialistische Unterdrückung und verbrecherische Gewalt-
ausübung, sondern auch für Politiker, besonders aber für Wirt-
schaftsexperten und Geschäftsleute, die in Deutschland ebenfalls
die Nachkriegszeit vorzubereiten versuchten. Nachkriegsplanungen
nahmen hier an Intensität zu, je deutlicher sich die Niederlage abzeichnete. Und das gilt sogar für konkrete Verbindungen und praktische Maßnahmen einer begrenzten Zusammenarbeit, die von
deutschen Firmen unter den ganz außergewöhnlichen Umständen
und Möglichkeiten der Besatzung in Frankreich und den Benelux-
Ländern, meist unter der Hand, aufgegriffen wurden, auch wenn
das zum Zwecke der Sicherung weitreichender Vorteile für die deutsche Industrie geschah. In Frankreich schließlich führte Hitlers Europapolitik dazu, daß sich – wie neue Forschungen zeigen – die
Überzeugung durchsetzte, man müsse unbedingt mit den Deutschen zusammenarbeiten, gleichgültig, ob sie den Krieg gewinnen

oder verlieren würden, damit die überfällige Modernisierung der
französischen Wirtschafts- und Sozialstruktur durchgeführt und
wirtschaftliche Zusammenarbeit und Verflechtung im (west-)euro-
päischen Rahmen eingeleitet werden könne.[47]
In dieser Entwicklung traten – einmal abgesehen von dem hier
deutlich werdenden Ausmaß der Verluste, Zerstörungen und
Rückschritte, die Hitlers Politik und ihre mehr oder weniger will-
fährigen Helfer verursacht hatten – mehrere bemerkenswerte,
langfristige Züge zutage: die schon in den zwanziger Jahren erkennbare Tendenz, daß Außenpolitik, die Europa nachhaltiger zu-
sammenfassen wollte, vornehmlich in wirtschaftlichen Bestrebungen und Strukturveränderungen ihre Chancen suchen mußte; die
darin ebenfalls – trotz Hitler – zum Ausdruck kommende Kontinuität wirtschaftlicher europäischer Einigungsbestrebungen, die
bei aller Härte der Interessenvertretung und Vorteilsuche partner-
schaftlich bestimmt waren; und die Tatsache, daß für den Vorrang
der Wirtschaft und die Kontinuität wirtschaftlicher Integrationsan-
strengungen strukturelle Gründe der sich immer enger verflechten-
den großräumigen Industriegesellschaften in den hochentwickelten
Regionen Europas maßgebend waren. Für sie war die simple Ausbeutung oder kriegsbedingte Auspressung abhängiger Wirtschafts-
zweige oder -gebiete nicht mehr angemessen oder lukrativ, sondern der große, vielseitige, vor allem aber gut entwickelte und
gepflegte Markt. Was zu seiner Herstellung noch benötigt wurde,
war der politische Wille der Regierungen zu einer europäischen
Wirtschaftsgemeinschaft.
So führte Hitlers Krieg, die Ausnahmesituation, in die er Europa
stürzte, die unerträgliche Zwangslage, die er weiten Teilen des Kontinents auferlegte, und die Anspannung aller Kräfte auch zu dem
Ergebnis, daß den Westeuropäern, die sich immer noch in einer besseren Lage befanden als der Osten, unter diesem Druck noch stärker als je zuvor das gemeinsame Schicksal und die wechselseitige
Abhängigkeit bewußt wurden. Sie nutzten – wenigstens teilweise –
die Ausnahmesituation, um die wirtschaftliche und gesellschaftliche
Ordnung unter Gesichtspunkten der europäischen Integration neu
zu durchdenken, dabei Erfahrungen zu sammeln und beachtliche
Impulse für einen Neuansatz nach dem Krieg auszulösen. Dahinter

stand eine stärkere Bereitschaft zur europäischen Integration als früher, doch es war kein radikaler Wandel, wie viele ihn erhofften, und häufig griff man dabei auf Überlegungen und erste integrative Versuche in den zwanziger Jahren zurück – welch ein schrecklicher Umweg.

Ferdinand Seibt
Unterwegs nach München
Zur Formierung nationalsozialistischer Perspektiven
unter den Deutschen in der Tschechoslowakei
1930–1938

I.

Hermann Graml hat sich lebenslang als Historiker mit dem Trauma seiner, unserer Generation auseinandergesetzt: Wie konnte es geschehen...? Wir haben dieses Thema bereits auf den Schuttbergen der Münchner Universität miteinander erörtert, wo wir uns seinerzeit gemeinsam ein Semester lang die Immatrikulationserlaubnis erschaufelten. Wie konnte es geschehen? Die Trümmer dieses Geschehens lagen greifbar vor uns. Hermann Graml hat ihnen seine Arbeit fortan gewidmet.

Die zwölf Monate zwischen der »Heimholung Österreichs« im März 1938 und der Liquidierung der Resttschechoslowakei im März 1939 lassen sich dabei als die entscheidende Schwelle betrachten, als den riskanten, gewagten und sein Prestige noch jahrelang tragenden Schritt auf »Hitlers Weg zum Krieg«.[1] Im März 1938 griff Hitler zum erstenmal und verblüffend erfolgreich über die deutschen Grenzen, im Sinn einer unter anderen Vorzeichen seit dem November 1918 auch von der sozialdemokratischen österreichischen Nachkriegsregierung gewünschten und im Entwurf der Weimarer Verfassung bekanntlich berücksichtigten »Heimholung Österreichs«. Selbst der sozialdemokratische Spitzenpolitiker und Exkanzler Karl Renner hat sie 1938 begrüßt. Danach folgte, noch unter dem Deckmantel von Friedensbeteuerungen, namentlich vor der englischen Öffentlichkeit, der »Anschluß« der deutschen Siedlungsgebiete der Tschechoslowakei mit Zustimmung der europäischen Großmächte und unter Zerschlagung einer tausendjährigen Grenze zwischen Deutschland und den böhmischen Ländern, und schließlich die Liquidierung des von drei Seiten umschlossenen Reststaates. Der Ein-

marsch in Prag war dann eine für alle erkennbare Aggression. Bis
dahin konnte sich Hitler noch immer auf das »großdeutsche Selbstbestimmungsrecht« berufen. Nun wechselte er zwar nicht die Strategie, aber er wagte, so Joachim Fest, den Sprung in eine unverhüllte
Taktik.[2]

II.

Bei diesem Wechsel spielte die Zustimmung der Bevölkerung im
neuen Großdeutschland eine Rolle. Erworben war sie mit den spektakulären Erfolgen des vorangehenden Jahres. Und dabei wirkten
die »Heimgeholten« mit, so sehr sie auch nach Kriegsende betonten, sie seien nur »Objekt der Aggressionen Hitlers« gewesen, wie
die Österreicher durch ihre Regierung sofort nach Kriegsende, die
Sudetendeutschen mit der Stimme eines aus allen politischen Gruppierungen zusammengesetzten Sudetendeutschen Rates schließlich
und endlich 1961.[3]
Solche Erklärungen waren als Distanzierung gedacht. Im Grunde
hat man mit ihnen kein gutes Alibi vorgewiesen. Denn was heißt das
eigentlich: nur Objekt einer Politik? Ersetzen wir solche Erklärungen doch einmal mit der Feststellung, daß die weit überwiegende, wohl wirklich die für einen Totalitarismus kritische Masse
von Mitläufern mit solchen Erklärungen im Rückblick ihre Entmün-
digung erklärt und auf ihre Subjektivität verzichtet. So muß man
das doch wohl deuten, wenn jemand sich nur mehr als Objekt einer
Politik gefühlt haben will!
Gewiß hat eine solche Feststellung einen anderen Sinn, als er den
Nachkriegserklärungen hier und dort zugrunde lag. Aber die Sache
selber ist nicht minder wahr. Gleichviel: Für den Nachdenklichen
bleibt auch danach noch ungeklärt, in welchem Moment die Subjekte vor 1938 ihre Persönlichkeit verloren haben und zu willigen
Objekten für den Diktator und seine Helfer geworden sind; imstande, im März 1938 auf dem altehrwürdigen und riesengroßen
Wiener Heldenplatz Hitler eine Jubelszene zu bereiten, wie sie
Österreich in seiner kaiserlichen wie in seiner republikanischen Geschichte buchstäblich noch nie erlebt hatte; und imstande, sich doch

wohl mit einer Mehrheit von mehr als 90% über eine siebenhun-
dertjährige Geschichte ihrer Herkunft als böhmische und mährische
oder schlesische Bürger hinwegzusetzen. Es waren überdies hier
und dort dieselben, die 1938 ihre Nachbarn an die Gestapo verrieten
und jüdische Mitbürger beim ersten reichsweiten Pogrom unter dem
ironischen Decknamen einer »Kristallnacht« drangsalierten, ver-
höhnten, verprügelten oder gar erschlugen.[4] Helmut Qualtinger hat
die kleinen Subjekte unter ihnen im Monolog vom »Armen Herrn
Karl« mit den Möglichkeiten der Bühne und des Nachempfindens
gestaltet, nicht nur für Österreich, nach meinem Dafürhalten mit
dem Wert mündlicher Überlieferung und insofern mit Quellencha-
rakter. Gröbere Verfehlungen und Verbrechen in diesem Zusammenhang sind noch immer aufzuklären. Es geht dabei um eben
jenen meinungsbildenden Prozeß, der Millionen von Zeitungs-
lesern, Rundfunkhörern, Plakatsehern und schließlich gar Augen-
zeugen ihrer subjektiven Urteilsfähigkeit beraubte und sie zu
Objekten werden ließ.

Für all das gab es Zustimmung, Begeisterung, gar Opferbereitschaft
im sogenannten Altreich. Die Historiker sind diesem Prozeß bisher
auf vielen Wegen nachgegangen, auch mit den Mitteln der soziologi-
schen Feldforschung. Was sich in Bayern gelegentlich sozusagen im
Mikrofeld rekonstruieren ließ, blieb unzugänglich für die ehemaligen Wohngebiete der vertriebenen Deutschen in den böhmischen
Ländern. Bis vor kurzem verfügte man kaum über die nötigsten
Quellen, der zwanzigjährigen Auseinandersetzung um Staatsvor-
stellungen und Minderheitenrechte in der tschechoslowakischen
Republik nachzugehen.[5] Und dabei ist unbestritten, daß die Frage
nach den Wegen der Meinungsbildung gerade im sogenannten
Volkstumskampf bei dem seit der Mitte des 19. Jahrhunderts schon
hochorganisierten Vereinsleben unter den Sudetendeutschen[6] ein
besonderes Beobachtungsfeld verheißt: war doch seit der für viele
aufgezwungenen Staatskonstruktion einer tschechoslowakischen
Republik ohne deutsche Beteiligung mit ihren Zwangserscheinun-
gen die Meinungsbildung unter den Deutschen geweckt, die Zahl
der gedruckten Medien bald vervielfacht, das Zeitschriftenwesen
lebendig geworden, ein Krieg der Plakate ausgebrochen. Dazu trat
bald das drahtlose Medium, der Rundfunk, der tschechoslowaki-

sche wie nicht weniger wichtig der deutsche, der bei geringer tschechischer Einsicht in die Bedeutung deutschsprachiger Sendungen in
den deutschen Wohnzimmern bald dominierte – bei besten technischen Bedingungen als unsichtbarer Faktor für Hitler und seine Propaganda.

Nun nährte sich in den böhmischen Ländern aber, anders als in
Deutschland und in Österreich, die Meinungsbildung zum guten
Teil vom Medienduell des sogenannten Volkstumskampfes. Die
Wunden, die deutsche und tschechische Zeitungen einander dabei
schlugen, hat noch niemand Revue passieren lassen. Die Folgen
verstärkter tschechischer Agitation sind immerhin zweimal in den
Wochenberichten der deutschen Gesandtschaft genauer erfaßt worden: im November 1920, als gerade durch einige Prager Boule-
vardblätter angeheizt, ein Sturm auf das deutsche Ständetheater ausgelöst wurde, mit Toten, mit manifestem Antisemitismus und mit
unbegreiflichen amtlichen Rechtsbrüchen; und 1931, als wiederum
deutsche Kultureinflüsse die Zielscheibe boten, diesmal die tschechischen Prager Kinos, die deutsche, natürlich synchronisierte Ton-
filme zeigten.[7]

Den breiten Horizont von Nadelstichen und Tiefschlägen, von ver-
sagter demokratischer Solidarität aus nationaler Rivalität und offener Feindseligkeit mit und ohne parteiübergreifende Nationalideo-
logie muß man vor Augen haben, um einigermaßen abschätzen zu
können, was über zwanzig Jahre hin, im breitgefächerten Zeitschriftenwesen eher als in den Tageszeitungen, in der Diskrepanz
zwischen den Rundfunksendungen aus Deutschland und den nicht
allzu ausführlichen deutschen Sendungen von Radio Prag oder
Brünn, die deutschen Köpfe erreichte, ihre Auffassungen formte,
bald allgegenwärtig war, anders als die periodische Wahlpropa-
ganda der national getrennten, aber weitgehend parallel nach be-
rufsständischen Interessen organisierten politischen deutschen und
tschechischen Parteien.[8]

Von solchen Beobachtungen muß man also ausgehen, um statt der
bisher so gut wie ausschließlich in der Fachliteratur betrachteten
Parteiengeschichte mit ihren Wahlergebnissen den Weg der Mei-
nungs- und Urteilsbildung und damit einen guten Teil des zu jener
Zeit noch offenen Gegenwartshorizonts der Zeitgenossen durch

dieses weit umfänglichere, weit subtilere Quellenmaterial zu rekonstruieren. Die Grundtatsache des unfreiwilligen Staatsbeitritts der Deutschen in Böhmen und Mähren und ihre vergeblichen Versuche zum Anschluß ihres Siedlungsgebietes an die neue Republik Deutsch-Österreich im Herbst 1918 wird man dabei nicht ignorieren.[9] Man wird aber auch im Auge behalten, daß sich unter den Deutschen in Böhmen und Mähren von Anfang an Kooperationsbereitschaft fand, die nach einigen Anläufen seit 1926/27 die bisherige tschechische Regierung durch eine bis 1938 ziemlich stabile Koalition aus tschechischen, deutschen und slowakischen Parteien ablöste und daß dementsprechend Parteivoten immer nur als grobes Raster der Meinungsbildung zu betrachten sind.

III.

Einige große, viele kleinere Zeitschriften auf jeder Seite, die Glossen und Kommentare der großen Tagespresse, die erklärten und die nichterklärten parteipolitischen Periodika bildeten für eine solche Untersuchung die Quellenbasis. Die Aufgabe ist gewiß sehr weit gespannt. Sie führte uns, wenn sie je jemand auf sich nähme, aber ein paar Schritte weiter bei der Antwort auf die Frage nach dem »Wie?«. Für eine so umfangreiche Unternehmung ist hier nicht der Ort. Hier kann nur ein Stückchen auf einem solchen Weg gegangen werden, ein paar Schritte nur, wenn auch im Hinblick auf die großen Linien der Ereignisse nicht die falschen, wie zu hoffen ist.
Bei der Meinungsträgerschaft des gebildeten Bürgertums, der längst schon in sozialistischen und christlichen Gewerkschaften erfaßten, diskutierenden und lesenden Arbeiterschaft; bei der intensiven und noch nicht gebührend gewürdigten besonderen politischen Aufmerksamkeit der deutschen wie der tschechischen Bevölkerung im Vergleich zu ihrer reichsdeutschen Nachbarschaft ist dieses Thema schier unerschöpflich in seiner Aussagekraft. Nur ein Beispiel für seine Bedeutung: Die größte tschechische Tageszeitung hatte 1936 eine Auflage von 900000 Exemplaren, das ist mehr als ein Zehntel der tschechischen Bevölkerung und das Doppelte vergleichbarer deutscher Zeitungen heute in der Bundesrepublik. 1937 hatte die

Sudetendeutsche Partei, der Wahlsieger von 1935, nach ihren Angaben 600 000 Mitglieder. Das bedeutet, daß fast jeder fünfte Sudetendeutsche, Minderjährige eingeschlossen, ihr eingeschriebenes Mitglied war, und reicht als absolute Zahl an die Angaben der beiden sogenannten großen Volksparteien in der Bundesrepublik – nur ist die Bevölkerung der Bundesrepublik heute mehr als zwanzigmal größer als die Zahl der Sudetendeutschen von 1937!

In diesem Rahmen und im Hinblick auf die besondere Fragestellung, an die mich Hermann Graml erinnert, ist eine recht profilierte Monatsschrift von Bedeutung, die in der sudetendeutschen Provinz erschien, aber die politische Elite erreichen sollte. Militant im Namen wie viele deutsche, aber auch tschechische Publikationsorgane, erschien »Die junge Front« vom Juli 1930 bis zum Juli 1938, also genau in jenen acht Jahren, in denen sich die deutsch-tschechische Katastrophe anbahnte.[10]

»Die junge Front« erschien im Juli 1930 zunächst in Böhmisch-Leipa, später in Warnsdorf, und unter ihren Mitarbeitern und Förderern nach dem Impressum finden sich bekannte Namen des sogenannten Kameradschaftsbundes wie der Architekt Heinrich Rutha, der Wiener Dozent Walter Heinrich, Rudolf Sandner, Walter Sebekowsky und Konrad Henlein, der, als Nichtakademiker, bekanntlich um diese Zeit für den Kameradschaftsbund, eine Sammlung von Studenten und Jungakademikern aus der Schule des Wiener Nationalökonomen Othmar Spann, gewonnen worden war.[11]

Die Zeitschrift wechselt im Lauf ihrer Geschichte ihr Layout, ihren Herausgeber und ihre Trägerschaft, jedesmal mit tieferer Bedeutung. Sie wechselt vor allem ihren sprachlichen Duktus wie ihren politischen Stil. Der Wandel außen und innen ist nicht nur amüsant: Sie erscheint 1930 in Blau, als »Unabhängige Monatshefte«, zugleich auch als Mitteilungsblatt des Allgemeinen Burschenverbands, und in Jugendstilfraktur. 1931 ist sie orange und in der vom ästhetisierenden Nationalismus bekanntlich abgelehnten römischen Antiqua als »Sudetendeutsche unabhängige Monatshefte für Politik und Erziehung« zu sehen. 1934 zeigt sie sich in einer schon volksbewußteren Fraktur und mit dem Löwenwappen, was ein Bekenntnis zur böhmischen und damit eigentlich auch zur staatlichen tschechoslowakischen Integrität signalisieren könnte, und trägt nur mehr den Untertitel »Unabhängige Monatshefte für Politik und Erziehung«.[12] Im Jahrgang 1935, vom 3. Heft an, fehlt plötzlich das Löwenwappen. Es hinterläßt im Design des Umschlags eine deutliche Lücke, die kein einigermaßen kundiges Auge ohne Not geduldet hätte. Seit dem 6. Heft dieses Jahrgangs hat die Zeitschrift dann auch einen neuen Herausgeber und einen neuen Verlag. Jetzt erscheint sie bis zu ihrem Ende drei Jahre später in Friedek im tschechoslowakischen Schlesien.

Schon im Äußeren wirkt der ungewöhnliche Wandel also wie ein Beleg der bekannten sudetendeutschen intellektuellen Orientierungskrise in den dreißiger Jahren. Die Krise führt, immer noch nach den Auskünften der Deckblätter, mit dem 7. Jahrgang 1936 zu einem Erscheinungsbild, wie es damals in Deutschland und bald auch unter Sudetendeutschen die politische Plakatkunst beherrschte bis zum Kriegsende und sogar noch darüber hinaus: Das ist jene expressionistische Fraktur in groben, intendiert »markigen Zügen«, die alle Brechungen vereinfacht und im Breitband Haar- und Schattenstriche möglichst angleicht: »Die Junge Front« – auch ein neuer Großbuchstabe sollte den plakativen Eindruck verstärken – erscheint seitdem im Wechseldruck rot und grau.[13] Sie ist in ihrer Aufmachung ganz den politischen Presseerzeugnissen jenseits der böhmischen Grenzen ähnlich geworden. Man kolportiert, daß sie mit der Tilgung des Löwenwappens, im Lauf des Jahres 1935, ihren Charakter als Sprachrohr des Kameradschaftsbundes von Spann-Schülern und -Anhängern verloren habe, während sie den Herausgeber, ihre Autoren und wohl auch ihre Leser gewechselt habe.[14] Aber man hat noch nicht danach gefragt, auch dort, wo man bisher diese Zeitschrift als Quelle benützte,[15] wie weit diese Wandlung eigentlich reichte und wodurch sich die Tendenz der Zeitschrift nach 1935 von den von Anfang an vertretenen Intentionen unterschied.

IV.

Da ist zunächst einmal von den ersten fünf Jahren der »Jungen Front« zu sprechen. Nach der vorliegenden Literatur verfällt man leicht dem Urteil, das in der Nachkriegszeit die ehemaligen Kameradschaftsbündler geflissentlich verbreiteten und sich nicht selten damit auch politische Unbedenklichkeitszeugnisse erkauften: Der Spann-Kreis sei, weil nachweislich von den Nationalsozialisten verfolgt, damit auch schon demokratisch legitimiert.[16] Allein Spanns »reine« Lehre stünde dem schon entgegen. Sie bildet nämlich nichts anderes als eine idealistische Variante des Führerstaats, der auch rassistische Aspekte nicht fehlen, allenfalls gemildert durch die Verlagerung der Auseinandersetzungen auf das geistige und nicht auf das härtere Konsequenzengebäude der Verbindung von Blut und Boden. Spanns »wahrer Staat«, auf dem Grundgerüst ständischer Ordnung, ist bekanntlich weit entfernt von einer parlamentarischen Demokratie.

Dementsprechend dachten und schrieben die Jünger und blieben bei allem, wie der Meister selber, der sich gelegentlich Hitler anzubiedern suchte,[17] dem Nationalsozialismus nahe. Mit wirklich gnadenloser Härte haben später die Männer um Karl Hermann Frank den Spannkreis bekämpft, Heinz Rutha 1937 zum Selbstmord getrieben, Walter Brand 1939 ins Gefängnis und von da ins KZ gebracht und sogar noch dem unbedarfteren Benjamin Walter Becher ein paar Monate Untersuchungshaft beschert – unter der prätendierten Anklage von Vergehen gegen den Paragraphen 175 des deutschen Strafgesetzbuches, der bekanntlich auch schon in Hitlers Auseinandersetzung mit Röhm und später mit der Reichswehr eine Rolle spielte. Nur rechtfertigt diese Verfolgung nicht auch schon die Absichten des Kameradschaftsbundes – zumindest nicht die, welche uns eben die »Junge Front« aus der politischen Praxis offenbart und auf welche sich auch die Memoiren der überlebenden Kameradschaftsbündler nicht sonderlich berufen haben: Dort zeigt sich nämlich schwarz auf weiß die Auseinandersetzung zwischen Karl Hermann Franks »Aufbruch« und Walter Brands »Kameradschaftsbund« eher als ein Bruderzwist, durchaus im großdeutschen Hause und bei grundsätzlicher Verehrung Hitlers.[18]

Mit anerkennenden Berichten aus der nationalsozialistischen Bewegung ist schon der erste Jahrgang der »Jungen Front« von 1930 mehr als versorgt – die folgenden Jahrgänge geben solchen »unparteiischen Berichten« den breitesten Raum. Das großdeutsche Bekenntnis voran, beginnt Heft 1 1930, nach den Gesetzen von Haltung und Würde, von Treue und Gefolgschaft im Dienst des Vaterlandes mit einem »Flensburger Spruch«, gegen Zentralismus, Gleichheit ohne Volkstum, amerikanische Wirtschaftsformen, kurzum: »Grausam leidet das deutsche Volk unter dem Zugriff feindlicher Gewalten.« Im Abiturientenpathos der dreißiger Jahre stellt Eduard Kaiser, der erste Herausgeber, die Zeitschrift vor, und dieser dilettantische Expressionismus, der behauptet und niemals beweist und sich gegen alle möglichen »Zersetzungen« ebenso richtet wie die zeitgenössische nationalbewußte Presse, die nationalsozialistische voran, währt durch einige Hefte und stellt Autoren wie Lesern eigentlich ein erschütterndes Zeugnis aus. Nur ein Aufsatz von Hermann Ullmann unterbricht gelegentlich dieses Niveau, aber Ullmann ist ein Volkstumsschützer alten Schlages, er zählt nicht zur »jungen« Front, wie einige seiner Generationsgenossen von ähnlichem altösterreichischem innerstaatlichem Rechtsbewußtsein, die man in späteren Heften bald schon wegen ihrer liberalen Leisetreterei unter den kritisierten Autoren findet. Schließlich lehnt man ihre Mitarbeit überhaupt ab.

Hitler dagegen ist jederzeit willkommen, auch schon im ersten Jahrgang für die Kameradschaftsbündler! Nicht nur, weil man »Mein Kampf« für ihren Weihnachtstisch empfiehlt. Es gibt vielmehr schon im ersten Heft eine merkwürdige Eloge im Zusammenhang mit den bevorstehenden Reichstagswahlen: Hitlers Schatten über Deutschland! Den Slogan liefert ein kluger Leitartikel von Jules Sauerbaum in »Le Matin«, den »Die Junge Front« paraphrasiert, nicht ohne den bösen Kommentar, der »schlaue Sauerbaum« sehe die Zukunft schon recht, er mahne in seiner Angst jetzt die französische Politik zur Solidarität mit den deutschen Demokraten, er vermittle einen »in dieser Klarheit selten möglichen Blick in die Karten des Gegners«, er könne nämlich »mit dem seiner Rasse gegebenen Einfühlungsvermögen in der deutschen Seele lesen«.[19]

Wie im Wunschdenken erscheint danach für die Staatsbürger der Tschechoslowakei nur mehr die Entwicklung »im Reich« interessant, offenbar, weil sie nach ihrer Meinung Veränderungen in der Tschechoslowakei ohnehin zur Folge hätte.[20] Wohl auch, weil »das Reich« im Blickfeld aller sudetendeutschen Nationalisten stand, weit mehr als die rechtschaffene Politik im eigenen Lande. Ohne

Scheu empfiehlt der 2. Jahrgang den jungen sudetendeutschen
Nationalsozialisten das reichsdeutsche Vorbild und wünscht »seinen Freunden« unter ihnen, denn die »Junge Front« ist eine unabhängige Zeitschrift, sie mögen sich durchsetzen.[21] Die beiden Sla-
wisten der deutschen Prager Universität, Spina und Gesemann,
werden dagegen wegen ihrer Mitarbeit in der regierungsnahen
»Prager Rundschau« getadelt, während der Wiener Privatdozent
Walter Heinrich mit einem Leitartikel »Vom deutschen Reich« in
der »Jungen Front« den Aussagen Farbe gibt. Denn »das Reich beginnt wieder zu erstehen«.[22] Der erste Schritt dazu sei »die
Opferzeit« des Weltkrieges gewesen, der zweite »die ungeheure
politische Bewegung und der harte Erneuerungswille der Massen«.
Dazu tritt drittens »der neue Glaube an die Ganzheit der völkischen Gemeinschaft«.
Wir werden uns hüten, diese Hieroglyphen unbesehen rückwärts zu
lesen. Trotzdem: Sind sie nicht die Anleitung für den Zeitgenossen,
vor einem noch unbekannten Horizont in die nationalsozialistische
Richtung zu gehen? Wo sonst gab es Massenbewegung um 1931 als
bei den Wahlerfolgen der Nationalsozialisten, die gerade ihrem Höhepunkt zustrebten? Doch nicht in Spanns Wiener Hörsaal? Vielleicht das wichtigste Moment, das Heinrich von eindeutigeren Autoren um die Mitte der dreißiger Jahre in dieser Zeitschrift unterscheidet, ist wie nebenbei eine Erwähnung auch nötiger kirchlicher
Erneuerung. »Die Junge Front« wird sofort 1935 mit ihren Angriffen auf die Kirche beginnen, freilich nicht in Böhmen und Mähren,
wo sie die Verhältnisse nicht mehr für sonderlich erwähnenswert
hält, in Erwartung einer Erneuerung von Deutschland aus. Sie greift
die deutschen Kirchen an, die katholische besonders, in Erinnerung
an Hitlers Konkordat mit dem Vatikan und, wie sie meint, weil die
nationalsozialistische Kirchenpolitik von der Weltpresse völlig ver-
leumdet werde.

Aber das ist erst die Redaktionslinie nach der »Machtübernahme«
im Juni 1935. Einstweilen gibt noch der Kameradschaftsbund den
Ton an, einen Ton, wie gesagt, der sich nur um weniges vom Pfeifen
und Trommeln in den späteren Jahrgängen unterscheidet und den
man jedenfalls, bei der bekannten Schwierigkeit der Definition,[23]

nicht ohne weiteres als nicht nationalsozialistisch wird bezeichnen können, trotz aller Bemühungen der Kameradschaftsbündler nach dem Krieg, sich zu Widerstandskämpfern zu stilisieren. Das April-heft des 3. Jahrgangs 1932 ist besonders als Programmheft des Kameradschaftsbundes gestaltet. Heinz Rutha, der künftige Märtyrer des Kameradschaftsbundes, umreißt ein neues Erziehungspro-gramm, das alles dem Staat und seiner Führungselite unterstellt, das aber aus dem Aufbrechen neuer Kräfte nicht Freiheitsrausch, son-dern feste Gesetze der Gemeinschaft herleitet. Das Ende der klassi-schen Erziehungsideale soll »eine neue Idee der Volksgesamtheit« hervorbringen, wie sie »im Bereich männlicher Kampf- und Geist-gemeinschaft am reinsten erscheinen wird«.[24] Walter Brand besingt in diesem Heft das Reich, nach einem soeben im gleichnamigen Verlag erschienenen synonymen Buch von Friedrich Hielscher: »Aller Sinn der Geschichte ist auf die Erfüllung des Reiches ange-legt.«

Man sieht und empfindet beinahe in diesem semilyrischen Expres-sionismus die unreife Schwärmerei, obwohl nicht alle Autoren noch als Jungakademiker gelten dürfen, gewiß nicht der Architekt Hein-rich Rutha. Aber natürlich der Wiener Student Wolf Schöne, aus Dresden stammend, dessen Vortrag im Wiener Jungakademischen Klub über neuen Nationalismus gedruckt wird. Die amorphe Kom-position wäre der Erwähnung nicht wert, im Hinblick auf ihre Schwarmgeisterei, würde sie nicht ausdrücklich den Nationalsozia-lismus als »eine bedeutende nationale Bewegung« empfehlen. Mehr konnte man wohl unter den Augen der tschechischen Behörden in der Redaktion der »Jungen Front« nicht tun, zur selben Zeit, in der bereits Untersuchungen gegen die deutschen Nationalsozialisten in der Tschechoslowakei wegen Staatsgefährdung liefen. Aber es war wohl genug, um ein künftiges Wählerpotential und um Meinungs-masse zu formen, die sich schließlich Hitler anvertrauten: von einem Dresdner Studenten, um es noch einmal deutlich zu sagen, der im Wintersemester 1931/32 zum ersten Sprecher der Deutschen Studentenschaft in Wien avancierte.[25] Da überrascht es nicht mehr, daß im selben Jahrgang auch Walter Becher sich zu Wort meldet, auch er ein Wiener Student, in Karlsbad zu Hause, um ein Buch von

Walter Heinrich, dem Assistenten und Privatdozenten des gemeinsamen Wiener Lehrers Othmar Spann, den Lesern zu empfehlen.
Es heißt: Der Faschismus, Staat und Wirtschaft im neuen Italien.
Bechers Einleitung: »Ein Buch über das Wesen und Werden, über
die Gestalt jenes ersten Staates der Erde, der bewußt aus dem Tief-
stande menschlicher Kultur in gemeinschaftlicher Gestaltungskul-
tur herausmarschierte zu organischer, einem Volke wesensgemäßer
Staatlichkeit (…)«[26]
Es ist in diesem Rahmen dann doch konsequent, wenn im Mai 1932
die neuen tschechoslowakischen Staatsschutzgesetze, ausgelöst
von einer Anklage gegen die sudetendeutschen Nationalsozialisten, als ein Angriff gegen das gesamte Sudetendeutschtum bezeichnet werden, jenes Sudetendeutschtum, wie es sich die Autoren der »Jungen Front« in ihrer eifrigen Propaganda für Hitler und
seine Kämpfer im eigenen Lande eigentlich wünschten. In Wirklichkeit stand zu dieser Zeit noch der größte Teil der sudetendeutschen Wähler hinter den drei sogenannten aktivistischen Parteien,
Christlichsoziale, Landwirte und Sozialdemokraten, die seit einigen Jahren mit je einem Minister in der tschechoslowakischen
Regierung vertreten waren. Für Kameradschaftsbündler wie für
Nationalsozialisten waren diese »Aktivisten« gleichermaßen nur
der Nichtachtung wert. Allenfalls der Landbündler Gustav Hacker
bildete eine Ausnahme, der 1938 auch tatsächlich sehr entschlos-
sen zur Partei Henleins überwechselte und dabei harte Auseinandersetzungen mit seinen demokratisch gesonnenen Parteifreunden
auf sich nahm, besonders mit seinem Generalsekretär Raimund
Graf.[27] Die Sozialdemokraten werden gleichermaßen vor und nach
1935 als Marxisten bekämpft. Die Christlichsozialen werden buchstäblich ignoriert. Hans Schütz, der als einer der wenigen sudetendeutschen Nachkriegspolitiker mit unbeirrter demokratischer
Vergangenheit viel in der bundesdeutschen Vertriebenenpolitik
bewirkte, wird nur einmal als Redner vor dem christlichen deutschen Gewerkschaftsbund erwähnt.
In dieser Gesinnungsgemeinschaft der unerschütterlichen Hoffnung
auf einen Sieg des Führerstaates in Deutschland befinden sich die
Schüler Spanns wie die theoretisch weniger diffizilen, aber im Bewußtsein eines »deutschen Sozialismus« nach ihrer Meinung »rea-

listischeren« Nationalsozialisten. Der »deutsche Sozialismus« ist dabei offenbar eine Tarnbezeichnung. Nichts deutet etwa auf die Variante im Sinne Strassers. Die Meinungsverschiedenheiten müssen einstweilen, vor 1935, nicht überbewertet werden. Längst ist bekannt, daß auch in Deutschland vor 1933 die noch »kämpfende« Partei durchaus keine programmatische Konsequenz auszeichnete, und so mochten Spanns Schüler ihre umsichtige Personalpolitik als das entscheidende Moment für die nationalsozialistische Bewegung in Böhmen und Mähren halten. Vom Aktivismus, von der Regierungsbeteiligung der drei deutschen und bis dahin noch die Mehrheit der Deutschen repräsentierenden politischen Parteien, hielten sie jedenfalls nichts. Die aktivistischen Politiker gelten nur einmal ohne Namen in cumulo als »deutsche Spießbürger«. Auch das zählt, im selben »Programmheft« des Kameradschaftsbundes, offenbar zum festen Bestand der politischen Meinung.[28] So bleibt es bis nach der schon dem Cover abgelesenen »Machtübernahme« dieser Zeitschrift durch die entschiedeneren Nationalsozialisten um Karl Hermann Frank – falls dieser tradierte Bezug die Wirklichkeit trifft – im Frühjahr 1935. Aber zuvor, und das sei noch einmal mit einem Beispiel aus dem 3. Jahrgang von 1932 erwähnt, lassen sich die Autoren dieser angeblich überparteilichen Zeitschrift, manchmal mit bekannten Namen aus dem Führungskreis des Kameradschaftsbundes, manchmal anonym, manchmal pseudonym, durchaus als bewußte und ausdrückliche Helfer des reichsdeutschen Nationalsozialismus bezeichnen, nicht im Sinn des unbeabsichtigten Mitläufertums, sondern mit aller verbalen Deutlichkeit: »Es ist das große Verdienst der nationalsozialistischen Bewegung, daß sie im deutschen Menschen wieder das Verantwortungsgefühl für sein Volk geweckt hat und den Glauben, daß eine größere Zukunft nur durch den härtesten Kampf, die schlimmste Entbehrung, wird errungen werden können.«[29]

33
⊘

V.

Wenn man der Autobiographie Walter Brands aus dem Jahr 1985 folgt, dann bleibt der Übergang der »Jungen Front« 1935 von Eduard Kaiser zu Robert Heimann, von Warnsdorf nach Friedek, vom Löwenwappen zum rotweißen Kampfplakat ungeklärt.[30] Seit 1935 jedenfalls wird das sudetendeutsche Pressewesen aus Deutschland unterstützt.[31] Niemand hat bis jetzt untersucht, ob diese Unterstützung nur den Finanzen galt und nur, wie bekannt, beispielsweise die Gründung einer Tageszeitung der Sudetendeutschen Partei ermöglichte, der bald hinreichend namhaften »Zeit« in Reichenberg. Man könnte auch vermuten, daß nun geschulte Journalisten aus dem Propagandaministerium oder dem SD der NSDAP die Richtlinien vorgaben und die Texte schrieben.

»Die Junge Front« wird jedenfalls seit ihrem 6. Jahrgang ein besonders gegen einzelne Personen des Kameradschaftsbundes gerichtetes Kampfblatt, wobei die älteren Ziele, die Propagierung des nationalen Aufbruchs und der Reichsmythos, beinahe in den Hintergrund treten. Aber vergessen werden sie natürlich nicht. Da wird dem Völkerbundsentscheid über das Saargebiet eine Rede vom jüdischen Weltkongreß in Krakau gegenübergestellt, die »eine Sanktion des Regimes von Rassenhaß« fordert. Die Zeitschrift begrüßt das, denn jetzt hätten sich »klare Fronten« gefunden.[32] Da wird Optimismus geweckt, Hitlers Politik finde zunehmend internationale Unterstützung, und eben nur die zögernde und feindselige Tschechoslowakei halte am morschen Versailler System noch fest. Da werden die Erfolge der Winterhilfe, die deutsche Arbeitsbeschaffung, die wachsende deutsche Aufrüstung ebenso kommentiert wie in der deutschen Presse unter Goebbels' Regie. »Die nationale Idee marschiert«, und selbst die verwirrten Sozialdemokraten fordern vergeblich von den Tschechen nun demokratische Solidarität, und Wenzel Jaksch spricht gar nach einem unkommentierten Abdruck aus dem »Sozialdemokrat« von »der Schicksalsfrage der Republik«.[33] Tatsächlich ist Hitlers Politik in jenen Jahren mit der gehörigen Einseitigkeit auch leicht zu verkaufen. Man muß nur den »Röhm-Putsch« und die Nürnberger Gesetze verschweigen, die KZs und die Emigration. Das gelingt der »Jungen Front« ganz fehlerfrei.

Statt dessen propagiert sie Hitlerreden, besonders die »große Friedensrede« vom 21. Mai 1935, die weltweit nicht nur Beachtung, sondern auch Achtung gefunden habe – vor allem in England. Kein Wunder, daß man da den ersten gesamtstaatlichen Katholikentag in der Tschechoslowakei als »Das große Welttheater« glossieren kann – nicht ganz ohne Berechtigung wegen des tatsächlich verfehlten kirchlichen Auftrags zu übernationaler Solidarität.[34] Nur sind jene Autoren, die im gleichen Atemzug die katholische Kirche in Deutschland wie in Österreich wegen ihres Widerstands gegen den Nationalsozialismus angreifen, die Handlanger der bekannten Entstellungen.

Im selben Sinn des kalten Hasses werden jüdische Klagen als »übermäßiger Geltungstrieb des auserwählten Volkes« ironisiert,[35] zu einer Zeit, da die Nürnberger Gesetze in Deutschland bei wachsender Emigration aus Hitlers Deutschland in die rettende Tschechoslowakei hätten auch völlig Ahnungslose nachdenklich stimmen können.[36] Da wird das Christentum nicht nur angegriffen, sondern für ablösungsreif erklärt,[37] und statt dessen propagiert »Die Junge Front« die Notwendigkeit rassenkundlichen Denkens, am Ende gar mit ausführlicher Würdigung von Ernst Krieck, und man meint, aus der Würdigung die Erleichterung heraushören zu können, daß man nun auch über einen Universitätsprofessor verfüge, gar den Rektor der Heidelberger Universität, und dabei sogar noch über einen Philosophen, wie die Jünger Spanns.[38]

Karl Herrmann Frank, seit 1935 Abgeordneter der Sudetendeutschen Partei im Prager Parlament, enthüllt den Lesern die bolschewistische Gefahr nach dem tschechoslowakisch-sowjetischen Bündnis. Ein sonst unbekannter Matthias Waldbauer doziert die Rassengesetze als neue Einsicht in die Weltgeschichte, als hätte sie nicht 1931 schon Walter Brand mit dem Buch von Walther Darré bekannt gemacht. Aus dem weitgreifenden Gebäude Spannscher Spekulation werden jetzt engere Räume konkreter Denkstrukturen gezimmert, die mit faßbaren Feindbildern zunächst einmal die Personalpolitik des Kameradschaftsbundes konterkarieren sollen.[39] Es fehlen nicht Ehrenerklärungen für das tschechische Nationalbewußtsein, etwa in Person des »rechtschaffenen Deutschenfeindes« Karel Kramář, es fehlt auch nicht umgekehrt berechtigte Detailkritik an

bekannten Fehlhandlungen und -einstellungen tschechischer Un-
versöhnlichkeit, mangelnder Weitsicht, staatsgefährdender Einseitigkeit. Aber alles überdeckt das Gegenbild des starken, des gerechten, des vornehmlich friedliebenden Reiches, wiedererweckt durch
den Marschtritt des selbstbewußten deutschen Volkes, eingerückt
in die lange verbreitete romantische Reichsidee, die wahre Heimat
des deutschen Denkens, unzugänglich für Tschechen wie Juden.[40]
Es wächst im Lauf der Folgen der Radikalismus, der rassische und
das Herrendenken, nicht unbedingt auch der nationale. Zugleich
aber wächst die Konsequenz im Inneren. Sie trifft nun eben die Aka-
demiker, die Intellektuellen, die idealistischen Spann-Schüler. Zuerst den Meister selbst, dann Walter Brand vornehmlich, nebenbei
auch Walter Becher, der nach seinem ersten Buch gegen die Wünsche und Vorstellungen des harten Kerns unter sudetendeutschen
Nationalsozialisten von Wien in die Kulturredaktion der »Zeit« berufen worden war, wogegen opponiert wird. Sie trifft schließlich den
Wahlsieger von 1935 gar selber, Konrad Henlein. Eine solche Kritik
ist in deutschen Darstellungen bis heute weithin unbekannt. Sie stei-
gert sich im Lauf der beiden Jahrgänge 1937 und 1938. Ende 1937
wird die Führung der Sudetendeutschen Partei im Ganzen zur Dis-
position gestellt, wird Konrad Henlein mit einem schon mehrfach in
der »Jungen Front« durch scharfe Äußerungen hervorgetretenen
Rudolf Haider konfrontiert, und Anfang 1938 wird gar »Das
Schwarze Korps« zum Zeugen gegen den Kameradschaftsbund an-
gerufen. Vielleicht ist das ein Fingerzeig auf die Verbindungen, welche die »Junge Front« inzwischen eingegangen ist – der Stil paßte.
Es wird schließlich gar aufgerufen zu einer neuen Bewegung, nachdem die Sudetendeutsche Partei versagt habe, zum Deutschen Sozialismus, mit dem die Sudetendeutschen nun »inmitten des Chaos
Zentren des Neuaufbaus bilden« sollten.[41]
Aber plötzlich ist, im April 1938, der ganze Spuk vorbei. In geheim-
nisvoller Regie wird nun auf einmal »Henlein als der alleinige Sprecher der Volksgruppe anerkannt«, scheint der Vorwurf vergessen,
den noch im Januar Hans Verden, einer der besonders regen Autoren, gegen ihn erhoben hatte, weil er in Wahrheit nicht selbst, wie er
sich rühme, »sondern mithilfe des Reiches die sudetendeutsche
Frage in das Licht der Öffentlichkeit gestellt habe«. Interessant blei-

ben noch immer Rückblick und Selbstdeutung. Die Sudentendeut-
sche Partei, schrieb jener Hans Verden im Februar 1938, »übernahm im Jahre 1933 das Erbe einer stolzen Bewegung und die
bereits geschaffene Volksgemeinschaft«. Gemeint ist die sudetendeutsche Öffentlichkeit zu jener Zeit, als die sudetendeutsche
DNSAP in Auseinandersetzung mit den tschechoslowakischen
Staatsschutzbehörden geraten war. Noch waren damals die staats-
bejahenden »Aktivisten« die mehrheitlichen Vertreter der Sudetendeutschen im Prager Parlament, noch waren die Sozialdemokraten
die stärkste deutsche Partei, als Verden seine Volksgemeinschaft
schon »geschaffen« wähnte. Aber hier gilt wohl Qualität vor Quan-
tität in seinem Sinn. Und in demselben Sinn sieht er auch die durch
Henleins Loyalitätserklärungen mehrfach, zunächst in der berühmten Rede von Böhmisch-Leipa 1934, ganz in Abrede gestellte Nach-
folgeschaft der Sudetendeutschen Partei für die 1933 aufgelöste
DNSAP in der Tschechoslowakei: »Die Aufgabe der Sudetendeutschen Partei war von allem Anbeginn ganz klar: Sie sollte die
deutsche Weltanschauung im Sudetendeutschtum verwirklichen
und organisatorisch und politisch auswerten. (...) Das ungeheure
Vertrauen des Volkes, die hingebende Gläubigkeit der Volksgenossen an die Bewegung, mußte ihre Rechtfertigung durch die Herstellung der inneren Volksgruppeneinheit erfahren.«
Das also war nach Verden die Aufgabenstellung, und es wird wohl
schwer zu entscheiden sein, wer sie sich wann dachte. Henlein jedenfalls wird im Februar 1938 angeklagt, diese Aufgabe nicht erfüllt
zu haben. »Im Gegenteil machen sich seit Jahren unfähige, unsau-
bere und eigennützige Menschen in den Organisationen breit.
(...)«
Und deshalb also der »Aufstand des Deutschen Sozialismus«.[42] Im
April 1938 scheinen die jahrelangen und zuletzt bis aufs äußerste
gesteigerten Angriffe vergessen – und das doch wohl zweifellos auf
irgendeine »höhere Weisung«. Außer in der »Jungen Front« ist dieses Stück der innerparteilichen Auseinandersetzung nirgends bezeugt – am allerwenigsten in den Memoiren der Überlebenden.
Im November 1937 hatte Henlein sich bekanntlich brieflich Hitler
als Gefolgsmann angeboten, im Februar 1938 hatte er sich ausdrücklich seiner Politik unterstellt.[43] Erst damit hatte er seine Wi-

dersacher beschwichtigt. »Die Junge Front« widerspiegelt die Ereignisse. Angemerkt wird bei dieser Gelegenheit übrigens auch die Befürchtung, es könnte doch nach dem Anschluß Österreichs nun nicht unmittelbar eine »Lösung der sudetendeutschen Frage« bevorstehen, sondern sich das Reich anderen Aufgaben widmen müssen.[44] Man muß überdies noch beachten, daß sich diese ganze Auseinandersetzung vor den Augen der tschechischen Pressebehörden abspielte.

Wichtiger erscheint aber die Beobachtung der zielbewußten Agitation, der ersten Terrorwelle, wie immer in totalitären Parteien, in den eigenen Reihen, der Säuberung unter den Parteifreunden in Rivalität der einen Machtclique gegen die andere. Und über all dem die Überlegung, wie sehr sich das einem Leserkreis mitteilte, der immerhin, denn die noch immer behauptete politische Unabhängigkeit war eine Farce dieser Zeitschrift von Anfang an, unter den mehr als 600 000 eingeschriebenen Mitgliedern der Sudetendeutschen Partei doch eine besondere Gruppe der Interessierten und Wissenden bildete, vielleicht gar, ohne ihre Hoffnungen auf »das Reich« durch die brutale Säuberungsaktion vor ihren Augen sinken zu lassen. Darüber ist nichts bezeugt. Und zu guter Letzt: Der Spann-Kreis mit seinem »Kameradschaftsbund« unterschied sich von dem Kreis um Karl Herrmann Frank mit seinen rassenbewußteren Anhängern etwa so wie der rechte und der linke Flügel ein und derselben revolutionären Bewegung – nach reichsdeutschem, nach sowjetischem oder auch nach dem Modell von Girondisten und Jakobinern. Bei allem Respekt vor den persönlichen Leiden der Unterlegenen, der Spann-Anhänger, besonders nach dem »Anschluß« ihres Wirkungsbereiches an die Staatlichkeit des Deutschen Reiches und an seine Staatspolizei: Ihre zwischenmenschlichen Umgangsformen, hätten sie die Macht errungen, wären vielleicht humaner gewesen als die ihrer Widersacher – aber ihre Pläne waren in peinlicher Weise ähnlich: antiparlamentarisch, undemokratisch, diktatorisch und rassistisch.

VI.

Es bleibt noch ein Epilog. Man könnte ihn auch das unmittelbare Vorspiel zur deutsch-tschechischen Tragödie nennen. Dabei tritt ein Autor auf bei der »Jungen Front«, der gewiß nicht zu ihrer Generation gehört. Freilich wurde er gelegentlich einmal mit Respekt genannt. Aber er schreibt zum erstenmal im Februarheft 1938, um da sein Scheitern als Landeshauptmann von Deutschböhmen im Winter 1918/19 zu verteidigen. Und dann schreibt er ein zweites Mal im April 1938, »um Europa den Frieden zu sichern«: Rudolf Lodgman von Auen.

Die »sozial geordnete Nation«, schreibt der im späteren Nachkriegsdeutschland wohl bekannteste sudetendeutsche Politiker im April 1938, sei nun einmal »die ausschlaggebende Kraft des 20. Jahrhunderts«.[45] Man muß sich erinnern, daß sich in den vorausgehenden Heften die Nationalsozialisten in dieser Zeitschrift immer wieder als »deutsche Sozialisten« getarnt hatten! Aber weiter im Text: Das Selbstbestimmungsrecht der Nationen sei nun einmal, schreibt Lodgman, nichts anderes als das nationalstaatliche Konzept der Völker. »Was ist heute der Inhalt des Begriffs ›national‹? Nichts anderes, als daß das Zusammengehörigkeitsgefühl mit dem ›Volksgenossen‹ stärker ist als das Gefühl der Verbundenheit mit dem Staate, dem man, vom seelischen Standpunkt aus, ›zufällig‹ angehört.« Diese Tatsache solle man nicht durch gewagte Konstruktionen verbergen. Weil das aber so sei und weil die »Professoren von Versailles«, »die politischen Quacksalber«, das nur zerredeten, ohne rechte Lösungen zu finden, so mögen, zur nötigen Einigung Europas, sich doch die vier europäischen Großmächte zusammentun, England, Frankreich, Deutschland und Italien, »zum Zwecke der Herbeiführung dieser Ordnung. Dabei muß ein gleicher Grundsatz für alle zur Anwendung gelangen, und er kann nur im Nationalitätenprinzip bestehen, wobei auch vor Umsiedlungen nicht zurückgeschreckt werden darf«.

Nun könnte man darauf hinweisen, daß Rudolf Lodgman von Auen als der erste und in mancher Hinsicht einflußreichste Vorsitzende der Sudetendeutschen Landsmannschaft nach dem Kriege in der Bundesrepublik zehn Jahre lang mit Leidenschaft für das Selbstbe-

stimmungsrecht der Sudetendeutschen gekämpft hat, nicht etwa nur
gegen die Vertreibung und ihre Greuel. Und daß er, in den ersten
Nachkriegsjahren erklärlicherweise nicht ohne Zustimmung im In-
und Ausland, die Rückkehr der Sudetendeutschen ohne Wenn und
Aber forderte. Eine Umsiedlung der Sudetendeutschen hatte er
also offenbar nicht im Sinn, als er von den nötigen harten Maßnahmen zur Durchsetzung des Nationalitätenprinzips im April 1938
schrieb.

Deutlicher wird das bei einer konkreten Forderung, die er zualler-
erst ins Auge faßte, ehe man etwa mit allen anderen Umsiedlungen
begönne: »Die Judenfrage«, fährt er nämlich fort, »die heute ebenfalls bereits eine internationale Nationalitätenfrage geworden ist, ist
ohnehin auf einem anderen Wege nicht zu lösen, freilich nicht so,
daß man den Juden einfach einen fremden Staat verspricht, sondern
so, daß eine Umsiedlung dieses zur Unruhe gewordenen Elements
unter Mitwirkung ganz Europas, besonders aber der vier Großstaa-
ten, in die Wege geleitet wird. Gewiß, es werden viele vor dem
Worte erschrecken, und doch muß einmal mit der Ordnung angefangen werden. (...)«

Man begann bald.

Ludolf Herbst
Die nationalsozialistische Wirtschaftspolitik
im internationalen Vergleich

Die Analyse der nationalsozialistischen Wirtschaftspolitik hat in den letzten drei Jahrzehnten erhebliche Fortschritte gemacht. Dabei hat sich die Diskussion weit von dem vernichtenden Urteil Wolfram Fischers entfernt, der bereits in den sechziger Jahren, die Forschung resümierend, feststellte, die nationalsozialistische Wirtschaftslehre sei »nie über ein Konglomerat konfuser Ideen verschiedenen Ursprungs« hinausgekommen, und die Wirtschaftspolitik habe »völlig im Dienste außen- und machtpolitischer Ziele« gestanden. Die Regierung Hitler habe für die »von ihr aufs höchste strapazierte Wirtschaft kein Ordnungskonzept« besessen, sondern »zwölf Jahre lang system- und sinnlos experimentiert«.[1]

Im Unterschied hierzu hat Avraham Barkai der nationalsozialistischen Wirtschaftspolitik Ende der siebziger Jahre das Prädikat einer gewissen Originalität zuerkannt. Auch er übersah in seiner auf die Anfangsjahre der nationalsozialistischen Wirtschaftspolitik konzentrierten Analyse die Heterogenität der unter dem Druck der Weltwirtschaftskrise ergriffenen Maßnahmen nicht. Barkai bemerkte sehr wohl, daß vieles »notwendigerweise durch die wirtschaftlichen und politischen Realitäten diktiert, anderes bei früheren oder zeitgenössischen Theoretikern und Ideologen ›entliehen‹ oder ›angeeignet‹« war. Für ihn wies das »Gesamtbild« gleichwohl »genügend neue Elemente der Zielsetzungen, Methoden und institutionellen Durchführung auf, um den Begriff eines neuen und eigengearteten Wirtschaftssystems zu rechtfertigen«.[2]

Das Pendel des Urteils über die nationalsozialistische Wirtschaftspolitik hat seinen extremsten, weit von der relativen Vorsicht Barkais entfernten Ausschlag mit dem Buch von Rainer Zitelmann über Hitler erreicht. Zitelmann spricht nicht nur von den »unbezweifel-

baren Erfolgen der NS-Wirtschaftspolitik«, sondern führt diese
auch in direkter Linie auf Adolf Hitler zurück, dem – durch zahlreiche aus dem Zusammenhang gerissene Zitate scheinbar belegt –
eine relativ stringente und erstaunlich moderne Wirtschaftsan-
schauung attestiert wird.[3]
Angesichts so disparater Forschungstendenzen ist es notwendig,
den Untersuchungsgegenstand »nationalsozialistische Wirtschaftspolitik« methodisch erneut zu justieren. Dabei soll die Frage im
Mittelpunkt stehen, ob es überhaupt gerechtfertigt ist, von einer
genuin nationalsozialistischen Wirtschaftspolitik zu sprechen, und
wo eine Analyse anzusetzen hätte, die sich um einen solchen Nach-
weis bemüht.

Zunächst ist einmal festzustellen, daß die nationalsozialistische
Herrschaftsperiode wirtschaftspolitisch Teil einer umfassenderen
Epoche war. Sie beginnt, was die bisherige Forschung zu Recht her-
ausgearbeitet hat, mit der Weltwirtschaftskrise, also etwa 1929/30.[4]
Weniger im Blick ist, daß diese Epoche nicht mit dem Jahr 1945
endet. Die modernen westlichen Industriestaaten sahen sich mit der
Problematik, die die große Krise aufgeworfen hatte, vielmehr auch
in der Nachkriegszeit noch konfrontiert. Ihre binnenwirtschaft-
lichen Folgen wurden erst Ende der vierziger/Anfang der fünfziger
Jahre überwunden, und von einer Wiederherstellung der in der
Krise zerbrochenen Weltwirtschaft kann man erst für die zweite
Häfte der fünfziger Jahre sprechen.[5] Die Koordinaten der nationalsozialistischen Wirtschaftspolitik werden also von einer Zeitachse
bestimmt, die die Dauer des politischen Systems des Nationalsozialismus am Anfang und am Ende erheblich überragte. Die nationalsozialistische Wirtschaftspolitik ist daher in Bezug zu setzen zu ihrer
nichtnationalsozialistischen Vor- und Nachgeschichte.
Zudem zwingt der universale Charakter der Krisenepoche, nach
Parallelerscheinungen in den gleichfalls betroffenen anderen Staaten zu fragen, wobei man sich sinnvollerweise auf die mit Deutschland vergleichbaren Industriestaaten konzentriert. Hat die nationalsozialistische Zeit Methoden, Instrumente und Konzepte der
Wirtschaftspolitik ausgeprägt, die sich hinreichend von jenen anderer moderner Industriestaaten kapitalistischer Prägung in jener Zeit

unterscheiden, so daß deren Kenntlichmachung mit dem Epitheton »nationalsozialistisch« gerechtfertigt ist? Nichts ist jedenfalls weniger geeignet, den Gegenstand zu umreißen als eine deutsche »Nabelschau«.[6]

Am Anfang der Epoche stand die wachsende Bereitschaft der Regierungen der modernen Industriestaaten, kontrollierend, reglementierend und lenkend in den Wirtschaftsablauf einzugreifen. Das Verhältnis zwischen Staat und Wirtschaft wurde zum Generalthema. Der Begriff der Wirtschaftspolitik fand damals seine moderne Ausprägung, die Globalsteuerung der Wirtschaft wurde zur Aufgabe des Staates.[7]

In der Binnenwirtschaft wandte man sich einer Politik der Arbeitsbeschaffung durch *deficit spending* zu. Dahinter stand die in der Krise allmählich wachsende Besorgnis, daß die automatischen Auftriebskräfte nicht ausreichen würden, um die Konjunkturkrise zu überwinden. Die Hinwendung zum *deficit spending* erfolgte tastend, unsicher und in vielen Fällen inkonsequent. Die Aufgabe, der Krise durch staatliche Konjunkturpolitik zu begegnen, war neu und wurde in der Wissenschaft wie in der Öffentlichkeit kontrovers diskutiert.[8]

Die nationalsozialistische Regierung knüpfte in ihrer Politik der Arbeitsbeschaffung, die sie erst nach einer Phase der Untätigkeit im Juni 1933 mit dem Reinhardt-Plan selbst akzentuierte, an Programme der vorangegangenen Regierungen Papen und Schleicher an. Neu war das größere Volumen der von der Hitler-Regierung gestarteten Programme, die expansive Kreditschöpfungspolitik und der sehr bald sichtbar werdende enge Zusammenhang der Arbeitsbeschaffung mit der Aufrüstung. Insgesamt ergab sich bis zum Frühjahr 1936 ein Gesamtvolumen der Arbeitsbeschaffung von 5,2 Milliarden RM, deren größter Teil zwischen Frühjahr 1933 und Anfang 1935 ausgegeben wurde.[9]

Die Besonderheiten der nationalsozialistischen Arbeitsbeschaffungspolitik werden im internationalen Vergleich deutlicher. Antizyklische Maßnahmen hatten in der Krise auch die britische und die amerikanische Regierung ergriffen. Auch hier traten die Arbeitsbeschaffungsmaßnahmen nach einer Vorphase des Tastens und Probierens erst 1933 in ein entscheidendes Stadium. Einen Vergleich mit den nationalsozialistischen Maßnahmen hält freilich nur die Arbeitsbeschaffungspolitik des New Deal aus. Die Maßnahmen, die Roosevelt in rascher Folge zwischen Mai 1933 und Januar 1935 ergriff, erreichten das beachtliche Gesamtvolumen von mehr als 16 Milliarden Dollar. Sie waren strikt auf den zivilen Sektor beschränkt, wiesen sonst aber eine frappante Ähnlichkeit mit der nationalsozialistischen Arbeitsbeschaffungspolitik auf.[10]

Was die nationalsozialistische Arbeitsbeschaffungspolitik vor allem im internationalen Vergleich auszeichnet, ist ihr Erfolg. Während das nationalsozialistische Deutschland etwa 1936 die Vollbeschäftigung erreichte, blieben in Großbritannien und den Vereinigten Staaten die Arbeitslosenziffern beachtlich hoch, ja es kam hier 1937 zu einem erneuten konjunkturellen Einbruch.[11] Die Ursachen des deutschen Erfolgs sind freilich weniger im genuin wirtschaftlichen als vielmehr im politischen Bereich zu suchen. Sie haben entscheidend mit der forcierten Aufrüstung zu tun, die die deutsche Binnenkonjunktur anheizte.

Die gleichen Wirkungen lassen sich seit 1937 auch in Großbritannien und Japan, seit März 1939 in Frankreich sowie seit Sommer 1940 in den Vereinigten Staaten zeigen. Am frappantesten war der Wandel in Großbritannien. Die Briten legten 1937 ein Fünfjahresprogramm auf, das Rüstungsausgaben in Höhe von 1,3 Milliarden Pfund vorsah. Die Regierung erhöhte die Steuern und weitete die staatliche Kreditfinanzierung in raschem Tempo aus. Die Ausgaben für die Rüstung stiegen von 46 Millionen Pfund im ersten Quartal 1937 auf 124 Millionen Pfund im zweiten Quartal 1939. Damit hatte auch Großbritannien noch vor Beginn der Kampfhandlungen die Schwelle zur Rüstungskonjunktur überschritten. Die Konsequenzen waren denen in Deutschland durchaus vergleichbar. Aus einer Wirtschaft mit freien Ressourcen wurde eine Wirtschaft der Vollbeschäftigung und sehr bald des Mangels. Mit größerer Konsequenz, als dies in Deutschland vor dem Krieg und selbst noch in der Anfangsphase des Krieges der Fall war, wurde die Wirtschaft staatlicher Kontrolle unterworfen. Die Ermächtigung hierzu wurde am 24. August 1939 durch den Defense Act geschaffen, der der Regierung weitgehende Eingriffe in die Produktion, die Rohstoffversorgung, den Arbeitsmarkt und die Versorgung der Bevölkerung gestattete. Frankreich, das seine Rüstungsindustrie 1936 verstaatlicht hatte, ging erst im Frühjahr 1939 zur forcierten Aufrüstung über, unterwarf aber den Arbeitsplatzwechsel bereits im April 1939 der staatlichen Kontrolle und schuf sich in demselben Monat ein staatliches Produktionsbüro als Lenkungszentrale. Produktion und Beschäftigung stiegen auch hier rasch an. Japan erreichte die Vollbeschäftigung 1938 als Folge des Krieges gegen China. Die USA, in denen die Rüstungskonjunktur im August 1939 anlief, konnten ihr großes Heer von 9 bis 10 Millionen Arbeitslosen in den Vorkriegsjahren 1938/39 erst 1942 vollständig abbauen.[12]

Was die nationalsozialistische Arbeitsbeschaffungspolitik also kennzeichnete, ist weniger die Einzigartigkeit der Maßnahmen und auch nicht so sehr das große Volumen der hierfür aufgewendeten Mittel, als vielmehr die den Erfolg sichernde konsequente Verbindung von Arbeitsbeschaffung und Aufrüstung. So blieben die staatlichen Investitionen im Wohnungsbau und im Verkehrswesen bis 1935 hinter den diesbezüglichen Investitionen der Weimarer Republik zurück.[13] Deutlich mehr als in der Weimarer Republik wurde dagegen nach 1933 für die Rüstung aufgewandt. Hitler gab hierfür bereits am 8. Februar 1933 im Kabinett die Parole aus: »Die nächsten fünf Jahre in Deutschland müßten der Wiederwehrhaftmachung des deutschen Volkes gewidmet sein. Jede öffentlich geförderte Arbeitsbeschaffungsmaßnahme müsse unter dem Gesichtspunkt beurteilt werden, ob sie notwendig sei vom Gesichtspunkt der Wiederwehrhaftmachung des deutschen Volkes.«[14] Allein die begrenzte Aufnahmefähigkeit der deutschen Wehrmacht und die Notwendigkeit, die Aufrüstung nach 1933 zunächst noch geheimzuhalten, setzten dieser Politik Grenzen. Gleichwohl wurden bis zum März 1936 insgesamt ca. 10,4 Milliarden RM für die Rüstung aufgewandt, mehr als doppelt soviel wie für die zivile Arbeitsbeschaffung. »Diese Ausgaben«, so urteilt Harold James, »wirkten in hohem Maße stimulierend auf die Wirtschaft. Bei einer Analyse der gesamtwirtschaftlichen Konsequenzen müssen zudem die Auswirkungen in bestimmten Sektoren besonders berücksichtigt werden. So zogen die Rüstungsprogramme Aufträge für Maschinenfabriken nach sich.«[15] Was nicht wenigstens mittelbar der Aufrüstung diente, das verkümmerte.

Der wesentlichste Unterschied zwischen der Konjunkturpolitik in
Deutschland einerseits und in Großbritannien, Frankreich und den
USA andererseits liegt also in der Zeitfolge. In Deutschland ergänz-
ten sich Arbeitsbeschaffungs- und Rüstungspolitik wechselseitig,
weil sie zeitlich weitgehend parallel liefen. Bei den Westmächten
zerfielen Arbeitsbeschaffung und forcierte Aufrüstung in zwei deutlich voneinander getrennte Phasen. Die nationalsozialistische Regierung hatte durch die zeitliche Parallelität von Aufrüstung und
Arbeitsbeschaffung den Vorteil, sehr früh zur Vollbeschäftigung zu
gelangen und den Konjunktureinbruch 1937 vermeiden zu können.
Sie mußte dafür freilich auch den Nachteil in Kauf nehmen, den
Übergang zur Mangelwirtschaft bereits im Frieden zu vollziehen,
mit allen Konsequenzen, die dies für die Lenkung der Wirtschaft,
für die Bewirtschaftung der Rohstoffe und die Einschränkung der
Freizügigkeit der Arbeiter hatte.

Für den Versuch, genuine Ausprägungen nationalsozialistischer
Wirtschaftspolitik nachzuweisen, spielt der *Außenhandel* seit jeher
eine entscheidende Rolle. Auch hier traten die Nationalsozialisten
zunächst einmal das Erbe der vorangegangenen Regierungen an.
Schon die Regierung Brüning hatte per Notverordnung am 1. August 1931 die Devisenbewirtschaftung auf den Außenhandel ausgedehnt. Um die Wirkungen der Abwertungen aufzufangen, die durch
das Abgehen Großbritanniens vom Goldstandard im September
1931 ausgelöst wurden, schuf man in den Jahren 1931 und 1932 ein
kompliziertes System von Exportsubventionen. Da man eine Abwertung der RM nicht ernsthaft in Erwägung zog, entwickelte sich
aus der Devisenbewirtschaftung und der Exportsubventionierung
notgedrungen eine staatliche Außenwirtschaftsbürokratie.[16] Pläne,
die Handelsbeziehungen zum südosteuropäischen Raum durch
zweiseitige Verträge und unter Aufhebung des Prinzips der Meist-
begünstigung zu regeln, scheiterten vor 1933 am Einspruch der Vereinigten Staaten. In ihnen wird gleichwohl die Absicht der letzten
Kabinette der Weimarer Republik deutlich, der deutschen Wirtschaft in Südosteuropa einen gesicherten Absatzmarkt zu schaffen,
um die Rückwirkungen der Weltwirtschaftskrise auf den deutschen
Außenhandel abzufedern.[17]

Der sogenannte *Neue Plan*, mit dem Schacht im September 1934 die

Umorientierung des deutschen Außenhandels einleitete, schloß organisch an diese Maßnahmen und Bestrebungen an. Da auch die nationalsozialistische Regierung die Abwertung der RM verwarf, wurde sie genötigt, die Ansätze zur Bürokratisierung des Außenhandels durch den Ausbau der Devisenkontrolle und der Außenhandelssubventionierung bis zur totalen Lenkung des Außenhandels fortzuentwickeln. Der »Neue Plan« führte zu einer weitgehenden Bilateralisierung des deutschen Außenhandels. In zweiseitigen Verträgen vorwiegend mit den Staaten Südosteuropas, Lateinamerikas und Vorderasiens räumte Deutschland seinen Partnern über dem Weltmarktniveau liegende Preise für Agrar- und Rohstoffimporte ein und erhielt dafür im Gegenzug über dem Weltmarktniveau liegende Preise für seine Industrieprodukte.[18] Dies kam in den Wirkungen einer Abwertung der RM gleich, bot aber den Vorteil, die Handelsvertragsverhandlungen zu politischen Pressionen nutzen zu können. Auch in dieser Funktionalisierung der Wirtschaftspolitik als politische Waffe knüpfte das »Dritte Reich« an Denktraditionen der Weimarer Republik an.

Mit dieser »autonomen«, sich vom Welthandel abschirmenden Außenhandelspolitik, stand das »Dritte Reich« freilich nicht nur in der Tradition der Weimarer Republik, sondern befand sich auch im Einklang mit internationalen Entwicklungstrends. Bereits vor der Weltwirtschaftskrise wurden große Teile des Welthandels bilateral abgewickelt. In der Weltwirtschaftskrise verstärkte sich diese Tendenz. Zugleich verlagerte sich ein wesentlicher Teil des Handels in Währungsblöcke, die sich nach außen durch hohe Zollmauern abschlossen. So vereinbarte Großbritannien 1932 mit den Mitgliedern des Commonwealth-Sterling-Blocks Vorzugszölle, was in den Wirkungen dem Bilateralismus gleichkam. Aufgrund dieser Praxis stiegen die britischen Exporte in den Sterling-Block von 51 % im Jahre 1929 auf 62 % im Jahre 1938. Die Importe aus dem Block steigerten sich im gleichen Zeitraum von 42 auf 55 %. Dieser Zuwachs übertraf denjenigen, den Deutschland im gleichen Zeitraum im Handel mit Südosteuropa erzielte, beträchtlich. Nur Japan erreichte bei der Verlagerung seines Außenhandels in den Yen-Block höhere Zuwachsraten.[19]

Die Reglementierung des Außenhandels durch Devisenbewirt-

schaftung, Zoll- und Währungsmanipulationen sowie durch Waren-
kontingentierungen wurde zu einem allgemeinen Zeichen der Zeit.
In vielen Fällen, vor allem dort, wo keine Abwertungen vorgenommen wurden, entstand hieraus eine umfangreiche Außenwirtschaftsbürokratie. Lediglich die USA setzten im Juni 1934 mit dem
Reciprocal Trade Agreement Act ein Zeichen zur Umkehr. Er ver-
pflichtete die Regierung, bei Handelsvertragsverhandlungen auf
einem Zollabbau auf Gegenseitigkeit und auf der Meistbegünsti-
gungsklausel zu bestehen. »Bis Ende 1937 wurden sechzehn [sol-
cher] Abkommen, die ein Drittel des amerikanischen Außenhandels betrafen, abgeschlossen.«[20] Der Act wurde zur Grundlage der
amerikanischen Liberalisierungspolitik nach dem Zweiten Weltkrieg.

Sucht man im internationalen Kontext nach den Eigenarten der nationalsozialistischen Außenwirtschaftspolitik, so sind sie weniger in
den ergriffenen Maßnahmen selbst zu sehen, als vielmehr in der
Rücksichtslosigkeit, mit der sie durchgeführt wurden, und in dem
missionarischen Eifer, mit dem die deutsche Wirtschaftsführung das
Konzept nach außen vertrat. Das »Dritte Reich« erweckte den Anschein, als hielte es den Bilateralismus für geeignet, die Weltwirtschaft neu zu ordnen. Zudem drang die deutsche Außenwirtschaft
mit Hilfe des Bilateralismus in höchst aggressiver und undiplomati-
scher Form in die Märkte Südosteuropas und Lateinamerikas ein
und erweckte den Eindruck, als ginge es ihr bei diesem Versuch
weniger um wirtschaftliche als vielmehr um politische Belange und
letztlich um die Errichtung einer Hegemonialstellung mit wirtschaftlichen Mitteln. Es war vor allem die politische Funktionalisierung der Außenhandelspolitik, die Anstoß erregte und die die erbit-
terte Gegnerschaft der Vereinigten Staaten auf den Plan rief.

Stärker als in allen anderen Bereichen scheint der Nationalsozialismus der *Agrarpolitik* seinen Stempel aufgeprägt zu haben. Im
Reichsnährstand scheint die Blut-und-Boden-Ideologie des Nationalsozialismus am reinsten Gestalt angenommen zu haben, allenfalls ergänzt durch die autarkiewirtschaftlichen Zielsetzungen der
Kriegsvorbereitung. Doch auch diese Sichtweise ist erheblich zu
modifizieren. An sich sollten die Erfahrungen mit dem europäischen Agrarmarkt unserer Tage den Blick der historischen For-

schung für die Sonderrolle der Landwirtschaft in diesem Jahrhundert ja freier gemacht haben. Dem ist freilich nicht so. So blieb eine Studie unter Historikern nahezu unbekannt, die der spätere Wirtschaftsminister der Großen Koalition, Karl Schiller, 1940 vorlegte. Sie basiert auf der Forschungsarbeit eines Teams des Instituts für Weltwirtschaft in Kiel und untersucht die Ernährungswirtschaft in den Jahren 1925 bis 1936/37. 33 Länder werden analysiert, darunter alle europäischen Länder mit Ausnahme der UdSSR sowie die wichtigsten außereuropäischen Länder, unter ihnen Japan und die USA. Insgesamt entfielen auf die Beispielländer im Jahre 1936 92 % der Welteinfuhr und 83 % der Weltausfuhr an Produkten der Ernährungswirtschaft. Die Studie kann also als in hohem Maße repräsentativ gelten.[21]

Schiller konstatiert für den Untersuchungszeitraum für alle diese Länder eine ständige Zunahme der Regulierungen in der Ernährungswirtschaft. Ihr Grad erreichte in den Jahren 1934 und 1935 nahezu 60 % der Weltausfuhr. Auffallend ist die zeitliche Parallelität der Entwicklung. Kerngebiete der weltweit zu konstatierenden Zunahme von vorwiegend staatlichen Regulierungsmaßnahmen in der Ernährungswirtschaft sind vor allem die europäischen Zuschußländer Großbritannien, Deutschland, Frankreich, Italien, die Tschechoslowakei, Österreich und Belgien sowie die alten Veredelungsländer Dänemark, die Niederlande, Schweden, Irland und die Schweiz. Nimmt man einmal Großbritannien heraus, das aufgrund der engen handelspolitischen Verflechtung mit dem Empire einen Sonderfall darstellt, so stieg der Regulierungsgrad der Einfuhr der europäischen Zuschußländer von 8 % im Jahre 1930 auf 97 % im Jahre 1934 und stabilisierte sich auf diesem hohen Niveau. »Praktisch unterstehen«, so faßt Schiller den Stand des Jahres 1936/37 zusammen, »alle agraren Zuschußgüter dieser Zone einer einfuhrpolitischen und/oder binnenmarktlichen Regulierung.«[22] Bei der Ausfuhr erreichte der Regulierungsgrad immerhin nahezu 20 %. Ähnlich fällt die Bilanz bei den Veredelungsländern aus, wobei Ein- und Ausfuhr bei diesen Ländern begreiflicherweise gleichmäßiger betroffen waren. So stieg der Regulierungsgrad der Einfuhr dieser Länder von 5 % im Jahre 1931 auf 75 % im Jahre 1933 und der der Ausfuhr von 2 % auf 91 % im gleichen Zeitraum, was

einem »unmittelbaren Sprung aus völligem Freihandel in Markt-
regulierungssysteme« gleichkam.[23]

Der Ländervergleich gibt Auskunft über die wichtigsten Ursachen
für diese Entwicklung. Es lassen sich vier Ursachenfelder unterscheiden:

1. In allen Fällen spielte die hohe Importabhängigkeit im Ernäh-
   rungssektor eine entscheidende Rolle. Sie begründete angesichts
   des krisenbedingten Rückgangs der Exportüberschüsse und der
   Notwendigkeit, die Versorgung mit wichtigen Produkten sicher-
   zustellen, die Regulierung gewissermaßen logisch. In manchen
   Fällen bewirkte auch die Exportabhängigkeit eine Zunahme der
   Regulierung, dann nämlich, wenn es aufgrund der schrump-
   fenden Weltagrarmärkte zur Überschußproduktion kam.

2. In vielen Fällen, so besonders im Falle von Deutschland, Frankreich, Italien, der Tschechoslowakei, Österreich und Schweden,
   boten alte, z. T. bis in die zweite Hälfte des 19. Jahrhunderts zu-
   rückreichende agrarprotektionistische Traditionen willkommene
   Anknüpfungspunkte und erklären die latente Bereitschaft, in der
   Krise zur staatlichen Regulierung Zuflucht zu nehmen.

3. Als ein Motor der Entwicklung erwies sich auch die forcierte Aufrüstung bzw. die vorübergehende Etablierung kriegswirtschaft-
   licher Strukturen. Dies wird besonders deutlich im Falle Japans,
   Italiens und schließlich auch Deutschlands.

4. Ein nachhaltiger Impuls zur Regulierung ging schließlich von der
   Währungspolitik aus, bei jenen Ländern nämlich, die sich der allgemeinen Abwertungstendenz wie Deutschland nicht oder wie
   die Niederlande und Frankreich erst spät anschlossen.[24]

Die Bedeutung dieser Ursachenfelder wird sichtbar, wenn man diejenigen Länder in den Blick nimmt, in denen die Regulierung den
höchsten Grad erreichte, und sie mit jenen Ländern vergleicht, deren Ernährungswirtschaft auf einem vergleichsweise niedrigen Re-
gulierungsstand verharrte. Länder mit besonders hohem Regulierungsgrad waren Deutschland, Italien, die Tschechoslowakei, die
Niederlande, die Schweiz und Japan. In all diesen Fällen kombinieren sich mehrere Ursachenfelder. So kombinieren sich im Falle
Deutschlands eine hohe Außenhandelsabhängigkeit mit einer lan-

gen agrarprotektionistischen Tradition, mit dem starren Festhalten am RM-Kurs und mit der seit 1934 forcierten Aufrüstungspolitik. Dies erklärt seine Spitzenreiterrolle in der Etablierung von Regulierungssystemen weitgehend. Ähnlich liegen die Dinge in Italien und Japan. Japan vermochte freilich durch die scharfe Yen-Abwertung im Jahre 1932 der Entwicklung in begrenztem Maße entgegenzusteuern, mit weniger Erfolg tat dies 1937 auch Italien durch die Abwertung der Lira. Abwertungen bremsten schließlich auch den Regulierungsgrad in den Niederlanden und in Frankreich. Zudem konnten beide Staaten auf die Ressourcen ihrer Kolonialreiche zurückgreifen. Einen Sonderfall stellen Österreich und die Tschechoslowakei dar. Hier traf eine hohe Außenhandelsabhängigkeit nicht nur mit protektionistischen Traditionen zusammen, sondern der Regulierungsdruck wurde zusätzlich durch den Verlust der traditionellen Absatzgebiete im Zuge der Auflösung der Donaumonarchie verstärkt.

Bemerkenswert ist die Sonderrolle Großbritanniens und der USA. Hier kam es Anfang der dreißiger Jahre zunächst auch zur Abkehr vom Freihandel und zur Etablierung von Binnenmarktregulierungen. In Großbritannien wird diese Entwicklung durch die Ottawa-Verträge und den Agricultural Marketing Act von 1933 markiert, in den USA durch den Farm Relief Act und den Aufbau der Agricultural Adjustment Administration im Jahre 1933. In beiden Fällen bleiben die Wirkungen aber begrenzt. In Großbritannien pendelt sich der Regulierungsgrad in der Mitte der dreißiger Jahre bei 38 % ein. »Große Teile seiner Agrareinfuhr sind marktmäßig frei geblieben, sie werden nur indirekt reguliert durch [handelsvertragliche] Abreden sowie unter Umständen durch Zölle.«[25] Die Gründe sind im Falle Großbritanniens in der relativ geringen britischen Eigenproduktion, in der Abwertung des Pfundes 1931 und im Ausbau der Austauschbeziehungen mit dem Empire zu suchen. Ähnlich verhielt sich die Sache in den USA. Die Agrarexporte gingen hier drastisch zurück und signalisierten, daß die USA sich auf den eigenen, nahezu unbegrenzt ausbaufähigen Binnenmarkt zurückgezogen hatten. Die Eigenproduktion wurde freilich drastischen Begrenzungen unterworfen, um die Preise stabil zu halten und den Farmern ihr Einkommen zu sichern.

Auch für die nationalsozialistische Agrarpolitik ist es also sinnvoll, den Schleier der Ideologie zu lüften. Die Parallelentwicklungen in anderen Ländern verweisen auf die strukturellen Voraussetzungen dieser Politik. Sie kombinieren sich im Falle Deutschlands besonders wirkungsvoll. Entscheidend ist auch hier, daß die Regulierungstendenzen, die sich in den meisten anderen Ländern nach einigen Jahren abschwächten, durch die Aufrüstung verstetigt und intensiviert wurden.

Die Methode des Vergleichs und der historischen Zuordnung eröffnet weit über die hier angesprochenen Bereiche hinaus interessante Forschungsfelder, von denen eine präzisere Fassung des Charakters nationalsozialistischer Wirtschaftspolitik zu erwarten ist. So wäre ein Vergleich des nationalsozialistischen Arbeitsdienstes nicht nur mit den deutschen und europäischen Vorläufern, sondern auch mit dem am 31. März 1933 eingeführten Freiwilligen Arbeitsdienst in den USA, dem »Civilian Conservation Corps«, lohnend.[26] Die Notmaßnahmen zur Erhaltung des landwirtschaftlichen Besitzes durch Zwischenkredite und Neufinanzierungen, die die Farm Credit Administration am 16. Juni 1933 in den USA etablierte, ließen sich fruchtbar mit ähnlichen Bemühungen im Rahmen des Reichsnährstandes vergleichen.[27] Weitgehend unbeachtet blieb auch, daß der National Industrial Recovery Act vom 16. Juni 1933 in den USA die Idee einer übergreifenden Vereinigung der Interessen von Industriellen, Arbeitern und Verbrauchern propagierte sowie zu Formen korporativer Selbstregulierung Zuflucht nahm, die ihre Herkunft aus ständestaatlichen Vorstellungen nicht verleugnen können.[28] Die Parallelen mit dem korporatistisch-ständestaatlichen Aufbau der italienischen und der deutschen Wirtschaftsverbände liegen auf der Hand. Ansätze zu einer der nationalsozialistischen Agrarromantik vergleichbaren Überhöhung der Rolle des Landlebens finden sich in den USA und natürlich im faschistischen Italien.[29] Eingriffe in die Freizügigkeit fanden für die Landarbeiter und Farmer in den dreißiger Jahren in den USA und für die Industriearbeiter in Frankreich statt. Frankreich ahmte schließlich 1936 auch den zuvor in Deutschland gescheiterten Versuch nach, die verheirateten Frauen aus der Arbeitswelt zu verdrängen.[30] Aufschlußreich könnte ferner ein Vergleich zwischen den Industrialisierungsbemühungen sein, die Deutschland im Rahmen des Vierjahresplans startete, und den allerdings zunächst völlig auf den zivilen Bereich begrenzten gigantischen Projekten der Tennessee Valley Authority, die im März 1933 in den USA ins Leben gerufen wurde.[31] Die Skala der Themen ließe sich erheblich erweitern.

Von zentraler Bedeutung wäre ein Vergleich der *Kriegswirtschaftsstrukturen* in den großen kriegführenden Ländern. Allem Anschein nach verringerte der Krieg die Unterschiede zwischen Japan, Italien und Deutschland einerseits und Frankreich, Großbritannien und den USA andererseits.

Der Staat trat in den kriegführenden Ländern für weite Bereiche der Wirtschaft als alleiniger Auftraggeber in Erscheinung, stampfte – soweit erforderlich und nicht schon vor dem Krieg geschehen – neue Industrien aus dem Boden, lenkte die Produktion nach kriegswirtschaftlichen Prioritäten und unterwarf alle knappen Güter, Dienstleistungen, Arbeitskräfte und Rohstoffe der Bewirtschaftung, reglementierte die Nahrungsmittelverteilung mit Bezugsscheinen und ordnete auch die Interessen der Privatindustrie dem Kriegszweck unter.[32]

Sowohl in Großbritannien und den USA als auch in Deutschland, Japan und Italien kam es zur Vermischung der privatwirtschaftlichen und der staatlichen Sphäre. Das One-Dollar-man-System in den USA hat sich im Prinzip nicht so sehr von Speers Selbstorganisation der Industrie unterschieden. Die Unterschiede betreffen weniger die wirtschaftlichen Methoden als vielmehr das politische System und die Größe der verfügbaren Ressourcen.[33] Zweifellos arbeitete die Kriegswirtschaft des »Dritten Reichs« und Japans in weit höherem Maße mit Zwangsmaßnahmen, als dies in den angelsächsischen Ländern aufgrund der größeren verfügbaren Ressourcen nötig und aufgrund der andersgearteten politischen Tradtionen und Strukturen möglich war. Dies hatte gewiß auch wirtschaftliche Auswirkungen, so büßte der Lohn seine Funktion als Anreiz- und Steuerungselement in den USA und in Großbritannien nicht im gleichen Maße wie in Deutschland ein, spielte die Sklavenarbeit, um ein bekannteres Beispiel zu wählen, dort aus ähnlichen Gründen keine

Rolle. Trotz solcher Unterschiede scheinen die Gemeinsamkeiten zu dominieren: Nirgendwo wurden in modernen kapitalistischen Industriestaaten im Zuge der Rüstungs- und Kriegswirtschaft die Grundlagen der Wirtschaftsordnung angetastet, die private Verfügbarkeit über die Produktivkräfte und die Gewinne, obgleich es überall Eingriffe in diese Strukturen gab. Diese Feststellung trifft auch auf das »Dritte Reich« zu.

Gleichwohl sind Zweifel angebracht, ob sich in Deutschland während der Phase der forcierten Aufrüstung und während des Krieges die Grundlagen der Wirtschaftsordnung nicht doch tendenziell veränderten. Die staatliche Reglementierung erreichte hier ein solches Ausmaß, daß sich der Vergleich mit der sowjetischen Zentralverwaltungswirtschaft aufzudrängen scheint.[34] Das Fortbestehen des Privateigentums an den Produktionsmitteln muß kein Einwand hiergegen sein; denn wenn der Staat eine lückenlose Kontrolle der Ressourcen durchzuführen vermag und bestimmen kann, was produziert wird und was nicht, wenn er die Preise, die Löhne und die Gewinnspannen festzusetzen vermag, dann ist die private Verfügung über die Produktionsmittel relativ bedeutungslos. Zudem schreckte die nationalsozialistische Regierung bekanntlich vor Enteignungen nicht zurück, diese blieben freilich eher die Ausnahme.[35]

Bewegte sich die nationalsozialistische Regierung also unter dem Deckmantel der Rüstungs- und Kriegsnotwendigkeiten auf ein neues Wirtschaftsmodell zu, das man als »staatliche Kommandowirtschaft«[36] oder als Zentralverwaltungswirtschaft auf der Basis des Privateigentums bezeichnen könnte? Oder haben wir es auch im Falle der nationalsozialistischen Zwangsmaßnahmen in der Wirtschaft »nur« mit kriegsbedingten Verwerfungen zu tun, die im Frieden rückgängig gemacht werden sollten, wie dies in den USA und in Großbritannien auch geschah? Die Frage ist um so berechtigter, als das nationalsozialistische Regime mit der Beseitigung der freien Gewerkschaften, der Tarifautonomie und der Ausschaltung jeder politischen Opposition sowie der Unterdrückung der Bevölkerung durch Terror und der Verfolgung Andersrassiger im politischen Bereich einen fundamentalen Systemunterschied gegenüber den Westmächten festschrieb.

Auf den ersten Blick wirft die Frage ein schier unlösbares Problem auf; denn während man bei den Westmächten den Willen, vom kriegswirtschaftlichen System zu normalen Verhältnissen zurückzukehren, an der Demobilisierung nach dem Zweiten Weltkrieg ablesen kann, ist dies im Falle des »Dritten Reichs« nicht möglich. Die Demobilisierung der nationalsozialistischen Kriegswirtschaft fand ja, da das NS-Regime das Kriegsende nicht überlebte, unter der Regie der Siegermächte statt, wobei die UdSSR den beherrschenden Einfluß in Ost-Deutschland und die USA in West-Deutschland ausübten. In dem einen Fall wurde die Demobilisierung daher unter liberal-kapitalistischem Vorzeichen, im anderen Fall unter dem Vorzeichen der Zentralverwaltungswirtschaft vorgenommen. Der Historiker kann sich freilich die Frage stellen, für welches der beiden »Systeme« die nationalsozialistische Wirtschaftspolitik die besseren Anknüpfungspunkte geschaffen hatte. Welches System schloß sich »organischer« an, das liberal-kapitalistische oder das System der Zentralverwaltungswirtschaft?

Die Verknüpfung der Demobilisierung der Kriegswirtschaften in den USA, in Großbritannien, in Frankreich und den anderen westeuropäischen Staaten sowie in Japan und Westdeutschland mit der Liberalisierung der binnen- und außenwirtschaftlichen Strukturen ist nach dem Zweiten Weltkrieg vorwiegend dem amerikanischen Einfluß zuzuschreiben. Der Eintritt der USA in die Rüstungs- und Kriegswirtschaft erfolgte gewissermaßen unter liberalem Vorbehalt. Washington wollte nicht nur so schnell wie möglich zur liberalen Wirtschaftspolitik zurückkehren, sondern hatte sich auch zum Ziel gesetzt, zum Motor einer liberalen Weltwirtschaftsordnung nach dem Kriege zu werden.

Die Planungen für diese Weltwirtschaftsordnung begannen bereits 1939, und erste praktische Schritte wurden auf der Konferenz von Bretton Woods im Juli 1944 bereits vor Ende der Kampfhandlungen unternommen.[37] Die Europäer waren freilich von den Vorzügen einer liberalen Weltwirtschaftsordnung nicht so leicht zu überzeugen. In Bretton Woods prallten die Vorstellungen der Amerikaner und der Briten aufeinander. Die Briten, auf der Konferenz von John Maynard Keynes sehr wirksam vertreten, hielten den von dem amerikanischen Delegationsleiter White verfochtenen Plan einer sofortigen globalen Liberalisierung mit Freigabe der Wechselkurse für einen Sprung ins kalte Wasser, der viele Risiken barg. Ihnen schwebte eine Anknüpfung an die bisherigen Methoden staatlich gelenkter Wirtschaftspolitik und die allmähliche Zurücknahme des staatlichen Einflusses in der Wirtschaft vor. Kurzfristig setzte sich der amerikanische Standpunkt, langfristig eher der der Briten durch – nach der Zahlungsbilanzkrise des Jahres 1947.[38]

Wie reagierte das nationalsozialistische Deutschland auf die von den Amerikanern vorgenommene Verknüpfung von Demobilisierung und Liberalisierung, bzw. welche Auffassungen gab es unabhängig hiervon zur Demobilisierungsfrage in Deutschland? Die zahlreichen Meinungsäußerungen sind schwer zu interpretieren. Sie scheinen gegen Ende des Krieges auf einen Standpunkt hinauszulaufen, der der Auffassung der Briten mehr korrespondiert als der der Amerikaner, aber insgesamt von den Vorstellungen, die man sich in Washington und London machte, so weit entfernt nicht war. Doch welche Glaubwürdigkeit besitzen sie?

Hitler hat sich in wechselnden Zusammenhängen einmal für die Lockerung der kriegswirtschaftlichen Lenkungsmethoden nach dem Kriege ausgesprochen und dann wieder für die Fortsetzung der bisher praktizierten Methoden. Albert Speer wartete 1943 gar mit einem Programm für die Nachkriegszeit auf, das die kriegswirtschaftlichen Maßnahmen für den Wiederaufbau nach dem Kriege fortschreiben wollte. Doch er wurde, nicht zuletzt wegen dieses Konzeptes, politisch am Ende des Krieges isoliert. Die führenden Repräsentanten der Industrie dachten, wie man an den Nachkriegsplanungen der Reichsgruppe Industrie ablesen kann, anders. Da sie in dieser Hinsicht die Unterstützung sowohl Bormanns und der Parteielite als auch der SS hatten, traten bedeutende Kräfte des Regimes für eine Lockerung der Zwangswirtschaft nach dem Kriege ein. Auch Hitler wurde im Sommer 1944 für dieses Konzept gewonnen, doch spielte er in diesem Zusammenhang wohl nur noch die Rolle einer propagandistischen Galionsfigur, deren man sich für alle Fälle versichern wollte. In Wirklichkeit gingen die Dinge längst an ihm vorbei. Ähnlich bedeutungslos ist es auch, daß Speer seine Auffassung in letzter Minute korrigierte und sich dem vorwaltenden Trend anpaßte.[39]

Was für ein Konzept schwebte diesem mehr durch die Not der Umstände als durch wirkliche Macht und Kompetenz zusammengehaltenen letzten Aufgebot des Regimes vor? Aufschlußreich ist in diesem Zusammenhang eine Rede, die Reichswirtschaftsminister Funk am 7. Juni 1944 in Königsberg verlas und die ein Reflex auf die Konferenz in Bretton Woods war, mit der die USA und Großbritannien die wirtschaftliche Nachkriegsordnung einleiteten. Für die Abfassung der Rede waren erstklassige Wirtschaftsfachleute herangezogen worden, neben Andreas Predöhl, dem Leiter des Instituts für Weltwirtschaft in Kiel, Wilhelm Lautenbach. Lautenbach hatte sich zu Beginn der dreißiger Jahre in zahlreichen Studien mit Problemen der Konjunkturpolitik beschäftigt und eine Theorie der wirtschaftlichen Dynamik entwickelt, die zahlreiche Berührungspunkte mit der Konjunkturtheorie von Keynes besaß, ja dessen Allgemeine Theorie der Beschäftigung, des Zinses und des Geldes, deren erste Auflage 1935 erschien, in vielen Punkten vorwegnahm.[40]

Die Rede entsprach dem wirtschaftspolitischen Kurs, auf den sich die um das Überleben kämpfenden Reste des Regimes mit der Wirtschaft geeinigt hatte. Sie orientierte sich an folgenden Maßstäben: Eine Rückkehr zum Liberalismus, wie er den Amerikanern vorschwebte, wurde nach den Erfahrungen der Weltwirtschaftskrise für unmöglich gehalten. Vor allem um die zentrale Aufgabe moderner Wirtschaftspolitik zu erfüllen, nämlich die Vollbeschäftigung herzustellen, dürfe sich der Staat nicht von der Lenkung der Wirtschaft zurückziehen. Es gelte vielmehr bei grundsätzlicher Bewahrung des Privateigentums und der Privatinitiative Lenkungsmechanismen zu entwickeln, die den staatlichen Einfluß auf die Wirtschaft sicherstellten, ohne diese einer totalen Kontrolle zu unterwerfen. In dieser staatlich gelenkten Privatwirtschaft sollten die Marktinteressen und die Staatsinteressen zum Ausgleich gebracht werden.

Die außenwirtschaftlichen Überlegungen gingen von einem diametral anderen Ausgangspunkt aus, als die Amerikaner ihn in Bretton Woods vorgeschlagen hatten. Während Washington den Wiederaufbau der Außenwirtschaftsbeziehungen nach dem Krieg von einer globalen Liberalisierung des Welthandels- und Weltwährungssystems erwartete, stellte Funk den Wiederaufbau der Nationalwirtschaften in den Vordergrund. Durch eine fortschreitende Intensivierung ihrer Zusammenarbeit werde auch die »Gesundung der Weltwirtschaft« erreicht werden.

Im Zentrum der Überlegungen stand Europa: »Schließen sich (...) die Länder Europas in richtiger Erkenntnis voller Aufrechterhaltung ihrer staatlichen Souveränität zu einer auf den natürlichen wirtschaftlichen Ergänzungsmöglichkeiten aufgebauten Wirtschaftsgemeinschaft zusammen, so werden die europäischen Währungsrelationen in staatlichen Vereinbarungen festgelegt und, je nachdem die Verhältnisse einen Abbau der Zwangsbewirtschaftung im Waren- und Geldverkehr gestatten, auch frei konvertierbar sein.«[41] Funk setzte dem Konzept der globalen Liberalisierung das Konzept einer regionalen Zusammenarbeit der europäischen Volkswirtschaften entgegen, wobei er die Notwendigkeit einer allmählichen Liberalisierung des Zahlungs- und Warenverkehrs dieser Volkswirtschaften untereinander sehr wohl sah. Der Weg vom Bilateralismus zu multilateralen Formen des innereuropäischen Handels sollte über das Zentralclearing führen. Der deutschen Wirtschaft war in diesem europäischen Regionalismuskonzept eine zentrale Rolle zugedacht. Der deutsche Hegemonialanspruch verband sich dabei auf geschickte Weise mit der Abhängigkeit der europäischen Volkswirtschaften vom deutschen Markt und mit der Einsicht, daß eine gedeihliche Zusammenarbeit in Europa ohne den Abbau nationaler Souveränitätsrechte nicht möglich sei.

Das Demobilisierungskonzept, das das nationalsozialistische Deutschland den amerikanischen Nachkriegsvorstellungen entgegensetzte, sah auch für die Binnenwirtschaft eine Abkehr von der Zwangswirtschaft vor. Ludwig Erhard, der damals für die Reichsgruppe Industrie in die Planungsarbeiten eingeschaltet war, schlug eine allmähliche Abschaffung der Bewirtschaftung von Rohstoffen, Industriegütern und Nahrungsmitteln vor, hielt eine Währungsreform für erforderlich, um Geld und Güter wieder in ein ausgeglichenes Verhältnis zu bringen und den Marktkräften wieder zur Geltung zu verhelfen, er dachte den Selbstverwaltungsorganen der Wirtschaft eine Mittlerrolle zwischen Staat und Privatindustrie zu. Der Übergang von der Kriegswirtschaft zur Friedenswirtschaft sollte einen Zeitraum von etwa drei Jahren in Anspruch nehmen.[42] Natürlich diente dieses Konzept im Sommer 1944 zunächst einmal propagandistischen Zwecken. Es sollte von den trüben Realitäten der wirtschaftlichen Lage in Europa in der Phase des totalen Krieges ablenken und war darauf berechnet, einen Keil zwischen die USA und Großbritannien zu treiben, deren wirtschafts- und währungspolitische Meinungsverschiedenheiten in Bretton Woods offenkundig geworden waren. Es verfolgte darüber hinaus das Interesse, die Privatindustrie an das Regime zu binden.

Andererseits darf nicht übersehen werden, daß dieses Konzept die tatsächliche wirtschaftliche Entwicklung Westeuropas nach dem Zweiten Weltkrieg in verblüffend hohem Maße richtig prognostizierte, wenn man einmal von den ganz anderen machtpolitischen Gegebenheiten absieht. Nachdem die Amerikaner mit dem Konzept der globalen Liberalisierung 1947 gescheitert waren, wurden mit dem Marshallplan planwirtschaftliche Elemente im Rekonstruktionsprozeß der westeuropäischen Volkswirtschaften wirksam. Der Wiederaufbau, der sich bis dahin im Rahmen der nationalen Volkswirtschaften vollzogen hatte, wurde trotz aller andersgearteten Bestrebungen auf dieser Basis erfolgreich fortgeführt. Die Integration der einzelstaatlichen Planungen, die die OEEC bewirken sollte, mißlang. Statt dessen bewirkte die OEEC eine Liberalisierung der Außenwirtschaftsbeziehungen, die durch eine allmähliche, schrittweise Abkehr vom Bilateralismus erfolgt, wobei dem Zentralclearing in der Europäischen Zahlungsunion seit September 1950 große Bedeutung zuzumessen ist. Die westdeutsche Volkswirtschaft wuchs Ende der vierziger/Anfang der fünfziger Jahre in eine Schlüsselrolle in Westeuropa hinein. Tatsächlich war die Rekonstruktion der Weltwirtschaft ein Ergebnis regionaler wirtschaftlicher Zusammenarbeit in Westeuropa.[43]

Binnenwirtschaftlich erfolgte die Abkehr von der Bewirtschaftung schrittweise, wobei die Bundesrepublik Deutschland zu den Schrittmachern gehörte. Grundvoraussetzung für diesen Prozeß wurde hier, wie andernorts, die Währungsreform, die die Marktkräfte tatsächlich wieder freisetzte. Das Verhältnis zwischen Staat und Wirtschaft pendelte sich nach dem Modell der gelenkten Wirtschaft ein, wobei die soziale Komponente allerdings mehr als nur Vollbeschäftigungspolitik umschloß. Freilich wurde der Steigerung der Produktivität und dem Wirtschaftswachstum lange Zeit die Priorität vor der

Verteilungsgerechtigkeit eingeräumt, auch dies hatte Ludwig Erhard 1943/44 im Zuge der Planspiele der Reichsgruppe Industrie
bereits vorgedacht. Für das Verhältnis von Staat und Wirtschaft
spielten die Korporationen, die Industrieverbände und die Gewerkschaften, eine entscheidende Rolle. Dies war überall in Europa der
Fall und nicht zuletzt eine Folge der Bevorzugung korporatistischer
Lenkungsmethoden in der von Deutschland gesteuerten europäischen Kriegswirtschaft.[44]

Die erstaunliche prognostische Präzision der wirtschaftlichen Nach-
kriegsüberlegungen der nationalsozialistischen Wirtschaftsführung
am Ende des Zweiten Weltkriegs ist kein Zufall. Sie ist ein Ausdruck der Tatsache, daß die nationalsozialistische Führung 1933
ohne ein eigenes diskussionsfähiges Wirtschaftskonzept angetreten
war und ein solches auch nicht zu entwickeln vermocht hatte. So
blieb die politische Führung von der konzeptionellen und praktischen Mithilfe und Gestaltungskraft der Ministerialbürokratie und
der Privatwirtschaft abhängig. Das heißt aber zugleich, der Zusammenhang zwischen den industriewirtschaftlichen Strukturen und
Planungsprämissen in Deutschland und in den anderen modernen
Industriewirtschaften blieb prinzipiell gewahrt. Der Krieg hat diesen Zusammenhang trotz der politischen Gegensätze eher bestätigt
und verstärkt als gelockert, was unter anderem – pars pro toto – an
der zentralen Rolle der Massenproduktion und Serienfertigung mit
ihren Rationalisierungsvoraussetzungen in Großbetrieben abgele-
sen werden kann.

Auf der anderen Seite besaßen die nationalsozialistischen Wirt-
schaftsplaner am Ende des Zweiten Weltkriegs gegenüber den
Siegermächten einen erheblichen Erfahrungsvorsprung; denn
schließlich hatten sie seit dem Sieg über Frankreich mit wechseln-
dem Erfolg versucht, eine europäische Großraumwirtschaft aufzu-
bauen. Es ist notwendig, dies kurz zu skizzieren.

Paradoxerweise besaß die nationalsozialistische Führung aus den
Jahren 1940 bis 1942 Demobilisierungserfahrungen; denn in der
Euphorie über den erwarteten Endsieg hatte Göring im Sommer
1940 die Devise ausgegeben, die Planung einer europäischen Frie-
denswirtschaftsordnung in Angriff zu nehmen.[45] Für unseren Zusammenhang besonders interessant ist die tendenzielle Abkehr von

den Methoden der straffen kriegswirtschaftlichen Lenkung und Planung.

Ich greife den Bereich der Außenwirtschaft heraus und bediene mich eines relativ unverdächtigen Zeugen, dessen Name in besonderer Weise für Kontinuität steht. Am 17. Juli 1941 hielt Hermann Josef Abs, damals Mitglied des Vorstandes der Deutschen Bank AG und Inhaber zahlreicher Aufsichtsratsposten in der deutschen Industrie, einen Vortrag vor dem Handelspolitischen Ausschuß.[46] Abs stand unter dem Eindruck der Anfangserfolge im Rußlandfeldzug und ging offenbar davon aus, daß Deutschland den europäischen Kontinent in Zukunft beherrschen werde. Dies, so Abs, mache es erforderlich, das Konzept für eine »europäische Handelspolitik« zu entwerfen und möglichst rasch in die Praxis umzusetzen. Eine zentrale Rolle spielte in diesem Zusammenhang die Währungspolitik, wobei auch Abs von der schrittweisen Überwindung des Bilateralismus über die Zwischenstufe des Zentralclearings ausging. Über das Zentralclearing hoffte er zunächst zu einem einheitlichen europäischen Binnenkurs für die RM zu gelangen. Sodann sollte die Leitwährung des ›Markblock‹ auch nach außen als weltwirtschaftliche Leitwährung mit Devisencharakter in Erscheinung treten können. Voraussetzung hierfür war, daß die neue Leitwährung über »ausreichende Liquiditätsreserven« verfüge, »die jederzeit für den zwischenstaatlichen Zahlungsverkehr eingesetzt werden können«. Als Mittel, um diese beherrschende Stellung der RM zu erreichen, empfahl Abs die Vereinfachung der zwischenstaatlichen Zahlungen, die weitgehende Wiedereinschaltung des Kreditinstruments und des Bankenapparats zur Erleichterung der Abwicklung von Transaktionen und die Abschaffung der Devisenzwangswirtschaft.

Abs hatte mit diesen Vorstellungen die Rahmendaten der NS-Wirtschaftsführung übernommen. Und tatsächlich versuchten die Nationalsozialisten mit dem Zentralclearing und der Reduzierung der Zölle erste Schritte in diese Richtung zu tun. Der Krieg machte diese Ansätze freilich bald zunichte. Festzuhalten bleibt, daß die NS-Führung auch für die Ordnung der europäischen Wirtschaft über kein Konzept verfügte, sondern sich – wie Gustav Schlotterer einmal feststellte – den Aufbau der europäischen Großraumwirtschaft

»im wesentlichen als ein Ergebnis der Initiative der Wirtschaft selber« vorstellte.[47] Präziser kann man die Art und Weise nicht fassen,
in der im »Dritten Reich« Wirtschaftspolitik gemacht wurde. Die
politische Führung gab das Ziel vor, und die Experten wählten aus
dem Arsenal, das die internationale Wissenschaft und Erfahrung
bereit hielt, die geeigneten Maßnahmen aus.

Gerade weil die politische Führung, wie Hitler selbst immer wieder
betont hat, keiner wirtschaftlichen Doktrin folgte, war sie fähig, sich
wechselnden Aufgaben anzupassen.

Auf diese Weise gewannen die Normen industriewirtschaftlicher
Ordnung ein besonderes Gewicht. Die Erweiterung der Spielräume
für die freie Unternehmerinitiative wurde hierbei zur Schlüsselkate-
gorie nationalsozialistischer Wirtschaftspolitik für den Frieden.
Dies bedeutete aber, daß die nationalsozialistische Wirtschaftspolitik das Bewußtsein wachhielt, daß das Engagement des Staates im
Wirtschaftsbereich infolge der Weltwirtschaftskrise, der Aufrüstung und des Krieges weiter vorgedrungen war, als dies unter normalen Bedingungen gerechtfertigt werden konnte und den Notwen-
digkeiten einer zukünftigen Wirtschaftspolitik entsprach. Nicht die
Fortentwicklung zur Zentralverwaltungswirtschaft ist in ihr also
angelegt, sondern die Rückkehr zu den gemeineuropäischen Strukturen kapitalistischer Industriewirtschaft und sozial motivierter
Vollbeschäftigungs- und Wachstumspolitik, die einen Kompromiß
zwischen staatlicher Lenkung und privater Initiative voraussetzte,
der nicht zuletzt den Korporationen eine wichtige Mittlerrolle zu-
wies.

Sucht man nach genuin nationalsozialistischen Elementen der zwischen 1933 und 1945 verfolgten Wirtschaftspolitik, so wird man
sie weniger in den Konzepten, Methoden und Instrumentarien als
vielmehr in den Rahmenbedingungen finden, in die die Wirtschaftspolitik eingefügt war. Die entscheidende Rolle spielten in diesem
Zusammenhang der unbedingte Kriegswille Hitlers, die Errichtung eines totalitären Herrschaftssystems und der imperialistisch-
rassistische Machtanspruch der politischen Führung. Unter diesem
Vorbehalt lassen sich folgende zusammenfassende Feststellungen
treffen.

1. Die nationalsozialistische Wirtschaftspolitik prägte die mit der Weltwirtschaftskrise in Erscheinung tretende allgemeine Tendenz zur industrie- und agrarwirtschaftlichen Regulierung radikaler aus, als dies in allen anderen modernen Industriestaaten mit kapitalistischer Grundstruktur der Fall war. Die Regulierungsmaßnahmen bewahrten sich aber auch in Deutschland ihren Charakter als situationsbedingte Not- und Übergangsmaßnahmen. Sie entwickelten den Charakter eines Systems von Aushilfen, das die Relationen von Staat und Wirtschaft stärker zugunsten des Staates verschob, als dies in den meisten anderen Staaten der Fall war. Die retardierenden Momente, die gleichwohl erkennbar werden, offenbaren ein Wirtschaftsordnungsmodell der gelenkten Volkswirtschaft auf privatkapitalistischer Grundlage und unter Wahrung privater Unternehmerinitiative. Die Rolle der Industrieverbände und der Einheitsgewerkschaft als Mittler zwischen Staat und Privatwirtschaft verlieh diesem Modell stark korporatistische Züge. Damit entfernte sich das »Dritte Reich« weit von den Ordnungsvorstellungen, die zwischen 1934 und 1936 in den USA zum Durchbruch kamen, wahrte aber den Zusammenhang mit den ordnungspolitischen Ansätzen, die in Kontinentaleuropa in Erscheinung getreten waren und die in abgemilderter Form auch die britische Entwicklung prägten.

2. Die Wendung zur Regulierung erfolgte in Deutschland nicht nur radikaler, sondern auch früher. Neben besonders günstigen strukturellen Voraussetzungen war für diese Entwicklung vor allem die Aufrüstung verantwortlich. Viele Merkmale staatlicher Regulierung, die in den anderen modernen Industriestaaten erst im Krieg in Erscheinung traten, machten sich in Deutschland so bereits im Frieden bemerkbar. Dieser Vorsprung verringerte sich freilich in den Jahren 1940 bis 1942, als in Großbritannien und den USA die kriegswirtschaftliche Reglementierung voll zum Zuge kam.

3. Im Unterschied zu allen anderen modernen Industriestaaten mit Ausnahme Italiens und Japans stellte Deutschland seine wirtschaftspolitischen Zwangsmaßnahmen in den Dienst einer offen hegemonialen Politik, die auf die Errichtung direkter Herrschaft über weite Teile Europas und Rußlands hinauslief. Die wirt-

schaftspolitischen Instrumentarien, die als solche nicht aus dem Rahmen fielen, dienten der Unterdrückung und Ausbeutung, was besonders gut an den Außenhandelspraktiken im Krieg, aber auch schon in der Vorkriegszeit, gezeigt werden kann. Da sie gerade auch hierdurch der privaten Gewinnmaximierung dienten, gewannen sie eine ganz eigene wirtschaftliche Qualität.

4. Im Unterschied zu allen anderen modernen Industriestaaten, mit Ausnahme vielleicht von Japan, konkurrierten im »Dritten Reich« Instrumente der Wirtschaftspolitik, die weltweit üblich waren, mit kolonialimperialistischen und rassistischen Praktiken, die vor allem in Osteuropa zur Anwendung kamen, aber auch auf den Westen übergriffen. Sie prägten im Zweiten Weltkrieg zunehmend vor allem die Requirierung von billigen Arbeitskräften, aber auch von Rohstoffen und Nahrungsmitteln. Da auf diese Weise – neben vielen anderen Wirkungen – Engpaßfaktoren der deutsch-europäischen Industrie- und Agrarwirtschaft beseitigt wurden, sind auch diese Praktiken wirtschaftspolitisch relevant geworden.

Wolfgang Benz
Theresienstadt und der Untergang der deutschen Juden
Versuch einer Ortsbestimmung

Bruno Bettelheim, 1903 in Wien geboren, 1938 als Jude ins KZ Da-
chau verschleppt, 1939 in die Vereinigten Staaten emigriert und dort
später als Psychoanalytiker berühmt geworden, arbeitete – letztlich
für ihn selbst als Individuum erfolglos, wie wir seit dem Freitod des
86jährigen im März 1990 wissen – an der Überwindung des emotio-
nalen Traumas vom Judenmord, als er menschliches Verhalten in
Extremsituationen analysierte. Die Studie war 1942 abgeschlossen,
sie fand lange keine Resonanz. Das lag sowohl daran, daß den
Psychologen und Sozialwissenschaftlern das Begriffssystem für die
Einordnung des Geschilderten fehlte, als auch an mangelndem
Glauben an die mitgeteilte Realität und an mangelnder Phantasie,
um sich die Grauen der Konzentrationslager vorzustellen. Dem
Überlebenden wurde es, mit wachsendem Wissen über den Völker-
mord, immer schwerer, das eigene Überleben zu begreifen, zu ver-
arbeiten und zu leben.[1]

Nicht hilfreich war dabei die moralische Überforderung, die sich
viele Opfer im erinnernden Rückblick auferlegten. Das Eingeständ-
nis, daß Menschen in extremer Situation im allgemeinen nicht über
ein Reservoir schlummernder Tugenden wie Altruismus, Güte,
Edelmut verfügen, fiel besonders gebildeten Juden angesichts der
drohenden Vernichtung schwer.

Alfred Heller, ein Vertreter des jüdischen Bildungsbürgertums, der
sich und seine Frau auf einem illegalen Auswandererschiff 1939/
1940 nach Palästina retten wollte, notierte resigniert die folgende
Beobachtung aus dem »Bordleben« des Seelenverkäufers, das alle
Ähnlichkeit mit der Situation in einem KZ hatte: »Das Menschen-
konglomerat auf dem Schiff war nicht deshalb ein so enttäuschendes
Erlebnis für Dr. Seligmann, weil er darin ein Kleinbild von jüdischer

Gesellschaft hätte sehen müssen. ›So‹ sind die Juden nicht. ›So‹ ist Masse Mensch (...). Er hatte es nicht eigentlich erwartet, durfte es als Menschenkenner nicht erwarten, daß sich jüdische Menschen anders verhielten als andere Menschen der gleichen Schichtung, wenn sie von Gefahr und Elend bedrängt sind.«[2] Es war die wehmütig enttäuschte Hoffnung, daß Juden bessere Menschen sein müßten, die Leid und Verfolgung aufgrund sublimer Bildung und Kultur in würdigerer Haltung ertragen könnten; es war wohl auch eine dem deutschen Judentum spezifische Haltung. Offensiver formuliert ist das gleiche Problem im Vorwurf an die führenden Vertreter der Juden, die an der Spitze der Reichsvertretung ab 1933, als Gemeindevorsitzende, schließlich als Funktionäre von Gnaden der SS, als Judenälteste im Ghetto, zu Handlangern des Verbrechens gepreßt wurden. Hannah Arendt zitiert in ihrem »Bericht von der Banalität des Bösen« einen Überlebenden von Theresienstadt mit der Feststellung: »Das jüdische Volk in seiner Gesamtheit hat sich fabelhaft benommen. Versagt hat nur die Führung.«[3] Die Frage nach Schuld und Versagen ist auch hier falsch gestellt.

An Hannah Arendts moralischem Verdikt des europäischen Judentums angesichts der tödlichen Bedrohung hat sich damals ein erbitterter Streit entzündet.[4] Die Fronten stehen noch, ihre Linien erkennt man in der Holocaust-Historiographie, sie sind markiert in den Positionen Raul Hilbergs einerseits und der Historiker im Umkreis von Yad Vashem andererseits. Zum Ausdruck kommen die gegensätzlichen Standpunkte in der von Hilberg vorausgesetzten konstitutionell-passiven Hinnahme der jüdischen Katastrophe bzw. in der Pointierung des Widerstands, der in Ghettos und Lagern von Juden geleistet wurde, in der israelischen Geschichtsschreibung.[5] Die Betrachtung des Lagers und der Zwangsgemeinschaft von Theresienstadt bietet möglicherweise Ansatzpunkte, sich dem Problem anzunähern.

Die Epoche der Juden in Deutschland sei ein für allemal vorbei, konstatierte Leo Baeck, geistiges Oberhaupt und damals selbst schon eine Symbolfigur des deutschen Judentums, Ende 1945 in New York: »Für uns Juden ist eine Geschichtsepoche zu Ende gegangen. Eine solche geht zu Ende, wenn immer eine Hoffnung, ein Glaube, eine Zuversicht endgültig zu Grabe getragen werden muß.

Unser Glaube war es, daß deutscher und jüdischer Geist auf deutschem Boden sich treffen und durch ihre Vermählung zum Segen werden könnten.«[6]

Leo Baeck war am 8. Mai 1945 in Theresienstadt befreit worden, aus jenem Lager, das als Altersghetto und Vorzugslager für Juden aus der Tschechoslowakei, Deutschland, Österreich und Dänemark deklariert, in Wirklichkeit aber nur ein elendes KZ gewesen war. Unter den 150000 Menschen, die insgesamt in die ehemalige Festung nördlich von Prag deportiert wurden, befanden sich über 40000 deutsche Juden.[7] Die meisten von ihnen sind entweder in Theresienstadt selbst zugrunde gegangen oder wurden in einem der mehr als 60 Transporte in Vernichtungsstätten wie Auschwitz gebracht, um dort ermordet zu werden. Befreit wurden noch weniger als 6000 deutsche Juden in Theresienstadt, jenem Ort, der in der nationalsozialistischen Propaganda als Ruhesitz für dekorierte jüdische Teilnehmer des Ersten Weltkriegs, für Gelehrte und Künstler bezeichnet wurde.[8]

Der Zynismus des Regimes schreckte nicht davor zurück, die künftigen Ghettoinsassen durch Kaufverträge, in denen ihnen ein geruhsames Altersdomizil vorgegaukelt wurde, auszuplündern[9] und die internationale Öffentlichkeit durch den Propagandafilm »Der Führer schenkt den Juden eine Stadt« und die Inszenierung sorglos heiteren urbanen Zusammenlebens mit künstlerischen Darbietungen und gesellschaftlichem Treiben anläßlich des Besuchs einer Delegation des Internationalen Roten Kreuzes im Juni 1943 zu täuschen.

Für die Juden aus dem deutschsprechenden Raum, für diese hochassimilierten Träger deutscher Kultur, mußte die Realität von Theresienstadt zum Synonym des Verrats der Deutschen an ihnen werden: Sie hatten sich im Glauben an die Emanzipation auch 1933 noch sicher gefühlt, weil sie sich nicht vorstellen konnten, daß ihre Verdienste um das – wie sie glaubten – gemeinsame Vaterland ignoriert, daß ihr Patriotismus mit Füßen getreten, daß ihr deutsches Kulturbewußtsein verachtet, ihr Bürgertum nicht mehr anerkannt, ja, nicht existent sein sollte.

Resi Weglein aus Ulm, verheiratet mit einem Kriegsfreiwilligen vom August 1914, der in vierjährigem Militärdienst das »Bayerische Militär-Verdienst-Kreuz III. Klasse mit Schwertern« und das »Preu-

ßische Eiserne Kreuz II. Klasse« gewonnen, aber das rechte Bein
verloren hatte, zeigt ihre Verletzung, als sie am 16. August 1942 er-
fährt, daß die Familie sich »zur Aussiedlung nach Theresienstadt«
fertigmachen muß. Sie ist nicht fähig, das Gepäck zu ordnen, »da
mich der Wortbruch der Nazis tief getroffen hatte«.[10] Sie artikuliert
freilich nur noch die Enttäuschung darüber, daß die Familie trotz
der durch Kriegsdienst und Invalidität des Mannes bewiesenen vaterländischen Gesinnung deportiert wird. Die seit 1933 durch Dis-
kriminierung, Ausgrenzung und Existenzverlust erlittenen Krän-
kungen sind stillschweigend in den »Wortbruch« eingerechnet.
Andere versuchten, sich mit Illusionen in der Resignation aufrecht
zu halten, wie Dr. Kurt Singer, der Arzt und Musiker, der eine
glanzvolle Doppelkarriere hinter sich hatte, als Neurologe, Musik-
kritiker, Intendant der Städtischen Oper Berlin von 1927 bis 1931.
1933 wurde er Mitgründer und Leiter des Jüdischen Kulturbunds,
den er als sein eigentliches Lebenswerk sah. Der Kulturbund war
das vielleicht augenfälligste Symbol jüdischen Lebens unter nationalsozialistischer Herrschaft: einerseits ein legendäres Monument
jüdischen Selbstbehauptungswillens, andererseits vom Reichsmini-
sterium für Volksaufklärung und Propaganda (genauer: von einer
Sonderabteilung unter dem Ministerialdirektor Hans Hinkel) ge-
steuertes Trugbild jüdischer kultureller Autonomie. Mit dem No-
vemberpogrom 1938 war auch für die Optimisten der Schleier zerrissen. Kurt Singer jedoch, zu jener Zeit in New York, aber nicht als
Emigrant, sondern auf der Suche nach Hilfe für die Fortexistenz des
Kulturbunds, kehrte nach Europa zurück, ließ sich dann freilich in
Holland von der Weiterreise ins Deutsche Reich abhalten.
Bis zum 20. April 1943 lebt er in Holland, zuletzt als Mitarbeiter
des Amsterdamer Judenrats, wieder unter deutscher Herrschaft.
Unmittelbar vor der Deportation schreibt er an jemanden »Abreise
Theresienstadt Protektorat Böhmen in Anerkennung meiner Ver-
dienste um die Kunst«. Die letzte Nachricht des Kurt Singer, der
Anfang 1944 in Theresienstadt ums Leben kam, lautete: »Bald
werde ich an der Freizeit-Gestaltung musikantisch mitwirken.«[11]
War das heillos naiv oder unangreifbar ironisch? Vielleicht beides –
jedenfalls war es eine Attitüde ohne Alternativen in aussichtsloser
Situation, das will beim Urteil Nachgeborener bedacht sein.

Den Diskriminierungen, die die deutschen Juden seit 1933 erleiden mußten, die den Zweck ihrer Ausgrenzung aus der Gesellschaft der »arischen« Deutschen hatten und die mit dem Verlust der materiellen Existenz endeten, folgte vor der physischen Vernichtung – durch Hunger, Krankheit und Verzweiflung auf der Zwischenstation Theresienstadt und in anderen Lagern, durch Erschießungskommandos und in den Gaskammern im Osten – die Demütigung der annulierten Emanzipation, der Zurückweisung ins Ghetto.

Was für 90 % der Juden aus Böhmen und Mähren als Durchgangsstation zu noch schlimmerem Aufenthalt und schließlicher Vernichtung bestimmt war, wurde den deutschen Juden als Privileg vorgestellt: die Deportation nach Theresienstadt. Das hatte einen mehrfachen Zweck. Einmal sollte der Transport in die Vernichtungslager verschleiert werden, dann sollte die Verbringung Privilegierter und Prominenter (zu denen später bestimmte Gruppen von Juden aus Dänemark und Holland kamen) an einen »bevorzugten Ort« Interventionen zu deren Gunsten verhindern, schließlich war Theresienstadt tatsächlich für eine kleine Gruppe deutscher Juden privilegierte Endstation – falls sie den hygienischen Zuständen, dem Hunger und der Entwürdigung standhalten konnten.

Wie einem Erlaß des Reichssicherheitshauptamtes vom 21. Mai 1942 zu entnehmen ist, waren nach der Ankündigung Heydrichs auf der Wannsee-Konferenz folgende Personengruppen aus dem Gebiet des Deutschen Reichs für das »Altersghetto« Theresienstadt vorgesehen: Über 65jährige und über 55 Jahre alte gebrechliche Juden mit ihren Ehegatten, dann Träger hoher Kriegsauszeichnungen und des Verwundetenabzeichens aus dem Ersten Weltkrieg sowie deren Frauen, ferner jüdische Ehegatten aus nicht mehr bestehenden deutsch-jüdischen Mischehen und schließlich jüdische alleinstehende »Mischlinge«, wenn sie nach den herrschenden Vorschriften als Juden galten (»Geltungsjuden«).[12]

Die Deportation deutscher Juden nach Theresienstadt – Evakuierungstransporte wurden sie genannt – begann am 2. Juni 1942. Das offizielle Ende jüdischen Lebens in Deutschland datiert ein Jahr später. Am Vormittag des 10. Juni 1943 erschien die Gestapo im Büro der Berliner Jüdischen Gemeinde in der Oranienburger Straße 29 mit der Nachricht, daß die »jüdische Kultusvereinigung zu

Berlin« (so lautete seit 30. April 1941 die amtliche Bezeichnung) aufgehört habe zu bestehen. Die Angestellten, soweit sie nicht in »Mischehen« mit »Ariern« lebten, wurden verhaftet, ins Sammellager Große Hamburger Straße gebracht und am 16. Juni 1943 zum Bahnhof Putlitzstraße transportiert. Von dort aus verließen etwa 500 jüdische Menschen, unter ihnen 300 Kranke, am Abend mit dem Deportationszug die Reichshauptstadt, die jetzt, und damit auch Deutschland, amtlich als »judenfrei« galt.[13]

Das Schicksal der Deportation traf auch die fünf letzten Mitarbeiter der »Reichsvereinigung der Juden in Deutschland«. Deren Wirkungsfeld war immer mehr eingeschränkt worden. Aus der 1933 gegründeten autonomen Dachorganisation der deutschen Judenheit war seit dem November 1938 Schritt für Schritt eine Institution geworden, deren Handeln von der Kontrolle und den Befehlen der Gestapo bestimmt war. Die »Reichsvereinigung der Juden in Deutschland«, wie die Institution in der Nachfolge der »Reichsvertretung der deutschen Juden« (1933) bzw. der »Reichsvertretung der Juden in Deutschland« (1935) seit Juli 1939 hieß, war kein freiwilliger Zusammenschluß mehr, sondern eine Zwangsinstitution mit Zuständigkeit für alle unter die »Ariergesetzgebung« fallenden Personen, ohne Rücksicht auf deren Glaubensbekenntnis.[14] In die Reichsvereinigung waren durch Verfügung des Reichssicherheitshauptamtes alle noch existierenden jüdischen Organisationen und Stiftungen und mehr als 1600 jüdische Kultusgemeinden unter Verlust ihrer Selbständigkeit eingegliedert worden. Zuletzt, am 26. Januar 1943, die Jüdische Gemeinde Berlin. Unter Einziehung ihres Vermögens zugunsten des Deutschen Reiches waren am 10. Juni 1943 auch sämtliche Bezirksstellen der Reichsvereinigung außerhalb Berlins aufgelöst worden.

Über den Status der Reichsvereinigung der Juden in Deutschland in ihrer letzten Phase herrschen unter den Historikern kontroverse Meinungen.[15] Die Tatsache, daß die Reichsvereinigung als Werkzeug der Gestapo bei der Deportation und Vernichtung der deutschen Juden mißbraucht wurde, läßt sich nicht aus der Welt schaffen. Durch die erzwungene Mitwirkung bei den Deportationen – ab Mitte 1942 hatte die Reichsvereinigung vor allem noch die Aufgabe, die »Listen« zuzustellen, Befehle der Gestapo weiterzugeben, die

Statistik der Deportationen zu führen – wurde die Reichsvereinigung aber natürlich keine nationalsozialistische Institution, die die Handlangerdienste gar freudig oder in kollaborierender Übereinstimmung mit dem NS-Regime geleistet hätte. Auf die Täterseite sind die Mitarbeiter der Reichsvereinigung nie übergewechselt, auch wenn es manchen Opfern so erscheinen mochte.

Die Reichsvereinigung selbst, deren Spitze schon vor der Fusion weitgehend identisch war mit der der Berliner Gemeinde, gehörte lange vor dem 10. Juni 1943 immer wieder zu den Opfern der Deportationen. Von den dreizehn leitenden Persönlichkeiten überlebten nur zwei die Verfolgung, Moritz Henschel, der am 16. Juni 1943 nach Theresienstadt gebracht wurde, und Rabbiner Leo Baeck, der am 28. Januar 1943 nach Theresienstadt deportiert worden war. Dort, im »Ältestenrat der Selbstverwaltung« des Ghettos, lebten Rudimente der früheren Dachorganisation des deutschen Judentums fort bis zur Befreiung am 8. Mai 1945, verkörpert durch prominente Persönlichkeiten wie Leo Baeck, Paul Eppstein, Moritz Henschel, Philipp Kozower, Heinrich Stahl.

Daß die »Selbstverwaltung« in Theresienstadt mit demokratischen Funktionen und selbstbestimmten Zielen nichts, aber auch gar nichts gemein hatte, vielmehr nur als Instrument der Lagerleitung und der SS agieren konnte, bedarf keiner weiteren Erläuterung.[16] Betont werden muß diese Tatsache allerdings, um die Legende abzuwehren, es hätte Handlungsspielräume gegeben, die nicht ausgenutzt worden wären. Wenn also die Selbstverwaltung im Ghetto Theresienstadt als Rudiment der Reichsvereinigung bezeichnet wird, so versteht sich das auf der gleichen Ebene, auf der das kulturelle Leben an diesem Ort verstanden werden muß: Die Berichte von Theateraufführungen, Opern, von Rezitationen und wissenschaftlichen Vorträgen, von denen die Erinnerungsliteratur voll ist, von den letzten Aktivitäten der tapferen Künstler und Organisatoren des Jüdischen Kulturbunds, die in Theresienstadt weiterführten, was sie in Deutschland begonnen hatten[17] – diese Aktivitäten dürfen ja auch nicht zu dem Trugschluß führen, Theresienstadt sei eine Oase deutsch-jüdischen Kulturlebens gewesen, eine Art Sommerakademie, in der von früh bis spät Goethe rezitiert und Mozart gespielt worden ist.

Von den Bewohnern Theresienstadts wurde die Selbstverwaltung als Gipfel der Lagerhierarchie empfunden, die Strafen verhängte, Gesetze erließ, eine monströse Bürokratie betrieb. Es gab das böse Wort von der »Strafhaft in Theresienstadt, verschärft durch jüdische Selbstverwaltung«. Einsichtige bekannten jedoch auch, die Tatsache, »daß das Lager die Befehle durch das Medium der Selbstverwaltung empfing, daß die Insassen nicht fortwährend und wegen aller Kleinigkeiten direkt mit der SS zu tun hatten, war eine Erleichterung«.[18]

Von unten betrachtet, erschien der »Judenälteste« als unumschränkter Herr des Ghettos, er stand in regelmäßigem Kontakt mit der SS-Kommandantur, der er berichtete, von der er Befehle erhielt. Von Januar 1943 bis September 1944 bekleidete Dr. Paul Eppstein, den die Nationalsozialisten zu diesem Zweck aus Berlin geholt hatten, das Amt des Judenältesten. Er war Anfang 40 und bald arg unbeliebt. Daran hatte er selbst wohl nur zum geringeren Teil schuld.

Am 27. Januar 1943 hatte der Lagerkommandant, SS-Hauptsturmführer Dr. Seidl, den bis dato amtierenden Judenältesten Jacob Edelstein, der aus Prag stammte, zu sich bestellt und ihm im Auftrag Adolf Eichmanns mitteilen lassen, am nächsten Tag erwarte man wichtige Funktionäre aus Berlin und Wien, und die Verantwortlichkeit in Theresienstadt werde deshalb neu geregelt. Die Hauptverantwortung für die Selbstverwaltung des Ghettos trage künftig Dr. Eppstein aus Berlin, an der Spitze eines Triumvirats, dem Edelstein ebenfalls noch angehören werde. Er solle das nicht als Zurückweisung empfinden, möglicherweise käme er gelegentlich als Leiter eines ähnlichen Ghettos wie Theresienstadt in Frage. Edelstein zeigte sich jedoch, nachdem er sich vierzehn Monate abgerackert hatte, um die Organisation einigermaßen in den Griff zu bekommen, über die Zurücksetzung verletzt und enttäuscht.

Dr. Eppstein, der bei dieser Gelegenheit vorgestellt wurde, suchte das Einvernehmen und machte, wie es im Aktenvermerk Edelsteins heißt, »darauf aufmerksam, daß die heutige Eröffnung plötzlich gekommen ist und daß es ihn sehr eigentümlich berührt, wenn der Mann, der die schwere Anfangsarbeit geleistet hat, plötzlich abtreten soll und andere jetzt an seine Stelle treten sollen«.[19]

Eppstein hatte einen schlechten Start und keine gute Presse in Theresienstadt: »Wie sehr auch er getäuscht worden, unter welch falschen Voraussetzungen er hingekommen war, mag sein Konzertflügel bezeugen, um dessen Mitnahme er gebeten hatte und der ihm gewährt worden war. Dieses Instrument, über das im Lager geflüstert und gelästert wurde, kam auf einem Elbkahn in Theresienstadt an und fand Aufstellung in dem geräumigen Zimmer im oberen Stockwerk der Magdeburg (BV), das Paul Eppstein und seiner Frau Hedwig bis zu ihrem Tod im Herbst 1944 als Wohnung gedient hat.«[20]

Für die Nachwelt sind Charakter und Wirksamkeit Dr. Eppsteins in der monumentalen Darstellung der Zwangsgemeinschaft von Theresienstadt durch H. G. Adler festgelegt. Und Adlers Urteil ist ebenso unmißverständlich wie vernichtend, auch wenn man die Wertungen seiner persönlichen Moral außer Betracht läßt: »Eppstein war sehr ehrgeizig, aber Mut war seine Sache nicht (...). Er war ein Poseur, theatralisch, weich, eitel (...). Man hatte den Eindruck, daß er die Sache der Juden bei der SS schwach und ohne jeden Widerstand vertrat; er nahm die Befehle hin und führte sie aus. Gewiß war Eppstein kein Unmensch, dafür sprach schon sein gedrücktes Wesen, aber Wärme oder Güte konnte man ihm nicht nachsagen (...). Eppstein bekannte sich als zionistischer Sozialist, dabei war er ein Bewunderer der Macht, sei es selbst in nationalsozialistischer Gestalt (...). Im Lager erschien er nur als Schwächling, stets auf der Flucht vor einer grauenhaften Gegenwart, von deren korrumpierender Gewalt er längst ausgehöhlt war (...).«[21]

Adlers Charakterisierung hat Widerspruch hervorgerufen. Mitarbeiter Eppsteins meldeten sich zu Wort und forderten Gerechtigkeit, Jacob Jacobson, der jüdische Archivar und Historiker aus Berlin, der auch nach Theresienstadt deportiert worden war, gab zu bedenken, daß sich die Leiter der zentralen jüdischen Einrichtungen in der furchtbaren Lage befunden hätten, »daß sie gezwungen wurden, als getreue Gefolgsleute der Behörden zu handeln und sogar bei der Vorbereitung der Deportationen zu helfen. In gleicher Weise wurden die ›Judenältesten‹ und die unter ihnen in Theresienstadt Arbeitenden gezwungen, ›befehlsgemäß‹ die Todestransporte nach dem Osten vorzubereiten. Ist es gerecht, sie deshalb zu verurteilen? Jeder ›Judenälteste‹ und jedes Mitglied seines Rates war sich der Tatsache bewußt, daß durch die Arbeit der Täuschung und Zerstörung die Anweisungen der Regierung befolgt wurden. Sie hatten keine andere Wahl, als mitzuspielen und gleichzeitig zu versuchen, das Los ihrer Mitgefangenen soweit wie möglich zu erleichtern. Keiner, wie stark sein Charakter auch gewesen sein mag, hätte unter diesen Umständen die Angriffe des Nazi-Regimes abwehren können. Wer kann den Stab über einen brechen, der eine verantwortliche Stellung hatte und versuchte, diese Angriffe zu verzögern?«[22]

Daß Eppstein nicht frei gewesen sei von menschlichen Schwächen, änderte in Jacobsons Plädoyer nichts daran, daß Eppstein auch in Aktionen, die man kritisch beurteilen könne, nur das Beste für seine Untergebenen versucht habe, also ihr Los zu verbessern und so viele als möglich vor dem Untergang zu bewahren. Daß ihm das nicht gelang, habe gleichzeitig seinen Sturz verursacht. Zum Beweis dafür führte Jacobson folgendes an: »Am Tage vor Rosh Hashanah 1944 hielt er vor über tausend Gefangenen eine fast selbstmörderische Rede. Damals hatte der Anblick von amerikanischen Flugzeugen über Theresienstadt verständlicherweise zu Freudenausbrüchen geführt, und Eppstein warnte vor verfrühten Hoffnungen und Aktionen. Am Jom Kippur 1944 wurde er verhaftet und am gleichen Tage erschossen. Es war die allgemeine Überzeugung der Inhaftierten, daß Eppstein getötet worden war, weil er gegen die Massendeportationen protestiert hatte, die damals begannen.«[23]

Niemals sei Eppstein ein Verräter geworden, konstatierte Berthold Simonsohn, ein Vertrauter Eppsteins bis in dessen letzte Tage in Theresienstadt. Die begrenzten Möglichkeiten hätten Eppstein zur tragischen Figur in einer von vornherein verlorenen Sache gemacht: »Es kam nur noch darauf an, zu retten, was zu retten war, einen Kern zu halten zu versuchen und vor allem die Alten als Treuhänder ihrer ausgewanderten Kinder vor dem Osten, der Fahrt in den sicheren Tod, bewahren zu können. Man kann darüber streiten, ob damals nicht eine andere Politik richtiger gewesen wäre, ob nicht eine Verweigerung der Mitarbeit auf alle Konsequenzen für die eigene Person hin, ob nicht der offizielle Rat zum Widerstand und Verstecken mehr Menschenleben hätte retten können. Mit einem überalterten und durch jahrelange Drangsalierung zermürbten, durch die Auswanderung seiner aktivsten Menschen beraubten Judentum wäre dies eine bloße Demonstration gewesen, die dem wie wenige Menschen auf Popularität, Effekte und geschichtliche Legendenbildung bewußt verzichtenden Dr. Eppstein absolut nicht lag, obwohl er in manchen Situationen persönlichen Mut bewies und sein eigenes Leben längst als verloren ansah.«[24]

Überall im deutschen Herrschaftsbereich gab es zu jener Zeit des Völkermords an der europäischen Judenheit analoge Konstellationen. Konnten diejenigen, an die die Nationalsozialisten scheinbar ein wenig von ihrer Macht delegierten, den moralischen Anforderungen überhaupt gerecht werden, die man ihnen stellte? An der Spitze des Warschauer Ghettos, das Mitte November 1940 von der Außenwelt durch Mauern und Stacheldraht abgeriegelt wurde, stand Adam Czerniakow, von Beruf Ingenieur und Vorstandsmitglied der Jüdischen Gemeinde Warschau, 1939 zum Vorsitzenden des jüdischen Ältestenrats ernannt. Das Elend im Warschauer Ghetto zu verwalten war eine so mühsame wie undankbare Aufgabe. Der an die Spitze der jüdischen Zwangsgemeinschaft Gestellte wurde von der SS gedemütigt, mißhandelt, mehrfach verhaftet. Aber viele Ghettobewohner sahen in ihm vor allem den Kollaborateur. Andere hielten ihn einfach für zu schwach, für nicht durchsetzungsfähig.

Adam Czerniakow war ein gebildeter und sensibler Mensch. Vor dem Ersten Weltkrieg hatte er an der Technischen Hochschule seiner Heimatstadt Warschau den Titel eines Diplomingenieurs erworben und anschließend Handelswissenschaften studiert. In Dresden lernte er Deutsch und vertiefte sich in deutsche Kultur. Der in Polen grassierende Antisemitismus verwehrte ihm Amt und Stellung außerhalb der jüdischen Gemeinde. Das führte ihn, der sich kraft Herkommen und Bildung ursprünglich mehr als polnischer Patriot denn als bewußter Jude empfand, zu Aufgaben in der Warschauer Jüdischen Gemeinde, als Lehrer an einer Fachschule, als Verbandsfunktionär in der »Zentrale der jüdischen Handwerker in Polen«. Einige Jahre lang gehörte er dem Warschauer Stadtrat an.

Ein Mitstreiter im Ghetto, Ludwik Hirszfeld, bemühte sich in sei-

nen Erinnerungen um Gerechtigkeit für den Vorsitzenden des Warschauer Judenrats: »Er stellte sich gern als harter Mann dar, hatte
jedoch die empfindliche Seele eines Menschen, der weiß, daß sein
Schicksal besiegelt ist, und der sich freiwillig aufopfert. Er kämpfte
bis zum Letzten (...). Mit sich selbst hatte er kein Mitleid (...).
Doch um das Leben derjenigen, die seiner Obhut anvertraut waren,
focht er wie ein Löwe. Er war tapfer, was seine Person betraf, doch
sanft und nachgiebig, wenn es um andere ging. Gehorsam übergab
er den deutschen Behörden auf deren Befehl Wertsachen, Geld,
Pelze, ... sogar silberne Nachttöpfe. Als man ihm aber die Menschen abverlangte, die unter seiner Obhut standen, zog er es vor,
sich selbst zu opfern.«[25]
Als im Juli 1942 mit der Deportation der Bewohner des letzten,
größten Ghettos in Europa in die Vernichtungslager die letzte
Etappe des Judenmords begann, entzog sich Czerniakow weiterer
Mitwirkung. Am 23. Juli schrieb er an seine Frau: »Sie verlangen
von mir, mit eigenen Händen die Kinder meines Volkes umzubringen. Es bleibt mir nichts anderes übrig als zu sterben.« Und er hin-
terließ eine Notiz für die Jüdische Gemeinde: »Ich habe beschlossen
abzutreten. Betrachtet dies nicht als einen Akt der Feigheit oder
eine Flucht. Ich bin machtlos, mir bricht das Herz vor Trauer und
Mitleid, länger kann ich das nicht ertragen. Meine Tat wird alle die
Wahrheit erkennen lassen und vielleicht auf den rechten Weg des
Handelns bringen. Ich bin mir bewußt, daß ich Euch ein schweres
Erbe hinterlasse.«[26] Nach seinem Tod beurteilten ihn manche seiner
Kritiker milder, andere, wie Emanuel Ringelblum, der Chronist des
Warschauer Ghettos, beharrten auf der generellen Verurteilung der
Judenräte.[27]
In Riga und Bialystok, in Lodz und in Wilna und wo sonst Juden zu
Zwangsgemeinschaften in Ghettos zusammengepfercht waren,
stellte sich das Problem in gleicher Weise: Handlanger der Nazis zu
sein im letzten Akt der Demütigung, der Zerstörung der Moral der
Opfer oder bis zum letzten Augenblick etwas zu tun, was wenigstens
den Anschein von Vernunft und Ordnung hatte, um dem Grauen
vor der Vernichtung ein geringes entgegenzusetzen. In dieser Hinsicht unterschied sich Theresienstadt nicht von anderen Orten.

Die Biographie des »Judenältesten« in Theresienstadt bietet über Hinweise zum Verständnis seiner Rolle in Theresienstadt hinaus möglicherweise Erklärungsansätze zur Bewußtseinslage, zur inneren Befindlichkeit der deutschen Judenheit in der Zeit ihres Untergangs. Am 4. März 1901 in Mannheim geboren, als hochbegabter Schüler aufgefallen, studierte Paul Eppstein Philosophie, Nationalökonomie und Soziologie in Heidelberg und Freiburg. Der 25jährige Schüler von Max Weber, Karl Mannheim, Karl Jaspers und Alfred Weber habilitiert sich an der Handelshochschule Mannheim, der er als Privatdozent bis 1933 angehört. Die Zerstörung der akademischen Karriere hat sicherlich traumatische Empfindungen in dem jungen Paul Eppstein ausgelöst. Er war als überzeugter Zionist in der jüdischen Jugendbewegung engagiert, war führend im »Reichsausschuß der jüdischen Jugendverbände« tätig, woraus Funktionen in der Zentralwohlfahrtsstelle der deutschen Juden e. V. folgten und ab 1933 die hauptamtliche Tätigkeit in der Reichsvereinigung der Juden in Deutschland. Eppstein war dort zuständig für die Darlehenskasse, dann für Auswanderung. In dieser Eigenschaft fungierte er als Verbindungsmann zur Gestapo. Vier Monate Haft im Polizeigefängnis am Alexanderplatz in Berlin, die er 1940 wegen angeblicher Sabotage der illegalen Palästina-Einwanderung erleidet, machen ihn sicherlich noch einsamer. Der Haftgrund liefert wohl auch einen Schlüssel zu seiner Persönlichkeit: Er habe sich der Gestapo widersetzt, der es ohne Rücksicht auf die britischen Restriktionen und damit auf das Schicksal der geprellten, illegalen jüdischen Palästinaeinwanderer nur darauf ankam, Juden außer Landes zu bringen. Eppstein habe dagegen auf ein ordnungsgemäßes Verfahren gedrungen und damit den Unmut der Gestapo beschworen.

Ordnung und Ordentlichkeit sind dann für den Theresienstädter Judenältesten Eppstein entscheidende Tugenden, die er mit Energie gegen das Verständnis vieler durchsetzt. Ob es lohne, Arbeitsmoral und Pünktlichkeit zu propagieren, bezweifeln im Elend Theresienstadts viele, die im Judenältesten mit seinem bürokratischen und exekutiven Apparat mit vielfältigen Funktionären vom Laufburschen bis zur Ghettowache nur noch die Verkörperung deutscher Wertvorstellungen sehen, die sie bis zu ihrer Ausstoßung (und darüber hinaus) selbst als verbindlich betrachteten. Das Aufrechterhalten bildungsbürgerlicher Errungenschaft in Diskussionskreisen, mit Vorträgen, Theateraufführungen und Konzerten, war für die Theresienstädter Gesellschaft selbstverständlich. Daß Paul Eppstein ein regelmäßiges soziologisches Seminar abhielt, lag im Rahmen der Erwartungen an ihn, daß er jedoch in der Rolle des verlängerten Arms des NS-Regimes Ordnungstugenden propagierte und durchsetzte, daß er gar als »Bürgermeister« bei den Besuchen von Delegationen agierte, stieß bei vielen auf Unverständnis. Immerhin hat ihm auch der strenge Kritiker H. G. Adler konzediert, er sei gebildet, an vielen schönen Dingen interessiert, empfindsam gewesen »und ursprünglich sicher das, was man einen Idealisten nennt«.[28]

Die Tragik Eppsteins lag darin, daß ihm bei allem, was er wollte, nur die Methoden des deutschen akademisch gebildeten bürgerlichen Funktionärs zur Verfügung standen. Anderes hatte er nicht gelernt. Sein Dilemma war, daß auch er sich für das Doppelspiel entschieden hatte, Hilfe für die jüdische Gemeinschaft durch Erringen des Wohlgefallens ihrer Peiniger zu suchen. Darin unterschied er sich aber nicht von anderen jüdischen Funktionären, und selbst die Kritiker dieser Haltung – es war zwangsläufig die Haltung aller jüdischen Repräsentanten unter dem NS-Regime – räumen ein, daß Alternativen wie kraftvoller Widerstand oder Verweigerung als Mittel des Protests nicht existierten.

Paul Eppstein sagte im Gespräch zu seinem Mitarbeiter: »Ich weiß, daß einmal der Moment kommen muß, wo ich nicht mehr ›Ja‹ sagen darf, wenn ich vor meinem Gewissen und der jüdischen Gemeinschaft bestehen will.«[29]

Die tragische Situation Eppsteins, des Judenältesten von Theresienstadt, der von den Nationalsozialisten vielfach betrogen wurde, dem sie am 27. September 1944 alle Privilegien nahmen und erschossen, dessen Frau im Oktober 1944 mit dem letzten Auschwitztransport aus Theresienstadt deportiert und dann ermordet wurde, ist mehr als eine persönliche Tragödie. Er befand sich in der typischen Situation der deutschen Juden, die Verantwortung übernommen hatten (aus welchen persönlichen Motiven auch immer) und ihr gerecht zu werden suchten.

Konrad Kwiet
Auftakt zum Holocaust
Ein Polizeibataillon
im Osteinsatz

Es geht hier nicht um die Einsatzgruppen der Sicherheitspolizei und des Sicherheitsdienstes, auch nicht um die Einheiten der Waffen-SS. Es geht um ein Polizei-Bataillon der Ordnungspolizei[1], um das Radfahr-Bataillon 322, das im Jahre 1941 zum »Osteinsatz« abkommandiert – und mit der Ermordung von Juden beauftragt wurde. Am Beispiel dieser kleinen Einheit soll im folgenden der Versuch unternommen werden, die Vorbereitung und Durchsetzung der »Endlösung« aufzuzeigen und der Frage nach den Einstellungen und Handlungsweisen der Mörder nachzugehen.[2] Rekonstruktions- und Interpretationsversuch stützen sich auf neue, teilweise einzigartige Dokumente, die jüngst im Prager Militärarchiv entdeckt wurden.[3] Die Materialien umfassen Einsatzbefehle, Kriegstagebücher, Meldungen, Schriftwechsel und »Opferbilanzen«.[4] Sie gehören zu den Restbeständen des ehemaligen SS-Kriegsarchivs, das 1945 in der Tschechoslowakei konfisziert und über Jahre hinweg unter striktem Verschluß gehalten wurde.

Aufstellung und Ausbildung des Polizei-Bataillons 322 vollzogen sich in Wien. In der Polizeikaserne traf am 15. April 1941 der Befehl Himmlers ein, sich auf den »auswärtigen Einsatz« vorzubereiten. Er löste »große Freude« aus, zumal er mit der Nachricht verbunden war, daß das Bataillon dem Reichsführer-SS zur »persönlichen Verfügung« gestellt werden würde. Unterstellungsverhältnisse, Befehlswege und Sonderaufträge waren damit vorgegeben. Das Bataillon – von einem Polizei-Major und SS-Sturmbannführer geführt – setzte sich vorschriftsgemäß aus einem Stab und drei Kompanien zusammen, die sich jeweils in vier Zügen unterteilten. Hinzu kamen Nachrichten-Zug und Kraftfahrzeug-Staffel sowie kleinere Versorgungsdienste. Die Stärke betrug 554 Mann. Zum Personal zählten: 12 Offiziere, 1 Oberarzt, 5 Verwaltungsbeamte, 101 Unterführer und 435 Wachtmeister. Die großdeutsche Ausrichtung dominierte: Deutsche und Österreicher hielten sich in etwa die Waage. Der Einsatz schrieb eine kurze Spezialausbildung vor. Das Programm konzentrierte sich auf Schießübungen – vor allem mit Gewehren und Maschinengewehren. Radfahr-Touren wurden unternommen, die sich über Tage hinzogen. Nächtliches Kampieren und Durchstreifen des Waldes wurden exerziert. Es fehlte auch nicht an »Planspielen« und »Kriegsspielen«, bei denen die Jagd nach »Feinden« und deren Erledigung geübt wurde. Besonderes Gewicht wurde – wie bei allen SS- und Polizei-Einheiten – auf die politisch-ideologische Schulung gelegt. Vorträge, Diskussionen und entsprechende »Anschauungsmaterialien« schürten den virulenten Antisemitismus und propagierten das Bild vom »jüdisch-bolschewistischen Weltfeind«, den es zu vernichten galt. Am 17. Mai 1941 hörte das »allgemeine Rätselraten« über die Marschrichtung auf. Eine »freudige Stimmung« stellte sich ein, als man vom »Osteinsatz« erfuhr. Damals wußten die Männer noch nicht, daß sie Juden zu erschießen hatten.

Zu diesem Zeitpunkt war schon längst auf der höchsten Führungsebene die Entscheidung gefallen, mit dem Überfall auf die Sowjetunion das Programm der »Endlösung« in die Praxis umzusetzen.[5] Hitler hatte den Reichsführer-SS mit »Sonderaufgaben« beauftragt, die sich – wie es in den bekannten OKW-Richtlinien vom 13. März 1941 formuliert wurde – »aus dem endgültig auszutragenden Kampf zweier entgegengesetzter politischer Systeme« ergaben. Nach der Lektüre dieser Passage schrieb ein Marineoffizier an den Rand: »Das bedeutet einiges!«[6] Ohne Widerspruch nahm das Militär die Vereinbarung hin, die mit der SS über die Festlegung der Kompetenzbereiche getroffen wurde. Dazu gehörte auch die Ankündigung – schriftlich fixiert am 28. April –, daß SS-Sonderkommandos im Operationsgebiet des Heeres berechtigt waren, »Exekutivmaßnahmen« gegen die Zivilbevölkerung zu ergreifen.[7] Himmler berief sich auf den »Sonderauftrag« Hitlers, als er am 21. Mai den Einsatz von Höheren SS- und Polizeiführern[8] bekanntgab und wenig später wissen ließ[9], daß sie die Verfügungsgewalt über alle SS- und Polizei-Einheiten hätten. Eine stattliche Streitmacht wurde für den

»Osteinsatz« zusammengezogen: 5 Einsatzgruppen, 3 SS-Brigaden, 9 Polizei-Bataillone, aufgenommen in 3 Polizeiregimenter, und eine Anzahl weiterer Sonderformationen, alles in allem eine Truppe von rund 35 000 Mann. Fast ein Drittel trug die grüne Uniform der Ordnungspolizei: 430 Offiziere und 11 640 Mann.[10]

Zahlreiche Wiener standen in den frühen Morgenstunden des 9. Juni 1941 Spalier, als das Radfahr-Bataillon zum »Osteinsatz« ausrückte. Die Verabschiedung auf dem Verladebahnhof fiel – so wurde es im Kriegstagebuch vermerkt – »überaus herzlich« aus. Von einer Musikkapelle begleitet – wurde das Abschiedslied angestimmt: »Muß i denn, muß i denn zum Städtele hinaus«. Andere Töne waren tags zuvor auf dem Kasernenhof angeschlagen worden. Sie prägten sich im Bewußtsein ein und bestimmten die Verhaltensweisen. General Retzlaff, Inspekteur der Wiener Ordnungspolizei, hob die Bedeutung des »auswärtigen Einsatzes« hervor und ermahnte die Polizisten, »jederzeit« die Befehle zu befolgen und die Pflichten zu erfüllen – »gerade im Feindesland« – und für »Führer, Volk und Vaterland« einzustehen. Diese Appelle wiederholten sich später ständig, vor allem immer dann, wenn hohe Repräsentanten der SS, Polizei und Wehrmacht zu Inspektionen auftauchten – und neue »Sonderaufträge« mitbrachten. General Retzlaff ermahnte auch dazu, den »slawischen Völkern gegenüber als Herrenmenschen aufzutreten und zu zeigen, daß man ein Deutscher sei«. Mit einem Treueschwur und lautstarkem »Sieg Heil«, mit dem feierlichen Absingen des Horst-Wessel-Liedes und der Nationalhymne wurde die Zeremonie beendet. Solche Rituale waren wirksamer Bestandteil der Strategie, Gruppenbindungen wie Ausrichtung auf die nationalsozialistische Ideologie zu festigen.

Von Wien ging es über Prag nach Warschau, wo das Polizei-Bataillon zusammen mit den Polizei-Bataillonen 307 und 316 in das Polizei-Regiment Mitte aufgenommen wurde. Kommandant war Oberstleutnant Montua, ein fanatischer, hochdekorierter Polizeioffizier, der kurz vor Kriegsende Selbstmord beging. Wenige Tage nach dem Überfall auf die Sowjetunion wurde das Polizei-Bataillon in das »rückwärtige Heeresgebiet Mitte« in Marsch gesetzt, mit dem allgemeinen Auftrag, das eroberte Gebiet »zu reinigen« und »zu befrieden«. Mit dem Überschreiten der russischen Grenze trat die

Unterstellung unter den Höheren SS- und Polizeiführer Mitte, General von dem Bach, in Kraft, der dem Befehlshaber des »rückwärtigen Heeresgebiets Mitte«, General von Schenckendorff, zugeordnet worden war. Beide Generäle inspizierten am 28. Juni 1941 das Bataillon. Sie waren überzeugt, daß es die gestellte »Aufgabe voll und ganz erfüllen« würde. Beim Abschreiten der Ehrenformation fielen ihnen, wie es im Kriegstagebuch hieß, »die hellen, begeisterten Augen der Männer besonders auf«.

Der Vormarschweg führte nach Bialystok und durch die Wälder von Bialowies nach Minsk und von dort weiter über Mogilev nach Smolensk, das man im Oktober 1941 erreichte. Im Mai 1942 war der »Osteinsatz« beendet. Wieder setzte ein »fröhliches Singen« ein, als auf dem Verladebahnhof die Rückreise angetreten wurde. Man verlegte das Bataillon ins oberschlesische Kattowitz. Nach der Erholung und Auffrischung fand es an der italienischen Front eine weitere Verwendung.

Wo immer Einheiten der Ordnungspolizei auftauchten, praktizierten sie die Methoden nationalsozialistischer Herrschaft. Juden, kommunistische Funktionäre, Kommissare der Roten Armee und entflohene russische Kriegsgefangene wurden eingefangen und liquidiert. Ebenso rigoros gingen sie gegen »Heckenschützen«, »Freischärler« und »Partisanen«, gegen »Plünderer«, »Saboteure«, »Agitatoren« oder »verdächtige Elemente« vor. Im Zuge des schnell einsetzenden Partisanenkampfes wurden Dörfer und Gehöfte niedergebrannt. Ordnungspolizisten wurden zur Bewachung wie Liquidierung der Zwangsghettos herangezogen. Sie zeichneten sich bei der Aufspürung und Ermordung untergetauchter Juden aus. General Daluege, Chef des Hauptamtes Ordnungspolizei, beschrieb Anfang 1942 die Aktivitäten der Ordnungspolizei im »Osteinsatz« so:

»Die Verbände haben, wie bei allen Einsätzen in den Kampfgebieten, zunächst einmal die normalen Aufgaben, Räumung der Gebiete von Feindresten, Bekämpfung von verbrecherischen, vor allen Dingen politischen Elementen, die Sicherung und Räumung der Rollbahnen und Nachschubwege für gute Transportfreiheit, den Transport von Gefangenenkolonnen, die Sicherstellung und Bewachung von wertvollen Beutelagern und Fabriken und die erste Befriedung der Zivilbevölkerung durchgeführt. Dazu kamen dann aber weitere große Kampfeinsätze gegen geschlossene Feindverbände im rückwärtigen Heeresgebiet und vor allem die Bekämpfung von Partisanen und Fallschirmspringern in geschlossenen Gruppen und notwendige Exekutionen.«[11]

Auf das Konto des Radfahr-Bataillons 322 gingen in den ersten Wochen des »Osteinsatzes« mehr als 6000 Exekutionen. Zahlreiche Befehle lagen vor, die den Mord an den Juden sanktionierten. Die überlieferten Dokumente belegen, daß für jede »Judenaktion« ein konkreter »Sonderauftrag« oder »Sonderbefehl« erteilt wurde, gewöhnlich in schriftlicher Form, gelegentlich mündlich, wobei jedoch die schriftliche Bestätigung unverzüglich nachgereicht wurde. Telefon-, Funk- und Fernschreibverbindungen sowie spezielle Kurierdienste erlaubten eine schnelle Befehls- und Nachrichtenübertragung. Die Befehlswege richteten sich nach den jeweiligen Unterstellungsverhältnissen und Aufgabenstellungen. In der Regel liefen sie vom Reichsführer-SS und den jeweiligen Höheren SS- und Polizeiführern über das Regiment zum Bataillon und weiter zu den Kompanien, Zügen, Gruppen oder Kommando-Trupps. Über jede »Aktion« mußte Meldung erstattet werden.

Die Kommando-, Zug- und Gruppenführer zeichneten die ersten Berichte ab. Der Kompanieführer rapportierte an den Kommandeur des Bataillons. Der Regimentchef informierte den Höheren SS- und Polizeiführer, der sich mit dem Reichsführer SS in Verbindung setzte. Zur Berichterstattung gehörten die Angaben über Verhaftungen und Erschießungen. Am 27. Juli 1941 ging eine »vertrauliche« Anweisung des Polizei-Regiments Mitte an die Bataillone ab, eine monatliche Zusammenstellung einzureichen und darauf zu achten, »daß die einzelnen Zahlen wirklich den tatsächlichen Verhältnissen entsprechen«; ein Indiz dafür, daß in den ersten Mordbilanzen die Zahlen höher angesetzt wurden, um Erfolg und Effizienz der Einheit zu unterstreichen. Die Kommandozentralen sahen sich schnell veranlaßt, die Nachrichtenwege abzuschirmen. Direktiven schrieben vor, Meldungen über Exekutionen als »geheime Reichssache« zu klassifizieren und nur in verschlüsselter oder verschlossener Form weiterzuleiten.

In den Tötungsbefehlen und Berichten fanden sich keine Hinweise auf einen Führerbefehl. Was für das Radfahr-Bataillon 322 galt, traf

auch für alle anderen SS- und Polizei-Einheiten zu: Als sie im Sommer 1941 ihre Reise in den Osten antraten, waren sie mit Richtlinien
ausgestattet, die Aufgaben umschrieben und Zielgruppen spezifi-
zierten, die als erste zu liquidieren waren. In der dokumentarischen
Überlieferung finden sich jedoch einige Belege dafür, daß die Kommandeure von SS und Polizei einen Handlungsspielraum besaßen,
der ihnen persönliche Initiativen gestattete; einige zeichneten sich
dabei durch besonderen Eifer und Ehrgeiz aus. Und sie taten dies in
der Kenntnis, daß auf der höchsten Führungsebene bereits die »radikale« und »fundamentale« Lösung der Judenfrage anvisiert worden war. In einem Schlüsseldokument ist die mündliche Unterrich-
tung belegt.

Am 6. August 1941 wurde vom Stab der Einsatzgruppe A ein Memorandum angefertigt, das die vom Reichskommissariat »Ostland«
ausgearbeiteten »vorläufigen Richtlinien zur Behandlung der Juden«[12] kritisierte, da sie sich in den Grenzen traditioneller Diskrimi-
nierung bewegten und nicht die »neuen Möglichkeiten zur Bereini-
gung der Judenfrage« in Rechnung stellten, die sich in den besetzten
Ostgebieten anboten. Die »Judenexperten« der Einsatzgruppe A
schlugen die sofortige und vollständige »Säuberung« des »Ost-
landes« von Juden vor, plädierten für Zwangssterilisierung und
verschärfte Zwangsarbeit sowie den späteren, geschlossenen
Abtransport in ein »außereuropäisches Judenreservat«. Auch diese
Absichten entsprachen noch den Vorstellungen einer »territorialen«
Lösung der Judenfrage. Walter Stahlecker, Chef der Einsatzgruppe A, korrigierte das Memorandum und setzte folgenden hand-
schriftlichen Vermerk unter das Schriftstück: »Ich halte es für
erforderlich, vor Herausgabe einer grundsätzlichen Anweisung diese
gesamten Fragen noch eingehend mündlich zu erörtern, zumal da
der Entwurf grundsätzliche, schriftlich nicht zu erörternde Befehle
von höherer Stelle an die Sicherheitspolizei erheblich berührt.« Für
Stahlecker stand fest, daß »einschneidende Maßnahmen« nur von
Kräften der Sicherheits- und Ordnungspolizei durchgeführt werden
konnten. Am 29. August 1941 ließ er wissen, daß die »Endlösung der
Judenfrage« mit anderen Mitteln erfolgen würde als mit denen, die
vom Reichskommissar vorgesehen waren.[13] Die »Mittel«, von der SS
und Polizei im Sommer 1941 angewandt, reichten nicht aus, alle

Juden in den besetzten Ostgebieten zu ermorden. Der schnelle Vormarsch und die Praxis der Erschießungen begrenzten die Tötungskapazitäten; sie gestatteten lediglich eine »erste Tötungswelle«.

Vorbereitungen zur Einführung effizienterer, moderner Technologien wurden getroffen: Mobile Gaswagen und stationäre Vergasungseinrichtungen – im »Euthanasie-Programm« mit dem Bedienungspersonal erprobt – boten sich hierfür an: Geographische, demographische und klimatische Faktoren diktierten zudem eine längere Zeitspanne. Und es gab schließlich noch ökonomische Interessen, die sich hemmend auf den Prozeß der systematischen Lebensvernichtung auswirkten und die vorerst noch in Rechnung gestellt werden mußten. Überall – und mit dem Hinweis auf die Bedürfnisse der deutschen Wehrwirtschaft – beeilten sich zivile und militärische Besatzungsautoritäten, die billigen jüdischen Zwangsarbeiter zu rekrutieren und auszubeuten.

Planung und Durchsetzung der »Endlösung« wurden weder »improvisiert«, noch waren sie – wie Martin Broszat weiter annahm – »Auswege aus einer Sackgasse«, in die sich Hitler, andere Rassenfanatiker und rivalisierende Bürokratien hineinmanövriert hatten.[14] Ebenso unhaltbar sind die Konstruktionen und Thesen jener Historiker, die – wie Arno Meyer[15] – meinen, daß die Entscheidung zum planmäßig organisierten Massenmord erst Anfang 1942, erst nach dem Scheitern des Rußlandfeldzuges, getroffen wurde. Eine klare, konsistente Strategie des Völkermordes ist nachweisbar.

Den Auftakt bildeten die Massenerschießungen wehrpflichtiger jüdischer Männer. Juden im Alter zwischen 16 und 45 Jahren wurden als erste liquidiert, bald wurde dann die Altersgrenze auf 65 heraufgesetzt. Im August 1941 folgten Frauen und alte Menschen. Kinder wurden im September als letzter »logischer« Schritt miteinbezogen: Die Existenz alleinstehender jüdischer Waisen verbot sich von selbst. Bei allen zeitlichen und regionalen Abweichungen oder Überschneidungen stellt diese Sequenz – und Alfred Streim hat dies überzeugend nachgewiesen[16] – das Grundmuster dar. Dieses Verfahren wurde nicht nur gewählt, um den Opfern die Aussicht auf ein Überleben und auf Widerstand zu zerschlagen, sondern auch, weil es die beste Methode war, die Mörder mit der Praxis der Liquidierung vertraut zu machen. Hinzu kamen Legitimierungs-Strategien.[17] Sie erleichterten die Erziehung zum Mord und stellten sicher, daß die Verbrechen einfacher, »regulärer« Polizisten schnell zur Routine wurden. Die Operationen des Radfahr-Bataillons illustrieren das.

Als das Bataillon am 7. Juli 1941 in Bialystok eintraf, hatten bereits andere SS- und Polizei-Einheiten den Vernichtungsprozeß eingeleitet. Am 27. Juni – einen Tag nach dem deutschen Einmarsch – ging die Hauptsynagoge in Flammen auf: 700 Juden kamen bei dem Massaker um. Massenerschießungen folgten auf dem Fuße. Unmittelbar nach ihrer Ankunft wurden Angehörige des Radfahr-Bataillons zu Wachdiensten eingeteilt. Einige wurden instruiert, »Juden oder verkleidete Militärpersonen, die nach Bialystok wollen, abzufangen und zu durchsuchen und dem SD zuzuführen«. Andere postierten sich vor einem »Durchgangslager«: Die Erschießung russischer Kriegsgefangener ließ nicht lange auf sich warten. Die meisten waren jüdischer Herkunft. Auf den täglichen Meldungen stand der lakonische Vermerk: »Bei einem Fluchtversuch erschossen«.

Die erste »Judenaktion« wurde für den 8. Juli festgesetzt und generalstabsmäßig vorbereitet. Sie beschränkte sich auf die Durchsuchung des jüdischen Wohnviertels und diente wie an vielen anderen Orten dazu, nicht nur die Versorgungsbedürfnisse einer Okkupationsmacht zu befriedigen, sondern auch – und vor allem – die Juden als »Plünderer« klassifizieren und entsprechend bestrafen zu können. Ein bestimmter Wohnbezirk wurde dem Radfahr-Bataillon zur Durchsuchung zugewiesen. Farbige Linien auf einer Straßenkarte grenzten das Operationsgebiet ab. 6 Polizeioffiziere und 220 Wachtmeister wurden aufgeboten. Nach der Absperrung der Straßenzüge in den frühen Morgenstunden drangen vier Durchsuchungskommandos in die Wohnungen und Geschäfte ein. Am Nachmittag war die »Aktion« beendet. Auf 20 Lastwagen wurde »die Beute« in ein Lager gebracht. Sie bestand – wie im Kriegstagebuch vermerkt wurde – aus »Lebensmitteln und Genußmitteln aller Art, Seife, Lederwaren und Textilien (Mäntel- und Anzugstoffen in Ballen), Küchengeräten, Gummiwaren... und einem Jagdgewehr«. Die Polizisten hielten an der Fiktion fest, daß sie »jüdisches Plünderungsgut« beschlagnahmt hätten.

Die »Aktion« wurde als »großer Erfolg« gewertet, der anspornte und der *self-fullfilling prophecy* Auftrieb gab. Im Kriegstagebuch heißt es: »Aus dem reichen Ergebnis der ersten Durchsuchungsaktion ist zu schließen, daß bei weiteren Durchsuchungen in allen Juden- und Polenwohnungen eine Unmenge von gestohlenem Plünderungsgut herausgeholt werden kann.«

22 Menschen wurden erschossen, unter ihnen befand sich eine Frau. Die Eintragung im Kriegstagebuch lautet: »Bei den Erschossenen handelt es sich um Plünderer, Flüchtlinge und fast ausschließlich um Juden.« Nach der ersten, erfolgreichen »Judenaktion« tauchte Heinrich Himmler auf. Noch am Nachmittag ließ er sich das »Beutelager« zeigen und über die »Dienste« des Radfahr-Bataillons unterrichten. Diese »unerwarteten« Besuche des Reichsführers-SS hat es auch an anderen Orten gegeben – und sie verbanden sich stets mit der Ausgabe von »Sonderbefehlen«. Nach der Besichtigung des »Beutelagers« zog sich Himmler in der Begleitung des Höheren SS- und Polizeiführers von dem Bach zu einer Stabskonferenz des Polizei-Regiments Mitte zurück. Hier wurde der erste formale Tötungsbefehl besprochen.

Am nächsten Tag erschien General Daluege, der den Polizisten versicherte, daß »der Bolschewismus jetzt endgültig ausgerottet werde« und daß sie »stolz sein« könnten, »an der Niederringung des Weltfeindes (...) beteiligt zu sein«. Der Mordbefehl wurde am 11. Juli 1941 erteilt. Als Kommandeur des Polizei-Regiments Mitte zeichnete Oberstleutnant Montua das »vertrauliche« Schriftstück ab, das das Geschäftszeichen I a 15–34 trug und an die Polizei-Bataillone 307, 316 und 322 weitergegeben wurde.

Der Befehl schrieb vor, alle männlichen Juden im Alter von 17 bis 45 Jahren, als Plünderer klassifiziert, unverzüglich zu erschießen. Vorkehrungen zur Abschirmung der Mordstätten sollten getroffen werden. Die Liquidierungen mußten außerhalb von Städten, Dörfern und Verkehrswegen durchgeführt werden. Die Gräber waren einzuebnen, um zu verhindern, daß sie zu »Wallfahrtsstätten« wurden. Das Fotografieren wurde untersagt, ebenso die Teilnahme von Zuschauern. Diese Vorschrift wurde überall erlassen, nicht immer wurde sie eingehalten. Zahlreiche Dokumente belegen das.

Montuas Befehl enthüllt noch eine weitere, höchst bemerkenswerte Anweisung, von der man bislang kaum etwas gehört oder gelesen hat. Es ist die Verpflichtung, sich um das Wohlbefinden der Schützen zu kümmern und dafür Sorge zu tragen, daß sie durch die Verübung der Mordtat keinen Schaden erlitten. Im Rahmen der »seelischen Betreuung« sollten die Kompanie- und Bataillonsführer »Kameradschaftsabende« arrangieren, bei denen die »Eindrücke des Tages verwischt« werden konnten. Die Exekutionskommandos sollten zudem, und zwar im Rahmen des politisch-ideologischen Unterrichts, regelmäßig über die Notwendigkeit der Liquidationen belehrt werden. Fortan nahm man auf diesen Tötungsbefehl – I a 15-34 – Bezug, als Zug um Zug der Kreis der Opfergruppen ausgedehnt wurde.

Mitte Juli 1941 wurde das Radfahr-Bataillon nach Bialowies in Marsch gesetzt; in ein großes und unzugängliches Waldgebiet, das einst dem Zaren als Jagdgebiet gedient hatte und das für die Holzwirtschaft von entscheidender Bedeutung war. In Hainowka hatte sich das größte Sägewerk Europas etabliert. Es lag nahe, daß Generalfeldmarschall Göring, in seiner Eigenschaft als oberster Jagdherr und Forstbeamter des Deutschen Reiches, aber auch als Generalbevollmächtigter für den Vierjahresplan seinen Anspruch auf die Übernahme des wild- und holzreichen Reviers anmeldete. Noch vor Abschluß der militärischen Kampfhandlungen entsandte er den Oberstjägermeister und Ministerialdirigenten Ulrich Scherping nach Bialowies, um an Ort und Stelle seine Interessen durchzusetzen.[18] Scherping nahm Verbindung zu den lokalen Dienststellen des Militärs und der SS auf und entwarf einen Plan, der die vollständige Entvölkerung eines Teilgebietes vorsah.

Mit der Ausführung dieses Planes wurde das Radfahr-Bataillon beauftragt. Der Höhere SS- und Polizeiführer erteilte den entsprechenden »Sonderauftrag«, er stellte zudem einen erfahrenen SS-Offizier zur Verfügung, der sich in Fragen der »Umsiedlung« auskannte. Wie schon zuvor, leisteten die Polizisten ganze Arbeit. In der kurzen Zeit vom 25. bis 31. Juli wurden 34 Dörfer evakuiert und 6446 Einwohner vertrieben. Das Verfahren sah so aus: Anschläge und Handzettel in deutscher, polnischer und russischer Sprache sowie lautstarke Kommandos forderten die Bevölkerung zum sofortigen Verlassen der Dörfer auf. Zweieinhalb Stunden wurden ihr gewährt, sich auf die Abreise vorzubereiten. Man erlaubte ihr, die

»bewegliche Habe« mitzunehmen und dazu – pro Familie – 1 Pferd, 1 Kuh und 1 Schwein. Frauen, Kinder und Gebrechliche wurden auf Lastkraftwagen oder Karren geladen. Die Trecks mußten Strecken zwischen 20 und 50 km absolvieren. Die Familien und Dorfgemeinschaften wurden in Ortschaften abgesetzt, die außerhalb der Sperrzone lagen. Das Vieh wurde registriert und beschlagnahmt: Mehr als 5000 Rinder und 3000 Schweine fielen an. Auf Befehl des Reichsführers-SS wurde eine Schlachterkompanie abkommandiert, um die Fleischversorgung für die Waffen-SS zu verbessern. Russische Kriegsgefangene brachten die Ernte ein. Danach wurden die geräumten Dörfer und Gehöfte niedergebrannt.

Den Polizisten wurde nur eine kurze Ruhepause gegönnt. Die Politik der »verbrannten Erde«, verbunden mit der Menschenjagd und der Erschießung »verdächtiger Elemente«, lösten Unruhe und Widerstand aus. Am 2. August wurde ein Kommando in ein Sägewerk entsandt, um einen Streik der Arbeiter zu brechen: 20 »Rädelsführer« wurden exekutiert. Andere Kommandos machten sich auf die Suche nach 72 Personen, die als »kommunistische Funktionäre« denunziert worden waren. 25 wurden arretiert. Im Kriegstagebuch der 3. Kompanie heißt es kurz und bündig: »Alle festgenommenen Personen waren schuldig und wurden mit 22 weiteren Schuldigen von einem Exekutionskommando der 3. Kompanie erschossen.«
Der 3. Kompanie wurde schließlich der Auftrag erteilt, die Mission im Jagdrevier von Bialowies mit der Judenvernichtung abzuschließen. Die Erfahrungen im Durchsuchen, Umsiedeln und Erschießen zahlten sich aus. Am 9. August 1941 nahm man alle Juden in Bialowies in Haft. Frauen, Kinder und Gebrechliche wurden auf Lastwagen gepfercht und nach Kobryn »evakuiert«. Ihre Wohnungen wurden verschlossen und versiegelt. Die eingesammelten Wertgegenstände wurden im Jagdschloß Bialowies der militärischen Ortskommandantur übergeben. 77 jüdische Männer im Alter von 16 bis 45 Jahren mußten eine Nacht in einem abgesperrten Raum verbringen, ehe sie in den frühen Morgenstunden zu einer Sandgrube getrieben wurden, die an einem entlegenen, abgeschirmten Waldgelände ausgehoben worden war. Die erste Gruppe wurde gezwungen, sich in die Grube zu legen – mit dem Gesicht auf den Boden.

Für jedes Opfer gab es einen Schützen, der am Grubenrand stand und – nach dem Kommando »Eins – zwei – Feuer« – mit dem Karabiner auf den Hinterkopf seines Opfers zielte. Auf Körper, die sich noch bewegten, wurden »Fangschüsse« abgegeben. Die nächste Gruppe mußte sich auf die leblosen Körper legen. Aufgestapelte Leichenschichten füllten die Grube aus, die mit Sand abgedeckt und eingeebnet wurde. Chlorkalk war zur Desinfektion hinzugefügt worden.

Der Kompanieführer meldete den erfolgreichen Abschluß der »Aktion«: »Die Aktion vollzog sich ohne Zwischenfälle, Widerstand wurde in keinem Fall geleistet, Fluchtversuche keine unternommen.« Fünf Schneider, vier Schuhmacher und ein Uhrmacher wurden vorerst noch am Leben gelassen, da sie als Arbeitskräfte »dringend benötigt« wurden. Wenige Tage später, am 15. August, wurde die jüdische Gemeinde von Narewska Mala ausgelöscht. 259 Frauen und 162 Kinder wurden nach Kobryn gebracht. Das Todesurteil wurde diesmal gegen alle Männer im Alter zwischen 16 und 65 Jahren verhängt. 282 Männer wurden umgebracht – »reibungslos und ohne Zwischenfälle«.

Das Radfahrer-Bataillon erfüllte alle weiteren »Sonderaufträge« in gewohnter und gekonnter Manier. Fortan gab es keine Umsiedlungen oder Evakuierungen mehr. Die Tötungsbefehle schlossen Frauen, Kinder und Alte ein. Wie zuvor wurden nach der Erteilung der Befehle die erforderlichen Kräfte bereitgestellt und in ihre Aufgabengebiete eingewiesen. Jede »Aktion« begann mit der Abriegelung des jüdischen Wohnviertels. Die eingefangenen Juden wurden in Sammelstellen gebracht. Zu Fuß oder mit Lastwagen wurden sie dann – oft unter Schlägen – zu den Hinrichtungsstätten geführt. Es kam wiederholt vor, daß sie sich dem Zugriff der Verfolger zu entziehen suchten. Ein Kompanieführer rapportierte:
»Die Juden hatten sich unter Heu und Stroh der Scheunen und Ställe, unter den vielen Heustadeln und an allen möglichen Plätzen versteckt. So konnten sie erst nach langwierigem Suchen, das allein mehrere Stunden in Anspruch nahm, gefunden und festgenommen werden. Starker Regen, der erst am Nachmittag aufhörte, behinderte die Suchaktion sehr.«[19]
Diese Flucht- und Widerstandsversuche spielten sich im ländlichen

Anatopol am 28. August 1941 ab. 264 Juden wurden aus ihren Verstecken geholt, von denen 257 unverzüglich erschossen wurden. Ohne Zwischenfälle verliefen die Massenexekutionen, die am 1. September 1941 in Minsk stattfanden. Schon am Tag zuvor hatte man einen Absperring um das Ghetto gezogen und eine Razzia durchgeführt, bei der rund 700 Juden eingefangen wurden, unter denen sich auch etliche befanden, die ohne den vorgeschriebenen gelben Stern angetroffen worden waren. Am nächsten Morgen wurden knapp 1000 Juden mit Lastwagen in ein hügeliges Feldgelände gefahren, das 10 km außerhalb Minsk unweit der Rollbahn lag. Nach der Ankunft wurden die Opfer in Gräben getrieben und niedergemetzelt. Die Eintragung im Kriegstagebuch lautet: »Die Erschießungen erfolgten ohne Zwischenfälle. Zu Fluchtversuchen ist es dank des sehr günstigen Geländes, der umsichtigen Führung und der bereits gemachten Erfahrungen der Männer nicht gekommen. Von der 9. Kompanie wurde durch derbes und sicheres Zupacken in kürzester Zeit ganze Arbeit geleistet.«

Auf einige Schwierigkeiten stießen die erfahrenen Polizisten, als sie Anfang Oktober 1941 in Mogilev den »Sonderauftrag« des Höheren SS- und Polizeiführers Mitte erfüllten. Zusammen mit Angehörigen der einheimischen Hilfspolizei und Stabsmitgliedern des Höheren SS- und Polizeiführers drangen sie in das Zwangsghetto ein. Mehr als 2000 Juden wurden aus ihren Wohnquartieren geholt und zur Liquidierung in ein Waldgelände abtransportiert. In einem Bericht des Kompaniechefs wurden die »besonderen Vorkommnisse« festgehalten:

»Bei der Durchführung der Aktion [im Ghetto] konnte sehr häufig die Feststellung gemacht werden, daß sich Juden in feiger und hinterhältiger Angst in nur allen möglichen Winkeln versteckt hielten, so daß es oftmals schwer war, diese vor Schmutz starrenden Elemente aus ihren Winkeln herauszuholen.«[20]

Solche Erfahrungen, Einstellungen und Ausdrucksweisen – symptomatisch für den totalen Zerfall aller moralischen und menschlichen Werte – waren Vorbedingungen für den Mord; sie erklären die Bereitschaft und Fähigkeit, die Verbrechen zu begehen. In allen Einheiten der Polizei und SS galt es als ausgemacht, daß sich jeder zumindest einmal als Schütze in einem Exekutionskom-

mando zu bewähren hatte. Dieses ungeschriebene Reglement
führte zu einer kollektiven Schuldverstrickung und wirkte sich ent-
lastend auf den einzelnen aus. Einige versuchten, sich vor den Erschießungen zu drücken, andere zeichneten sich als »Dauerschüt-
zen« aus. Mit Stolz registrierte das Radfahr-Bataillon die Zuteilung
vieler »Tapferkeitsauszeichnungen«. Gelegentlich – vor allem zu
Beginn der Liquidierungsaktionen – wurden einige Angehörige von
»Unbehagen« befallen oder verspürten »Gewissensbisse«. Worte
der Ablehnung fielen im Gespräch unter den Kameraden. Ein Polizeioffizier weigerte sich, an der Erschießung von Frauen teilzuneh-
men. Er bestand auf der Vorlage des Urteils eines Militärgerichts.
Während einer Suchaktion stöberte ein Kommando eine junge Frau
mit ihren beiden 5- und 7jährigen Söhnen auf. Der Truppenführer
rief nach Freiwilligen, die »Judenbengel« zu erschießen. Niemand
meldete sich. Ein Polizist erklärte, er sei nicht in den Krieg gezogen,
um Kinder zu erschießen. Der Truppenführer drohte mit einer Meldung – und nahm dann die Erschießung der Frau und der Kinder
selber vor. Die anderen sahen tatenlos zu.

SS- und Polizeiangehörige waren der Sondergerichtsbarkeit der SS
und Polizei unterworfen. Regelmäßig wurden sie über Verstöße un-
terrichtet und über Bestrafungen belehrt.[21] Keiner, der einen Tötungsbefehl verweigerte, wurde von einem SS- und Polizeigericht
zum Tode verurteilt. Solche »Befehlsverweigerer« wurden degra-
diert, versetzt oder entlassen. Umgekehrt: SS- und Polizeiangehörige, Soldaten und Zivilisten, Deutsche und Ausländer wurden von
den zuständigen Gerichten zur Rechenschaft gezogen, wenn sie Juden »eigenständig«, ohne Vorlage eines Befehls getötet hatten und
angezeigt worden waren. Die Strafen fielen milde aus. Die Täter
wurden nicht verurteilt, weil sie einen Mord begangen, sondern es
gewagt hatten, die Zuständigkeit der SS und Polizei zu unterminieren.

Keine Sanktionen wurden über jene Schützen verhängt, die ihren
Aufgaben nicht mehr gewachsen waren – und ausgewechselt werden
mußten. Mordgemetzel – vor allem die Exzesse bei der Erschießung
von Frauen und Kindern – lösten gelegentlich Übelkeit, Erbrechen
und Zusammenbrüche aus. Diese Reaktionen stellten sich auch ein,
wenn Schüsse die Köpfe der Opfer zerrissen und Hirn- und Kno-

chenteile vermischt mit Blut auf das Gesicht oder die Uniform der Schützen zurückspritzten. Es kam vor, daß diese Erlebnisse Ekzeme und andere psychosomatische Symptome auslösten. SS-Ärzte und »zuverlässige« Universitätsprofessoren der Medizin und Psychiatrie wurden um Rat und Hilfe gebeten. Die Patienten brachte man in Spezialabteilungen unter und sorgte dann dafür, daß sie einen Erholungsplatz in einem Sanatorium oder SS-eigenen Ferienheim bekamen. Nach der Genesung wies man ihnen in der Regel eine neue, »ruhige« Dienststelle in der Heimat zu.

Heinrich Himmler hatte sich schon früh Sorgen um das Wohl seiner Männer gemacht. Auf den Inspektionsreisen im Sommer und Herbst 1941 ließ er sich Modell-Exekutionen und andere Tötungsexperimente vorführen; sie lösten auch bei ihm Gefühle des Unwohlseins aus. Es ist bekannt, daß sich diese Erfahrung auf die Entscheidung ausgewirkt hat, den Einsatz von Gaswagen und Gaskammern voranzutreiben. Unbekannt ist hingegen bislang ein geheimer SS-Befehl geblieben, den Himmler am 12. Dezember 1941 ausstellte und der von der SS verlangte, »ohne Rücksicht ... und in schärfster Form Feinde des deutschen Volkes der gerechten Todesstrafe zuzuführen«. Himmler verkündete weiter: »Heilige Pflicht der höheren Führer und Kommandeure ist es, persönlich dafür zu sorgen, daß keiner unserer Männer, die diese schwere Pflicht zu erfüllen haben, jemals verroht oder an Gemüt oder Charakter Schaden erleidet. Die Aufgabe wird erfüllt durch schärfste Disziplin bei den dienstlichen Obliegenheiten, durch kameradschaftliches Beisammensein am Abend eines Tages, der eine solche schwere Aufgabe mit sich gebracht hat. Das kameradschaftliche Beisammensein darf aber niemals mit Alkoholmißbrauch endigen. Es soll ein Abend sein, an dem – den Möglichkeiten entsprechend – in bester deutscher häuslicher Form zu Tisch gesessen und gegessen wird und an dem Musik, Vorträge und das Hineinführen unserer Männer in die schönen Gebiete deutschen Geistes- und Gemütslebens die Stunden auszufüllen haben.«[22]

Auch bei späteren Anlässen sprach Himmler gern von der »schweren Aufgabe« der Judenvernichtung und der »Anständigkeit«, die die SS dabei bewahrt habe. Der Geheim-Befehl vom Dezember 1941, der an alle Polizei- und SS-Dienststellen verteilt wurde, schloß mit der Anweisung:

»Ebenso wünsche ich, daß es grundsätzlich als unmöglich und unan-
ständig gilt, über Tatsachen und damit zusammenhängende Zahlen
sich zu unterhalten oder darüber zu sprechen. *Lebensnotwendige
Befehle und Pflichten für ein Volk müssen erfüllt werden. Sie sind
hinterher aber kein Gesprächs- oder Unterhaltungsstoff.*«[23]
Daran hielt man sich dann auch. Was hier im Dezember 1941 sank-
tioniert wurde, war bereits im Juli 1941 verordnet worden. Und
Montuas Tötungsbefehl zeigt, daß die »Belastungen« durch die
Ausübung der Mordtaten von Beginn an in Rechnung gestellt worden waren.

Angehörigen des Radfahr-Bataillons fehlte es nicht an Gelegenhei-
ten, die Erlebnisse und Eindrücke von den Judenvernichtungen zu
verwischen. Nach Dienstschluß wurden die »kameradschaftlichen«,
»gemütlichen Beisammenseins« arrangiert. In den Wäldern von
Bialowies wurden Lagerfeuer angezündet und die Volks- und
Marschlieder angestimmt. Bier und Rum wurden ausgeschenkt. Ka-
barett-, Theater- und Filmvorführungen rundeten das Unterhal-
tungsprogramm ab. Nach der Ermordung der Juden in Bialowies
erholten sich die Polizisten auf einer Fahrt mit »der Urwaldbahn«
durch das Naturschutzgebiet und Jagdrevier. Der Ausflug prägte
sich ein: »Bei strahlendem Sonnenschein«, so hieß es im Kriegstagebuch, »gab er den Männern einen nochmaligen Überblick über unser großes Betätigungsfeld während der Einsatzzeit in Bialowies.«
Weihnachten und Neujahr wurden entsprechend zelebriert. Am
Heiligen Abend hielt ein Kompanieführer eine Ansprache, in der er
von »der Notwendigkeit des Kampfes zwischen Judentum und Ger-
manentum« sprach und erklärte, »daß die vorübergehende Trennung von den Familien ein kleines Opfer darstellt, gemessen an der
Größe des Ringens zweier Weltanschauungen«. Am Sylvester-
abend verkündete er: »Die Polizei hat ihren Auftrag, den in vor-
derster Linie kämpfenden Truppen den Rücken zu sichern, immer
erfüllt und darf stolz auf ihre Arbeit an den gewaltigen Erfolgen des
abgeschlossenen Jahres sein.« In den Kriegstagebüchern und Berichten des Radfahr-Bataillons sucht man vergeblich nach Ausdrük-
ken des Unbehagens oder der Kritik, geschweige denn des Protestes
und des Widerstandes. Nur »freudige Stimmung« und »helle Begeisterung«, »hohe Moral«, »stete Pflichterfüllung« und die Erfolgs-

zahlen der Judenvernichtung schlugen sich in der schriftlichen Überlieferung nieder.

Der verlorene Krieg hat das Grundmuster dieses kollektiven Verhaltens nicht aufgebrochen. Anstandslos ließen sich »Himmlers grüne Helfer« wieder in den regulären Polizeidienst integrieren – als einfache, ehrliche und dienstbeflissene Beamte. Positionen, Privilegien und Pensionen wurden so gewahrt, in Deutschland wie in Österreich. Mit Überraschung, Verwirrung und Ärger reagierten Angehörige des früheren Radfahr-Bataillons, als sie in den sechziger Jahren – im Zuge der späten Ermittlungen und Verfahren wegen nationalsozialistischer Gewaltverbrechen – ermittelt und an die alte Vergangenheit erinnert wurden.[24]

Der »Waffenwart« des Bataillons, einst zuständig für die Austeilung und Kontrolle von Waffen und Munition, erklärte im Zeugenstand, daß er »niemals« etwas über Judenerschießungen gehört habe: »Das mag ungewöhnlich klingen, ist aber so.« Viele beteuerten, »nichts gesehen zu haben« oder nur manchmal etwas »gehört zu haben«, vom »Hörensagen«. Ein Polizist verwies darauf, daß das Bataillon ständig »auseinandergezogen« gewesen sei und daß er keine Liquidierungen »wahrgenommen« habe. Ein Schütze gab zu, beim gelegentlichen und »legitimen« Exekutieren von Partisanen bemerkt zu haben, daß »es Juden waren«. Andere wiederum gaben bereitwillig Auskunft über »Judenaktionen«, die sie nur »beobachtet« hatten: »Man konnte sich damals auch im Hintergrund halten oder ›sich drücken‹, jedoch nicht in allen Situationen. Oft oder meistens hatten es die Offiziere nicht schwer, Erschießungskommandos zusammenzustellen, denn es waren meiner Meinung nach immer dieselben Leute, die sich vordrängten.«

Etliche erinnerten sich ganz besonders gern an »das viele Radeln« oder an das Jagdrevier von Bialowies, wo »7 goldene Wochen« verbracht und »viel Vieh geschlachtet« worden war, was zu einer »willkommenen Abwechslung des Speisezettels« geführt habe. Im übrigen habe man dort niemandem »ein Haar gekrümmt«. Reichten diese Aussagen noch nicht aus, um Unwissenheit und Unschuld zu beweisen, dann diente die vielzitierte Berufung auf den »Befehlsnotstand« und den »Partisanenkampf« dazu, die unwiderlegbaren

Erschießungen zu rechtfertigen. Und schließlich: Kaum einer vergaß es, zu betonen, daß man letzlich nur als einfacher Polizist gedient habe und als Angehöriger eines Radfahr-Bataillons in den Krieg geschickt worden sei »für Führer, Volk und Vaterland«.

Diese Strategien zahlten sich aus. Alle ermittelten und angeklagten Angehörigen des Polizei-Bataillons 322 blieben straffrei. Ermittlungsverfahren wurden eingestellt. Gerichtsverfahren endeten mit Freisprüchen. Versuche schlugen fehl, Verfahren wieder aufzunehmen; der letzte im Jahre 1976. Das nahmen die Täter, Mittäter und viele andere mit Erleichterung und Genugtuung auf.

Hans Buchheim
Zur öffentlichen Auseinandersetzung mit unserer nationalsozialistischen Vergangenheit

I.

In seinem Buch »Gesellschaft und Politik in der amerikanischen Besatzungszone« stellt Hans Woller exemplarisch den Verlauf der Säuberung der öffentlichen Verwaltung nach dem Zusammenbruch des NS-Regimes dar. Sie erfolgte im Sommer 1945 auf Befehl der Militärregierung in rigoroser Weise, nämlich nach formalen Kriterien und mit dementsprechend kollektiver Entfernung aller Betroffenen aus dem Dienst: Sofort zu entlassen waren u. a. alle Pgs, die *vor* Erlaß des Reichsbeamtengesetzes vom 1. Mai 1937 der NSDAP beigetreten waren, alle Amtsträger von NS-Organisationen sowie alle höheren Beamten, Regierungspräsidenten, Landräte und Bürgermeister in den Gemeinden, und »zwar ohne Rücksicht auf etwaige Mitgliedschaften in NS-Organisationen«.[1] Diese Maßnahme hatten weniger die lokalen und regionalen Instanzen der Militärregierung für nötig erachtet, sie ging vielmehr im Grunde auf Forderungen der öffentlichen Meinung in Amerika zurück.[2] In nicht wenigen Fällen bedeutete die Entfernung aus dem Dienst für die davon Betroffenen eine offenkundige Ungerechtigkeit. Bald wurde deshalb auf deutscher Seite wie auch auf seiten der Besatzungsmacht gefordert, über jeden Fall einzeln und unter Würdigung seiner besonderen Umstände zu entscheiden. Dies geschah dann, nachdem im Sommer 1946 die Spruchkammern ihre Arbeit aufgenommen hatten. Dabei zeigte sich, wie schwierig es ist, politisches Verhalten in rechenschaftsfähiger Beweisführung als schuldhaft bzw. nicht-schuldhaft zu beurteilen.[3] Selbstverständlich mußten auch die den einzelnen entlastenden Tatbestände berücksichtigt und schließlich »in dubio pro reo« entschieden werden. Das Ergebnis war, daß die überwiegende Zahl der Entlassenen in den Dienst zurückkehren durfte. Trotzdem, stellt Woller fest, habe eine »Renazifizierung« der öffentlichen Verwaltung nicht stattgefunden.[4] Die von amerikanischen Offizieren 1945/46 eingesetzten Landräte und Bürgermeister, die bis 1945 nicht im Amt gewesen und daher völlig unbelastet waren, blieben bis in die sechziger Jahre im Amt. Die örtlichen und regionalen Nazifunktionäre blieben »am Rande der Gesellschaft«[5], und von den Mitläufern ging keine ernsthafte Gefahr für den Neubeginn aus. Jeder, der es gewagt hätte, die Wiederbelebung nationalsozialistischer Ideen zu propagieren, hätte es riskiert, sich politisch und moralisch zu isolieren.[6]

Ist demnach anzunehmen, daß es um der neuen freiheitlich-rechtsstaatlichen Ordnung willen jener Kollektiventlassung nach formalen Kriterien an sich nicht bedurft hätte, so bietet der Vorgang doch ein Beispiel dafür, daß das staatsethisch Gebotene (hier die Säuberung) und das individualethisch zu Fordernde (nämlich die Einzelfall-Gerechtigkeit) u. U. nicht miteinander zu vereinbaren sind. Denn für eine gründliche Säuberung verspricht allerdings das kollektive Vorgehen nach formalen Kriterien das bestmögliche Ergebnis, weil dann eher manche an sich tragbaren Personen entlassen werden, als daß Belastete womöglich nicht erfaßt würden. Das aber heißt: Um das staatsethisch Gebotene zu tun, muß man individualethisch Ungerechtigkeiten in Kauf nehmen. Geht man aber individualethisch davon aus, daß die Gerechtigkeit gegen den Einzelnen Vorrang genießt, dann bleibt das staatsethisch Gebotene Stückwerk, wenn es nicht überhaupt verfehlt wird. Ernst-Wolfgang Bökkenförde hat kürzlich auf die gleiche Aporie im Falle politischer Amnestie hingewiesen.[7] Gerade in Zeiten der Abkehr von einem totalitären Regime bestehe »eine Situation des Angewiesenseins auf Verzeihung, (...) auf ein auferlegtes Vergessen und Hinwegsehen über bestimmte Formen von Unrecht-Handeln«. Das läge im Interesse des Gemeinwohls; doch tue sich, da Unrecht ungesühnt bleibt, an dieser Stelle »womöglich eine Differenz zwischen Gemeinwohl und Gerechtigkeit auf«.

II.

Anders als bei der Säuberung nach formalen Kriterien scheinen das Gemeinwohl bzw. das Interesse des Staates und Gerechtigkeit gegen den Einzelnen dann zusammenzustimmen, wenn man auf die *Gesinnung* der in der öffentlichen Verwaltung Tätigen abstellt. Denn wer in nationalsozialistischem Denken befangen bleibt, kann zur Gefahr werden und wird deshalb mit Recht entlassen. Doch ist dies nicht so selbstverständlich richtig, wie es auf den ersten Blick scheint. Denn da die öffentliche Verwaltung nach dem Grundsatz der Gesetzmäßigkeit und nach verbindlichen Verfahrensvorschriften tätig wird und da an der Herbeiführung amtlicher Entscheidungen in der Regel mehrere Stellen beteiligt sind, bleibt nur wenig Spielraum für jemanden, der darauf nach Maßgabe seiner persönlichen Gesinnung Einfluß zu nehmen versucht.[8] Der »Marsch durch die Institutionen«, den mancher angetreten hat, der »eine ganz andere Republik« wollte, ist noch immer an der überlegenen objektiven Disziplin jener Institutionen gescheitert.

Der Staat hat es aber nicht nur nicht nötig, von seinen Dienern über loyales *Verhalten* hinaus auch noch Treue der politischen *Gesinnung* zu fordern, sondern dies muß ihm sogar verwehrt sein.

Das hat mit einem überraschenden Argument Ernst-Wolfgang Böckenförde in seiner kleinen Schrift »Der Staat als sittlicher Staat«[9] gezeigt. Der Staat verfolge die Zwecke des Gemeinlebens nur in rechtlicher Weise, d. h. soweit es durch äußere Anstalten und vollziehbare Gebote möglich ist, »die sich am Verhalten der einzelnen orientieren, nicht auf ihre Gesinnung zugreifen«. Eben dies schreibe aber das Bundesbeamtenrechtsrahmengesetz vor, nach welchem ins Beamtenverhältnis nur berufen werden darf, wer jederzeit für die freiheitlich-demokratische Grundordnung »eintritt«. Die Folgen für die Praxis in Verwaltung und Justiz seien Gesinnungsprüfungen, die letztlich unmöglich sind. In diesem Zusammenhang, so schreibt Böckenförde weiter, könne nicht außer Betracht bleiben, daß die einschlägigen gesetzlichen Regelungen unseres Beamtenrechts auf einer nahezu wortgleichen Übernahme von Formulierungen des nationalsozialistischen Beamtenrechts beruhen. Während das Republikschutzgesetz der Weimarer Zeit noch auf das *Verhalten* der Beamten abstellte, forderte das NS-Gesetz »zur Wiederherstellung des Berufsbeamtentums«, der Beamte müsse jederzeit rückhaltlos für den nationalen (seit 1937: nationalsozialistischen) Staat *eintreten*. Das habe der Bundesgesetzgeber übernommen und lediglich das Wort »rückhaltlos« gestrichen sowie an die Stelle des »nationalsozialistischen Staates« die freiheitlich-demokratische Grundordnung« gesetzt.

Daß der Staat es nicht nötig hat, von seinem Diener eine bestimmte politische Gesinnung zu verlangen, und daß er dies auch gar nicht darf, ist häufig vorgebracht worden, als es in den siebziger Jahren darum ging, Linksradikale vom öffentlichen Dienst auszuschließen. Es gilt aber in gleicher Weise bei der Beurteilung der Wiederverwendung von Beamten, die Nationalsozialisten gewesen waren, wie heute bei der Weiterverwendung von »Wendehälsen« in den neuen Bundesländern.

III.

Zur Tätigkeit der Spruchkammern schreibt Hans Woller[10], ihre Überzeugungskraft sei zunehmend im Geflecht nachbarlicher, kollegialer und gesellschaftlicher Beziehungen versackt. Die politisch unbelasteten Nachbarn und Berufskollegen hätten unterschieden zwischen »solchen« und »solchen« Nazis, und ausschlaggebend für sie sei gewesen, ob einer anständig geblieben war oder nicht. Zum gleichen Ergebnis kommt auch Klaus-Dietmar Henke[11]: »Dies dicht gewebte soziale Geflecht, dem Belastete wie NS-Gegner, Ankläger wie Angeklagte – gewissermaßen unabhängig von ihrer NS-Vergangenheit – gemeinsam angehörten und dem ja auch alle nach dem Ende der politischen Säuberung weiterhin angehören wollten, war ein subtil wirkender, aber hochwirksamer Schutz vor einer tiefgreifenden politischen Personalsäuberung. Man tat einander nur ungern weh, um so weniger, wenn sich jemand als ›anständiger‹ und nicht als ›unanständiger‹ Nazi gezeigt hatte.« – Das ist sicher richtig beobachtet; doch verdient der Tatbestand einer noch genaueren Betrachtung und Begründung. Zu diesem Zweck sei eine Überlegung zur Methode vorausgeschickt.

Im Jahre 1933 erzählte man sich folgenden Witz: Als Hitler das 1000jährige Reich gründete, machte er der guten Fee seine Aufwartung. Diese gab ihm drei Wünsche frei, die in Erfüllung gehen sollten. Hitler wählte, daß erstens alle Deutschen anständig sein sollten, zweitens daß sie klug und drittens daß sie alle Nationalsozialisten sein sollten. Der bösen Fee hatte er nicht die Ehre gegeben, wofür diese sich rächte. Zwar vermochte sie die Gunst der guten Fee nicht rückgängig zu machen, aber sie konnte sie modifizieren: Von den drei guten Eigenschaften sollten jeweils nur zwei in Erfüllung gehen. Folglich war jemand anständig und Nationalsozialist, aber dann war er nicht klug; oder er war klug und Nationalsozialist, dann war er nicht anständig; oder er war anständig und klug, dann war er kein Nationalsozialist. Doch hat sich dieser Fluch der bösen Fee nicht voll durchsetzen können; es gab nämlich Leute, die waren anständig und klug und waren trotzdem Nationalsozialisten. Und *sie* sind es, die uns einen wichtigen guten Rat zur Methode vermitteln. Wenn wir uns nämlich bei der Frage, warum jemand Nazi war, mit der Antwort begnügen, daß er ein moralisch schlechter oder geistig minderbemittelter Mensch ist, dann hat sich damit der Fall erledigt, ohne daß wir dabei eine Einsicht über den Nationalsozialismus selber gewönnen. Gehen wir dagegen davon aus, daß anständige und zugleich kluge Leute sich dem Nationalsozialismus verschrieben und Hitler Gefolgschaft geleistet haben, dann ist die Frage unausweichlich gestellt, wie eine so offenkundig verwerfliche und mit gravierenden Irrtümern behaftete Bewegung so bereite Gefolgschaft in einer im ganzen doch moralisch und geistig einigermaßen kultivierten Bevölkerung finden konnte. Diese Frage ist hier nicht das Thema; aber die Methodenregel, die zu ihr führt, gilt auch für die öffentliche Auseinandersetzung mit der nationalsozialistischen Vergangenheit nach 1945. Erklärt man sich nämlich den von Woller und Henke skizzierten Tatbestand mit dem moralischen Urteil, die Deutschen seien eben unwillig gewesen, sich mit der schlimmen Vergangenheit auseinanderzusetzen, uneinsichtig und gewissensträge, dann ist der Fall damit erledigt. Das moralische Urteil läßt die Frage gar nicht erst aufkommen, warum auch, ja warum gerade kluge und anständige Leute sich so verhalten haben, wie die beiden Autoren es feststellen. Greifen wir diese Frage aber auf, dann stoßen wir auf einen objektiven und respektablen Grund dafür, einander »nicht weh zu tun«. Es zeigt sich nämlich, daß die Gebote persönlichen Umgangs miteinander in gewisser Weise querliegen zu den Beziehungen, in denen wir politisch zueinander stehen.

Als Staatsbürger orientieren wir uns an den Erfordernissen und der Ordnung gesamtgesellschaftlichen Zusammenlebens, daran also, wie der Staat eingerichtet sein muß, wenn das öffentliche Leben den Grundsätzen von Recht und Freiheit genügen soll. Wer diese Ordnung verneint, wer dazu beigetragen hat, sie zu zerstören, und mit Überzeugung einem despotischen Regime gedient hat, ist unser Gegner und verdient, entsprechend behandelt zu werden. Auf der anderen Seite steht der nicht-politische persönliche Umgang jeweils bestimmter Leute in einer bestimmten Situation. Hier gehört einander zu schonen zu den ersten Geboten des Anstandes und der auf gedeihliches Miteinander-Auskommen gerichteten Klugheit. Wir müssen den anderen gelten lassen, dürfen ihm keinen bösen Willen unterstellen, dürfen ihm gegenüber nicht auftrumpfen. Hobbes zählt zu den Regeln, die um des Friedens willen zu befolgen sind, daß man nicht durch Tat, Wort, Miene oder Gebärde gegen einen anderen Haß oder Verachtung zum Ausdruck bringen darf. Daraus folgt, daß wir politische Gegensätze (und dazu gehört auch, politische Fehler und politische Schuld zur Sprache zu bringen und Konsequenzen daraus zu ziehen) im persönlichen Umgang nicht mit *der* Härte austragen können und dürfen, die ihrer existentiellen Bedeutung an sich angemessen ist. Es geht nicht an, sich im persönlichen Umgang von den Irrtümern und der Schuld des anderen leiten zu lassen, die man ihm an sich mit Recht vorhalten könnte. Insoweit besteht auch hier ein Gegensatz zwischen staatsethischer und individualethischer Orientierung.

Hermann Lübbe[12] hat mit Recht geschrieben, daß ein entsprechendes Verhalten im persönlichen Umgang nichts mit »Verdrängung« zu tun hat. Er veranschaulicht das mit folgendem, wie er schreibt, »wirklichkeitsnah erfundenem« Beispiel: An einer Universität hatten Pedell und Professor derselben Ortsgruppe der NSDAP angehört, und sie wußten es nach 1945 voneinander; der als Widerständler aus Flucht und Untergrund remigrierte Professoren-Kollege

und die Studenten wußten es auch. Wie ging man miteinander um?
Lübbe antwortet:
»Wer sich die Antwort auf diese Frage geben kann, hat das Wichtigste an der Gegenwart des Nationalsozialismus in der frühen deutschen Nachkriegsöffentlichkeit verstanden. *Die Rechtfertigung und Verteidigung des Nationalsozialismus wurde niemandem zugebilligt.* Daß der Widerständler gegen seinen Ex-Nazi-Kollegen recht behalten hatte, war gleichfalls öffentlich nicht bestreitbar. Und wieso der Kollege einst Nationalsozialist geworden war – das war, nach seinen respektablen oder auch weniger respektablen Gründen, keinem der Beteiligten einschließlich der studentischen Ex-Pimpfe ein Rätsel. Eben deswegen wäre es auch ganz müßig gewesen, dieses Nicht-Rätsel als Frage universitätsöffentlich aufzuwerfen, und ein Auslösepunkt für einen Generationenkonflikt lag hier insoweit auch nicht. Der im Widerstand bewährte Kollege wurde Rektor. Um so mehr verstand es sich, daß er seinem sich gebotenerweise zurückhaltenden Ex-Nazi-Kollegen gegenüber darauf verzichtete, die Situation, die sich aus der Differenz ihrer politischen Biographien ergab, in besonderer Weise hervorzukehren oder gar auszunutzen. Kurz: *Es entwickelten sich Verhältnisse nicht-symmetrischer Diskretion. In dieser Diskretion vollzog sich der Wiederaufbau der Institution, der man gemeinsam verbunden war, und nach zehn Jahren war nichts vergessen, aber einiges schließlich ausgeheilt.* So ideal vollzog sich die Entwicklung – das weiß man – natürlich keineswegs immer; aber das war die Norm für das Verhalten im Prozeß der Verwandlung der dem Reichsuntergang so oder so entkommenen deutschen Bevölkerung in die Bürgerschaft der neuen Republik.«
Was Lübbe hier schildert, qualifiziert Hans-Ulrich Wehler[13] als Möglichkeit, sich mit aller Entschiedenheit vom Nationalsozialismus zu distanzieren, in der praktischen Politik aber kompromißbereit, gewissermaßen mit laxer politischer Moral zu verfahren. Die Politik in der Ära Adenauer habe sich im wesentlichen für diesen Weg entschieden, für den es »triftige pragmatische Gründe« gegeben habe. Durch den Verzicht auf einen rigorosen Bruch mit der Vergangenheit sei verhindert worden, ein rein numerisch gewaltiges Potential von Unzufriedenen und Diskriminierten zu schaffen,

das sich zu einem unbestreitbar hochbrisanten politischen Spreng-
stoff hätte verbinden können.

Das Verhalten der Personen in Lübbes Beispiel verringerte aber
nicht nur eine solche Gefahr, sondern hatte, wie Lübbe selbst bemerkt, eben auch eine heilende Wirkung. Es hat nämlich den Vor-
zug, für diejenigen, die im täglichen Alltag miteinander zu tun haben, so unmittelbar naheliegend geboten zu sein, daß es im Sinne
einer Versöhnung wirkt, ohne daß es eines ausdrücklichen Be-
schlusses, sich zu versöhnen, bedarf. Somit hat es objektiv ethische
Qualität, ohne daß die eine Seite das Verdienst einer besonderen
moralischen Leistung in Anspruch nimmt, das die andere Seite ins
moralische Obligo versetzte. Trotzdem hat solche Praxis auch dann
Bestand, wenn man sie ausdrücklich nach moralischen Kriterien beurteilt. Denn wie die Auseinandersetzung mit einer schlimmen Vergangenheit moralische Pflicht jedes einzelnen gegen sich selbst ist,
so ist die Bereitschaft zu vergeben und sich zu versöhnen moralische
Pflicht gegenüber seinen Mitmenschen. Das gilt in besonderem
Maße dann, wenn die Schuldverstrickung so komplex ist, daß die
Schuld des einen Mitursache der Schuld des anderen ist. Anders
liegen die Dinge allerdings dort, wo es sich um ein klares Gegenüber
von Täter und Opfer handelt. Denn vergessen kann das Opfer nicht,
es kann höchstens über das, was ihm angetan wurde und was es erlitten hat, hinwegsehen, muß dies sich aber ganz einseitig zumuten.
Hier gilt deshalb, was Adam Michnik in einem Gespräch mit Václav
Havel[14] sagte: »Wir können versuchen, die Menschen von der Ver-
geltung abzubringen, aber wenn sie ihr Recht geltend machen wollen, kann man sie nicht daran hindern.« Havel antwortete: »Genau
das ist mein Dilemma (...). In meiner Funktion als Präsident kann
ich nicht wie ein privater Mensch agieren. Ich habe absolut kein
Bedürfnis, ›meine‹ Agenten oder Konfidenten zu verfolgen, ich will
mich nicht an ihnen rächen. Aber als Staatsmann habe ich kein
Recht, hier eine Generalamnestie zu erteilen.«

IV.

So unbestreitbar der moderate Umgang der Bürger untereinander – obgleich er gerade nicht politisch orientiert war – auch dem Gemeinwohl diente, so war dabei doch stets die entschiedene öffentliche und allgemeine Distanzierung vom Nationalsozialismus vorausgesetzt. Das Hinwegsehen über die Schuld des Nachbarn und Kollegen war nur und bleibt nur dann zu rechtfertigen, wenn die Nation als ganze nicht aufhört, sich der Auseinandersetzung mit ihrer Vergangenheit zu stellen. Martin Broszat hat das richtig so gesehen und treffend formuliert[15], daß dem nichts weiter hinzugefügt werden muß: »Wer den Bürgern der Bundesrepublik den selbstkritischen Umgang mit ihrer älteren und jüngeren Geschichte wegschwatzen will, raubt ihnen eines der besten Elemente politischer Gesittung.« Es sei gerade die Erfahrung der Hitlerzeit, »die die Westdeutschen in den Stand gesetzt hat, sich auch ohne national-emotionale Nachhilfe allmählich in der Rechts-, Sozial- und Zivilgesellschaft der Bundesrepublik heimisch zu machen.«

Man kann allerdings in diesem Punkt mit vernünftigen Gründen und respektablen Motiven auch genau der gegenteiligen Meinung sein. Ein Beispiel dafür bietet uns Ernest Renan in seiner berühmten Schrift »Was ist eine Nation?« von 1882. Neben dem Abbé Emmanuel Sieyes, dem Verfasser der Schrift »Was ist der Dritte Stand?«, ist Renan der klassische Repräsentant des Konzepts der Nation als politischer Willenseinheit gegen die »Kulturnation« als Abstammungs- und Wesenseinheit. In seiner zitierten Schrift findet sich die berühmte Bestimmung: »Die Existenz einer Nation ist ein tägliches Plebiszit, wie die Existenz des Individuums eine fortwährende Bejahung des Lebens ist.« Der Mensch sei nicht Sklave seiner Rasse oder Sprache, sondern eine große Anzahl von Menschen schüfen mit gesundem Geist und warmem Herzen eine »conscience morale«, »die sich Nation nennt«. Ein wesentlicher Faktor dabei sei aber das Vergessen: »Das Vergessen und, ich würde sogar sagen, der historische Irrtum sind ein wesentlicher Faktor bei der Schaffung einer Nation, und daher ist der Fortschritt der historischen Forschung oft eine Gefahr für die Nationalität. (...) Das Wesen einer Nation ist nun aber, daß alle Individuen viele Dinge miteinander gemein haben und

auch, daß alle viele Dinge vergessen haben (...). Jeder französische
Bürger muß die Bartholomäusnacht vergessen haben und die Massaker im Süden während des 13. Jahrhunderts.« Wir folgen dem
nicht, sondern halten es mit Martin Broszat, wenigstens in bezug auf
die nationalsozialistische Zeit. Denn da haben Denkweisen, die
tief in unsere Geistesgeschichte hinabreichen, zu einer Katastrophe
von menschheitsgeschichtlicher Dimension geführt – wenn dieses
auch nicht kausal notwendig so geschehen mußte.

V.

In der öffentlichen Auseinandersetzung über die nationalsozialistische Zeit gilt es seit eh und je als nahezu selbstverständlich, daß es
eine Kollektivschuld nicht geben könne, denn schuldig werden
könne einzig und allein der einzelne Mensch. Möglich seien allerdings – und für uns Deutsche gegeben! – Kollektivverantwortung
und Kolletivscham. Es soll hier nicht erörtert werden, ob sich die
Kategorie »Verantwortung« so völlig aus dem Zusammenhang mit
Schuld herauslösen läßt, daß jemand auf eine Weise für einen Schaden verantwortlich sein kann, die von jedem Bezug auf Schuld frei-
bliebe. Vielmehr ist zu zeigen, daß ein Kollektiv bestimmter Art
eben doch auf eine bestimmte Weise schuldig werden kann. Dieses
Kollektiv entsteht dadurch, daß sich eine Anzahl von Personen als
handlungsfähige Einheit konstituiert und damit ein nicht-personales
Subjekt erzeugt; dessen Handlungen sind dann dem Kreis der Beteiligten kollektiv zuzurechnen. Beispiele dafür sind ebenso zahlreich
wie alltäglich. Man denke etwa an die »juristische Person«, an die
»Firma«, das Völkerrechtssubjekt oder das Verfassungsorgan. Der
Bundestag, der als Gesetzgeber tätig wird, ist ein derartiges nicht-
personales handlungsfähiges Subjekt. Als solches kann er, wie jeder, der handelt, das Richtige oder das Falsche tun, kann er sich
Verdienste erwerben oder auch schuldig machen. So kann man es
dem Bundestag z. B. als Schuld vorwerfen, daß er es 1960 versäumt
hat, die Verjährungsfrist für Totschlag zu verlängern, und daß folglich NS-Gewalttäter wegen dieses Deliktes nicht mehr bestraft werden konnten. Allerdings kann diese Schuld wirklich nur dem Kol-

lektiv als solchem, in unserem Fall also dem Bundestag, zugeschrieben werden und nicht dem einzelnen Abgeordneten persönlich. Ihn kann man nicht für das formale beschlossene Ergebnis der Beratungen und Auseinandersetzungen innerhalb des Gesamtkörpers des Parlaments verantwortlich machen.

Das alles gilt entsprechend für den Fall, um den es hier bei der Erörterung des Problems geht, ob es eine politische Kollektivschuld des deutschen Volkes an der NS-Herrschaft und deren Verbrechen gibt. Wenn es kein leerer Wahn ist, daß eine Gesellschaft (ein Volk) in ihrem Staat die Qualität eines politischen Körpers, eines »moi commun«, also eines nicht-personalen Subjekts, gewinnt, dann kann sie in diesem Status auch kollektiv schuldhaft handeln. Und in der Tat: Der Staat ist, wie jedes andere nicht-personale Subjekt, keine Fiktion, sondern besitzt reale soziale Existenz, die ihren Ursprung und tragenden Grund in natürlichen Personen hat. Man darf sich das Entstehen eines nicht-personalen Subjekts, mithin auch des Staates, allerdings nicht so vorstellen, als gingen sie in irgendeiner Weise aus der Verschmelzung der beteiligten natürlichen Personen hervor. Vielmehr entsteht die Subjekt-Qualität dadurch, daß im Sinne einer gemeinsamen Orientierung der Beteiligten und in deren Namen gehandelt wird. Dies ist ein kollektives Handeln, dessen Spezifikum im Gegensatz zu gemeinschaftlichem Handeln darin besteht, daß die einzelnen daran nicht willentlich beteiligt sind. Wenn das nicht-personale Subjekt Bundesrepublik Deutschland mit einem Kommuniqué zu einem internationalen Streitfall Stellung nimmt, ist der einzelne Bürger an diesem Akt nicht willentlich beteiligt, und es kann ihm dafür keinerlei Mitverantwortung zugeschrieben werden. Da es also an der Tätigkeit des nicht-personalen Subjekts keinen zurechenbaren Anteil des Wollens des einzelnen gibt, kann schuldhaftes Handeln dieses Subjekts zwar eine kollektive Schuld aller Beteiligten gemeinsam, nicht aber persönliche Schuld einzelner sein. Ferner ist festzustellen, daß die Schuld eines *nicht-personalen* Subjekts (und daher auch die Kollektivschuld, der sich als dieses Subjekt konstituierenden Personen) niemals eine moralische sein kann, weil zur moralischen Orientierung nur die einzelne *natürliche* Person befähigt ist. Zumindest im Falle des Staates ist die Kollektivschuld stets politische Schuld, weil die gemeinsame Orientierung, aus der die kollektive Handlungsfähigkeit stammt, per definitionem eine politische ist.

Wendet man diese allgemeinen Überlegungen auf die Beurteilung der Schuld an der NS-Herrschaft und deren Verbrechen an, so ist zunächst eine politische Kollektivschuld des deutschen Staatsvolkes festzustellen, die darin besteht, daß es auf die Ausübung seiner Souveränität verzichtete und sich der angemaßten persönlichen Souveränität Hitlers unterwarf. Deren Eigenart ist exemplarisch formuliert in dem Satz Ernst Rudolf Hubers: »Nicht von Staatsgewalt sondern von Führergewalt müssen wir sprechen, wenn wir die politische Gewalt im völkischen Reich richtig bezeichnen wollen.«[16] In diesem Sinn galten die Parolen »Hitler ist Deutschland, Deutschland ist Hitler« und »Führer befiehl, wir folgen Dir«. Mit seinem Verzicht auf die Ausübung seiner Souveränität gab das deutsche Staatsvolk Hitler zunächst die Möglichkeit, Herrschaftsgewalt auszuüben, die nicht dem sittlichen Sinn des Staates verpflichtet und an die staatlich-institutionellen Bedingungen für die Erfüllung dieses sittlichen Sinnes nicht gebunden war. Darin eingeschlossen war, daß das deutsche Staatsvolk Hitler die Voraussetzungen dafür einräumte, erstens den Zweiten Weltkrieg vom Zaun zu brechen und zweitens Völkermord zu begehen.

Als weiterer Tatbestand kollektiver politischer Schuld des deutschen Staatsvolkes kommt hinzu, daß zwischen dem 30. Januar 1933 und dem 2. August 1934 (an dem nach dem Tode des Reichspräsidenten von Hindenburg die »Führergewalt« Hitlers proklamiert wurde) einerseits kein Zweifel darüber mehr bestehen konnte, welche politisch und sittlich verwerflichen Konsequenzen das NS-Regime zeitigen werde, es andererseits aber noch möglich gewesen wäre, sich mit Hilfe der Reichswehr und des Reichspräsidenten Hitlers zu entledigen. Vor dem 30. Januar 1933 konnte man nicht sicher wissen, wie die NS-Herrschaft aussehen werde, nach dem 2. August 1934 wurde es zunehmend aussichtslos, diese Herrschaft abzuschütteln.

Auf die Frage, ob es eine kollektive politische Mitschuld des deutschen Volkes am Völkermord unmittelbar gibt, lassen sich zwei verschiedene Antworten geben, und man kann darüber streiten, welche von beiden die richtige ist. Setzt man den Akzent darauf, daß das deutsche Staatsvolk auf die Ausübung seiner Souveränität verzichtete und sich der Souveränitätsanmaßung Hitlers unterwarf, dann liegt die Schuld ausschließlich bei letzterem. Nimmt man dagegen an, daß der Verzicht auf Ausübung der Souveränität nicht auch deren Verlust bedeutet, ja daß ein Volk die Volkssouveränität weder aufgeben noch verlieren kann (was z. B. allgemein betont wird für die Besatzungszeit von 1945 bis 1955), dann bleibt auch für den Völkermord unmittelbar eine letzte Mitverantwortung, mithin eine politische Kollektivschuld des deutschen Volkes. Mit Sicherheit aber liegt keine kollektive *moralische* Schuld am Völkermord vor. Denn – wie bereits gesagt – kann es kollektive Schuld nur geben, wenn natürliche Personen sich als nicht-personales Subjekt konstituieren; ein nicht-personales Subjekt ist jedoch nicht moralischer Motive und Entscheidungen fähig.

Kollektive Schuld kann – und muß – *politisch* abgetragen werden. Das Staatsvolk der Bundesrepublik tut dies vor allem dadurch, daß es sich für die sittlich qualifizierte Ordnung des demokratischen Verfassungsstaates entschieden hat und bei dieser Entscheidung bleibt. Auch die Außenpolitik läßt – unabhängig vom Wechsel der Mehrheitsverhältnisse in Parlament und Regierung – das Bemühen erkennen, alter Schuld Rechnung zu tragen. Dabei kann man geteilter Meinung sein, ob allzu betonte politische Zurückhaltung immer die richtige Konsequenz ist; ob wir nicht in Anbetracht unseres wirtschaftlichen Potentials zu mehr politischem Engagement in internationalen Krisen verpflichtet wären, deren Bewältigung solidarisches Handeln der Staaten erfordert.

Keinesfalls allerdings konnte unsere politische Schuld Faktor unserer Beziehungen zu den anderen Völkern sein, denn das hätte ein Recht der anderen eingeschlossen, von uns Rechenschaft zu fordern. Der Grundsatz der souveränen Gleichheit schließt jedoch aus, daß ein Volk über ein anderes ein Richteramt in Anspruch nehmen dürfte. So muß die negative Sonderstellung, in die uns das NS-Regime und seine Untaten in der Völkergemeinschaft versetzt hat (und die noch immer nicht wirklich überwunden ist), anders als durch Schuld zu charakterisieren sein. Es geht um einen Tatbestand, für den die meisten Menschen unserer Zeit wenig Verständnis aufbringen und der trotzdem ein Element menschlicher Sozialität ist, näm-

lich die verlorene Ehre. Ehre ist das Ansehen, das man bei seinen
Mitmenschen genießt, die Achtung, die einem gezollt wird. Das
aber hatten wir verspielt. Wir hatten uns bei den Völkern verächtlich gemacht und unter den zivilisierten Nationen die Ebenbürtigkeit eingebüßt. In seiner Dankansprache für die Verleihung des Ge-
schwister-Scholl-Preises hat Wolfgang Benz dafür das altmodische
Wort »Schmach« gefunden. Das trifft die Sache besser als der von
Theodor Heuss zuerst verwendete Begriff »Kollektivscham«. Denn
ob jemand sich schämt, das ist ganz seine Sache und seine Entscheidung. Schmach dagegen muß er erdulden, wie er Ehre nur emp-
fangen kann. Niemand entkommt der Ächtung und gewinnt seine
Ebenbürtigkeit zurück, solange die anderen es ihm verweigern. Wir
aber, selbst wenn wir beschlössen, unsere Schuld auf sich beruhen
und von Scham abzulassen, könnten Ehre und Ebenbürtigkeit nicht
endgültig wiedererlangen, wenn wir meinten, wir sollten – Renan
folgend – die schlimme Vergangenheit vergessen.

VI.

Neben die Auseinandersetzung mit der nationalsozialistischen ist
nun die mit der DDR-Vergangenheit getreten. Sie wird zum Teil so
geführt, als handle es sich bei dem neuen Fall um die gleichen Tatbestände, Belastungen und Probleme wie bei dem alten. Davon kann
jedoch nicht die Rede sein. Das zeigt sich schon daran, daß die »Bewältigung« der DDR-Vergangenheit in wichtigen Punkten in einem
Einigungsvertrag mit der DDR selbst geregelt wurde. Mag der
zweite deutsche Staat dabei nicht mehr vom SED-Regime vertreten
worden sein, so bezog sich der Vertrag doch auf die von diesem
geschaffenen und geprägten Gegebenheiten. Daß es vergleichbares
mit dem Erbe des »Dritten Reiches« (etwa mit der Regierung Dö-
nitz) hätte geben können, ist ein absurder Gedanke.
Im Gegensatz zur Hitler-Herrschaft war bei der Herrschaft der SED
das deutsche Volk nicht Täter oder zumindest Mittäter, sondern
Opfer. Die Deutschen haben sich dieser Herrschaft weder freiwillig
verschrieben, noch haben sie sie in freier Zustimmung getragen. Das
Ende der DDR hat offenkundig werden lassen, was 40 Jahre lang

Tatsache war, daß es sich nämlich um eine Form von Besatzungsherrschaft handelte, die sofort zusammenbrach, als ihr die Besatzungsmacht die Bestandsgarantie entzog. Mithin gibt es an der Existenz des SED-Regimes und dem von ihm begangenen Unrecht auch keine politische Kollektivschuld unseres Volkes, auch nicht desjenigen Teils des deutschen Volkes, der um Recht und Freiheit gebracht worden war. Zudem ist das vom DDR-Regime begangene Unrecht nach seiner Dimension und seinen Folgen mit den Verbrechen des NS-Staats nicht zu vergleichen. Es waren keine Verbrechen »gegen die Menschheit«, wie Hannah Arendt es bezeichnete, um auszudrücken, daß sie gegen das Wesen des Mensch-Seins gerichtet waren, wie die gewollte und weit vorangetriebene Ausrottung des jüdischen Volkes. Auch waren Terror und vieltausendfältiger Mord nicht gegen die europäischen Nachbarvölker gerichtet. Grundlegend anders stellt sich schließlich die Möglichkeit eines auf den Sturz der Regime gerichteten Putsches dar. Beim NS-Regime hätte ein erfolgreicher Putsch vor Herbst 1939 den Krieg verhindert und danach wenigstens verkürzt. Dagegen wäre ein Putsch gegen die Marionetten der UdSSR nicht frei vom Risiko eines Atomkrieges gewesen.

Sehen muß man allerdings auch, daß das Hitler-Potential, die Deutschen zu täuschen und zu verführen, erheblich größer war als das von Ulbricht und Honecker. Denn der geistig amorphe Nationalsozialismus schloß bis zuletzt als Möglichkeit die Illusion ein, man erfülle, indem man dem »Führer« Gefolgschaft leistet, bürgerlich-nationale Pflichten. Dagegen war in Anbetracht der konsequenten Verwirklichung der marxistisch-leninistischen Doktrin im Alltag der DDR sowie der militärischen Präsenz der Sowjetunion jedes Verharren in bürgerlich-nationalen Vorstellungen mit Opposition gleichgesetzt. In diesen Zusammenhang gehört auch, daß im »Dritten Reich« das Herkömmliche bürgerliche und öffentliche Recht weiter galt und die Verbrechen im wesentlichen im rechtsfreien Raum der sogenannten Führergewalt begangen wurden, während in der DDR auch die Rechtsordnung des Alltags grundlegend nach Maßgabe des Marxismus-Leninismus verändert wurde. Für die »Vergangenheitsbewältigung durch Recht« bedeutet das, daß in bezug auf die nationalsozialistische Zeit unser heute anzuwendendes

Recht auch damals geltendes Recht war, der Satz »nulla poena sine lege« kaum eine Rolle spielt, während in bezug auf die DDR das Dilemma besteht, daß das seinerzeit geltende Recht heute weitgehend unbrauchbar ist und das jetzt anzuwendende Recht damals nicht galt.

Daß der Fall »DDR« völlig anders geartet war als der Fall »»Drittes Reich«« hat zur Folge, daß wir in der Praxis – jenseits der vielen gescheiten Analysen – ganz anders damit umgehen. Das begann, wie gesagt, mit dem Einigungsvertrag. Sodann ist kein Mensch auf den Gedanken gekommen, eine der Entnazifizierung entsprechende »Entmarxisierung« zu fordern. Weder wurde die SED verboten noch das Flaggensymbol der DDR, noch Marx' »Kapital« (wie seinerzeit Hitlers »Mein Kampf«). Die Stasi-Akten wurden der Öffentlichkeit zugänglich gemacht, nicht um die Täter zu belangen, sondern um den Opfern Gelegenheit zu geben, sich zu informieren. Anstatt die öffentliche Verwaltung radikal zu säubern, bekommen die ehemaligen Diener des SED-Regimes Nachhilfeunterricht im Recht und in der Verwaltungspraxis eines Rechtsstaates. Und schließlich besteht kein Anlaß zur selbstkritischen Auseinandersetzung mit der DDR-Vergangenheit, um uns, wie Broszat es in bezug auf die NS-Vergangenheit ausdrückte, »auch ohne national-emotionale Nachhilfe in der Rechts-, Sozial- und Zivilisationsgesellschaft der Bundesrepublik heimisch zu machen«. So können und sollten wir in diesem Fall ohne Bedenken den »Schlußstrich ziehen«.

Anmerkungen

Hellmuth Auerbach
Nationalsozialismus vor Hitler

1 Vgl. Hellmuth Auerbach, Hitlers politische Lehrjahre und die Münchner Gesellschaft 1919–1923, in: Vierteljahrshefte für Zeitgeschichte (künftig: VfZ) 25 (1977), S. 1–45.

2 Martin Broszat, Der Nationalsozialismus. Weltanschauung, Programm und Wirklichkeit, Stuttgart 1960, S. 21.

3 Vgl. ebenda, S. 35 f., und Eberhard Jäckel, Hitlers Weltanschauung. Entwurf einer Herrschaft, erweiterte u. überarbeitete Neuausgabe, Stuttgart 1981, passim.

4 Zu Schallmayer und den im Folgenden genannten Rassenbiologen siehe Hedwig Conrad-Martius, Utopien der Menschenzüchtung. Der Sozialdarwinismus und seine Folgen, München 1955, und Peter Emil Becker, Zur Geschichte der Rassenhygiene. Wege ins Dritte Reich, Stuttgart 1988.

5 Zitiert nach Conrad-Martius, Utopien, S. 238.

6 Ebenda, S. 264, 268.

7 Zitiert ebenda, S. 92.

8 Siehe Becker, Geschichte der Rassenhygiene, S. 253 ff., und Michael H. Kater, Die Artamanen – Völkische Jugend in der Weimarer Republik, in: Historische Zeitschrift 213 (1971), S. 577–638.

9 Paul de Lagarde, Deutsche Schriften, Gesamtausgabe letzter Hand, Göttingen 1892, S. 28.

10 Zitiert nach Doris Mendlewitsch, Volk und Heil. Vordenker des Nationalsozialismus im 19. Jahrhundert, Rheda-Wiedenbrück 1988, S. 122.

11 Clara Menck, Die falsch gestellte Weltenuhr: Der »Rembrandtdeutsche« Julius Langbehn, in: Propheten des Nationalismus, hrsg. von Karl Schwedhelm, München 1969, S. 100.

12 Zitiert nach Mendlewitsch, Volk und Heil, S. 92.

13 Ebenda, S. 33.
14 Clara Menck, Die falsch gestellte Weltenuhr, S. 102.
15 Zitiert nach Alfred Kruck, Geschichte des Alldeutschen Verbandes 1890–1939, Wiesbaden 1954, S. 43 f.
16 Zitiert nach Imanuel Geiss, Der polnische Grenzstreifen 1914–1918. Ein Beitrag zur deutschen Kriegszielpolitik im Ersten Weltkrieg, Lübeck 1960, S. 50.
17 Erich Ludendorff, Kriegführung und Politik, Berlin 1921, S. 286.
18 Vgl. Auerbach, Hitlers politische Lehrjahre, S. 30, Anmerkung 127, und Rudolph Binion, »...daß ihr mich gefunden habt«. Hitler und die Deutschen: eine Psychohistorie, Stuttgart 1978, S. 67, 69 f., 88.
19 Kruck, Geschichte des Alldeutschen Verbandes, S. 86.
20 Vgl. Wolfgang Benz, Der Generalplan Ost. Zur Germanisierungspolitik des NS-Regimes in den besetzten Ostgebieten 1939–1945, in: Die Vertreibung der Deutschen aus dem Osten. Ursachen, Ereignisse, Folgen, hrsg. von Wolfgang Benz, Frankfurt a. M. 1985, S. 39–48.
21 Die Entwicklung des Antisemitismus in Deutschland bis hin zur Judenverfolgung der Nationalsozialisten ist nirgends so gut in knapper Form dargestellt wie bei Hermann Graml, Reichskristallnacht. Antisemitismus und Judenverfolgung im Dritten Reich, München 1988. Ich kann mich deshalb hier für die Zeit vor 1919 auf die Anführung einiger besonders eklatanter Beispiele beschränken.
22 Zitiert nach Alexander Bein, Der moderne Antisemitismus und seine Bedeutung für die Judenfrage, in: VfZ 6 (1958), S. 340–360, Zitat S. 359.
23 Siehe Alexander Bein, »Der jüdische Parasit«. Bemerkungen zur Semantik der Judenfrage, in: VfZ 13 (1965), S. 121–149.
24 Zitiert nach Mendlewitsch, Volk und Heil, S. 108.
25 Siehe Gerd-Klaus Kaltenbrunner, Vom Konkurrenten des Karl Marx zum Vorläufer Hitlers: Eugen Dühring, in: Propheten des Nationalismus, S. 36–55.
26 Siehe die Dokumentation Der Berliner Antisemitismusstreit, hrsg. von Walter Boehlich, Frankfurt a. M. 1965 u. 1988.
27 Siehe Hans Kohn, Wege und Irrwege. Vom Geist des deutschen Bürgertums, Düsseldorf 1962, S. 18 f.
28 Zu Ahlwardt und Paasch siehe Graml, Reichskristallnacht, S. 78 f.
29 Fritz Stern, Kulturpessimismus als politische Gefahr. Eine Analyse nationaler Ideologie in Deutschland, Bern, Stuttgart 1963, S. 344.
30 Zur völkischen Erziehung und Hermann Lietz siehe George L. Mosse, Ein Volk, ein Reich, ein Führer. Die völkischen Ursprünge des Nationalsozialismus, Königstein/Ts. 1977, bes. S. 174–182.

31 Zitiert nach der 5. Auflage, deren Vorwort mit 11. Februar 1914 datiert ist; Verlagsort ist nicht angegeben.

32 Auerbach, Hitlers politische Lehrjahre, S. 15.

33 Vgl. dazu Martin Broszat, Die antisemitische Bewegung im Wilhelminischen Deutschland, Phil. Diss., Köln 1953 (ungedruckt).

34 Dazu Kruck, Geschichte des Alldeutschen Verbandes, passim.

35 Siehe Uwe Lohalm, Völkischer Radikalismus. Die Geschichte des Deutschvölkischen Schutz- und Trutz-Bundes 1919–1923, Hamburg 1970, S. 47.

36 Ebenda, S. 60 f.

37 Kruck, Geschichte des Alldeutschen Verbandes, S. 132. Zum Deutschvölkischen Schutz- und Trutz-Bund Lohalm, Völkischer Radikalismus, passim.

38 Dazu und zum Folgenden Auerbach, Hitlers politische Lehrjahre.

39 Vgl. Andrew G. Whiteside, Georg Ritter von Schönerer. Alldeutschland und sein Prophet, Graz 1981; zur Entwicklung der DAP in Böhmen derselbe, Nationaler Sozialismus in Österreich vor 1918, in: VfZ 9 (1961), S. 333–359.

40 Graml, Reichskristallnacht, S. 91.

Hans Mommsen
Preußentum und Nationalsozialismus

1 André François Poncet, Als Botschafter in Berlin, 1931–1938, Mainz [2]1949, S. 106 ff.

2 Max Domarus (Hrsg.), Hitler. Reden und Proklamationen 1932–1945, Bd. I, München 1965, S. 226 ff.

3 Rudolf Morsey, Die deutsche Zentrumspartei, in: Erich Matthias/Rudolf Morsey (Hrsg.), Das Ende der Parteien, Düsseldorf 1960, S. 359.

4 Ursachen und Folgen, Bd. 9, Berlin 1964, S. 122 ff.

5 Elke Fröhlich (Hrsg.), Die Tagebücher von Joseph Goebbels. Sämtliche Fragmente, T. I, Bd. 2, München 1987, S. 393 f.

6 Ministerbesprechung am 20. 3. 1933, in: Akten der Reichskanzlei. Regierung Hitler 1933–1938, T. I, Bd. 1, bearb. von K.-H. Minuth, Boppard 1983, S. 329 f.

7 S. Thilo Vogelsang, Neue Dokumente zur Geschichte der Reichswehr, in: VfZ 2 (1954), S. 434; vgl. Karl Dietrich Bracher/Wolfgang Sauer/Gerhard Schulz, Die nationalsozialistische Machtergreifung, Köln 1960, S. 719.

8 Der Begriff bei Friedrich Meinecke, Die deutsche Katastrophe, Wiesbaden 1946, S. 25.

9 Vgl. Fröhlich (Hrsg.), Goebbels-Tagebücher, S. 394, Aufzeichnung vom 17.3.1933: »Die Potsdamer Feier soll zum erstenmal im Stil nationalsozialistischer Formgebung abgehalten werden... Ich arbeite das Projekt... in allen Einzelheiten durch... und tue alles, um diesen feierlichen Staatsakt unverlöschlich in das Gedächtnis der lebenden Generation einzuprägen.«

10 Zu dieser Frage vgl. Manfred Schlenke, Das »preußische Beispiel« in Propaganda und Politik des Nationalsozialismus, in: Aus Politik und Zeitgeschichte. Beilage zur Zeitschrift Das Parlament, B 27 (1968), 3. Juni 1968, S. 26–38; ders.: Nationalsozialismus und Preußen/Preußentum. Bericht über ein Forschungsprojekt, in: Otto Büsch (Hrsg.), Das Preußenbild in der Geschichte. Protokoll eines Symposions, Berlin 1981, S. 247–267; Wolfgang Wippermann, Nationalsozialismus und Preußentum, in: Aus Politik und Zeitgeschichte. Beilage zu Das Parlament, B 52–53 (1981), 26. Dezember 1981, S. 13–22.

11 Sigurd von Ilsemann, Der Kaiser in Holland. Bd. 2: Monarchie und Nationalsozialismus (1924–1941). Aufzeichnungen des letzten Flügeladjutanten Kaiser Wilhelm II., hrsg. von Harald von Koenigswald, München 1968, S. 152 ff. und 192 f.; vgl. Alfred Kube, Pour le mérite und Hakenkreuz. Hermann Göring im Dritten Reich, München 1986, S. 13.

12 Vgl. Sabine Höner, Der nationalsozialistische Zugriff auf Preußen. Preußischer Staat und nationalsozialistische Machteroberungsstrategie 1928–1934, Bochum 1984, S. 490 f.

13 In seiner Ansprache anläßlich des Zusammentritts des Preußischen Staatsrats erklärte Göring, daß das Reich »nur auf der Plattform Preußen« entstanden sei; es sei »der gewaltigste Eckpfeiler« beim Neubau des Reiches und habe nach dem Willen des Führers »nach wie vor seine historische Mission zu erfüllen«; s. Ernst-Ewald Kunckel, Der Preußische Staatsrat. Görings Arbeit am Neubau des Reiches, S. 42 ff. S. auch Horkenbach, 1933, S. 185.

14 Vgl. Martin Broszat, Der Staat Hitlers, München ⁵1975, S. 140; Kube, Pour le mérite, S. 57 ff.

15 Klaus-Jürgen Müller, Das Heer und Hitler. Armee und nationalsozialistisches Regime 1933–1940, Stuttgart 1969, S. 76 f.

16 Zitiert nach Horkenbach, 1933, S. 413; vgl. Sauer in: Bracher/Sauer/Schulz, Machtergreifung, S. 731.

17 Rede von Reichswehrminister Blomberg in Ulm am 6.9.1933; Auszug

bei Klaus-Jürgen Müller, Armee und »Drittes Reich« 1933–1939. Darstellung und Dokumentation, Paderborn 1987, Nr. 28, S. 162.

18 S. Ewald von Kleist-Schmenzin, Die letzte Möglichkeit. Zur Ernennung Hitlers zum Reichskanzler am 30. Januar 1933, in: Politische Studien 10 (1959), S. 89 ff.

19 Vgl. dazu Müller, Das Heer und Hitler, S. 69 ff. sowie Manfred Messerschmidt, Die Wehrmacht im NS-Staat. Zeit der Indoktrination, Hamburg 1969, S. 37 f., 101 ff.

20 Müller, Armee und »Drittes Reich«, S. 70.

21 Wahlrede Goebbels' von Mitte April 1932, zitiert nach Schlenke, Nationalsozialismus und Preußentum, S. 248.

22 S. Konrad Barthel, Friedrich der Große in Hitlers Geschichtsbild, Wiesbaden 1977, S. 14 f.

23 Zuerst Historische Zeitschrift 134 (1926), S. 14–30; wieder abgedruckt in Hans Rothfels, Ostraum, Preußentum und Reichsgedanke. Historische Abhandlungen, Vorträge und Reden, Leipzig 1935.

24 Eduard Hanfstaengl, Zwischen Weißem und Braunem Haus, München 1970, S. 45.

25 Max Domarus, Hitler, Reden und Proklamationen, Bd. II, S. 1144; vgl. Bradley F. Smith / Agnes Peterson (Hrsg.), Heinrich Himmler. Geheimreden 1933–1945 und andere Ansprachen, Frankfurt a. M. 1974, S. 128.

26 Hans Günther Seraphim (Hrsg.), Das politische Tagebuch Alfred Rosenbergs aus den Jahren 1934/35 und 1939/40, München 1964[2].

27 Barthel, Friedrich der Große, S. 13.

28 Ebenda, S. 1 f.

29 Hughes Trevor-Roper, Hitlers letzte Tage, Berlin [3]1965, S. 116.

30 Tagebücher von H. Groscurth, Tagebücher eines Abwehroffiziers 1938–1945, Stuttgart 1970, S. 190.

31 Vgl. Detlef Felken, Oswald Spengler. Konservativer Denker zwischen Kaiserreich und Diktatur, München 1988, S. 96, 101 f.

32 Vgl. Udo Kissenkoetter, Gregor Strasser und die NSDAP, Stuttgart 1978.

33 S. Ulrich Heinemann, Ein konservativer Rebell. Fritz-Dietlof Graf von der Schulenburg und der 20. Juli, Berlin 1990, S. 25 ff.; s. a. Hans Mommsen, Fritz-Dietlof Graf von der Schulenburg und die preußische Tradition, in: VfZ 32 (1984), S. 213–239.

34 Heinemann, Schulenburg, S. 35 f.

35 Albert Krebs, Fritz Dietlof Graf von der Schulenburg. Zwischen Staatsraison und Hochverrat, Hamburg 1964, S. 205.

36 Vgl. Hans Mommsen, Beamtentum im Dritten Reich. Mit ausgewähl-

ten Quellen zur nationalsozialistischen Beamtenpolitik, Stuttgart 1966,
S. 86, 120ff.; Jane Caplan, Government without Administration. State
and Civil Service in Weimar and Nazi Germany, Oxford 1988, S. 323f.

37 Schwarz van Berk, Preußentum und Nationalsozialismus. Sieben
Briefe an einen preußischen Junker, Stettin 1932, S. 25f.

38 S. Erika Martens, Zum Beispiel »Das Reich«. Zur Phänomenologie
der Presse im totalitären Regime, Köln 1972.

39 Vgl. das Vorwort zu Rudolf Schmidt, Das neue Preußen, Berlin 1933,
S. 25ff.

40 Wilhelm Seddin, »Preußentum« gegen Sozialismus. »Preußisch-soziali-
stisch« – die Tarnungsphrase der deutschnationalen Reaktion, Berlin
1935, S. 29ff.

41 Paul Schmitthenner, Vom Ersten zum Dritten Reich. Festrede zur
Feier der Wiederkehr des Tages der Machtergreifung durch den Führer und Reichskanzler am 30. Januar 1935, Freiburg 1935, S. 16f.; vgl.
auch Christian Jansen, Professoren und Politik. Politisches Denken
und Handeln der Heidelberger Hochschullehrer 1914–1935, Göttingen 1992, S. 280ff.

42 Vgl. Victor Farias, Heidegger und der Nationalsozialismus, Frankfurt
a. M. 1989, S. 338ff.; Joseph W. Bendersky, Carl Schmitt. Theorist for
the Reich, Princeton 1983, S. 243f.

43 Hughes Trevor-Roper, Hitlers letzte Tage, S. 117f.

44 Welche ideologische Verirrungen es gab, macht Gert Mattenklott an
dem Beispiel des Direktors der Psychiatrischen Anstalt Eichberg, der
seit 1941 im KZ Buchenwald tätig war, deutlich, der im Briefwechsel
notierte, Hitler habe den Gegensatz zwischen der »Kulturstadt« Weimar und dem in der Systemzeit »nach dem Motto ›Nie wieder Krieg‹
angepöbelten« Potsdam aufgehoben: »Diese Gegensätze einer anderen Ideenrichtung hat Adolf Hitler in wunderbarer Form (21.3.33)
ausgeglichen«, Von Weimar nach Buchenwald. Die Juden auf dem
deutschen Sonderweg, in: Die Neue Gesellschaft/Frankfurter Hefte 40
(1993), H. 4, S. 364.

45 Vgl. Bodo Scheurig, Henning von Treskow. Ein Preuße gegen Hitler,
Neuausg. Frankfurt a. M. 1987, S. 48ff., 51. Schon im Frühjahr 1934
klagte Treskow über die »elende undeutsche und ganz und gar unpreu-
ßische Reklame und Großmäuligkeit« der Partei (ebenda, S. 55).
Scheurig nennt ihn einen von Preußen geprägten Europäer (ebenda,
S. 69).

Hans Woller
Machtpolitisches Kalkül oder ideologische Affinität?

1 Vgl. u. a. Martin Broszat, Die Machtergreifung. Der Aufstieg der NSDAP und die Zerstörung der Weimarer Republik, München 1984; Hans Mommsen, Die verspielte Freiheit. Der Weg der Republik von Weimar in den Untergang 1918 bis 1933, Frankfurt a. M./Berlin 1988; Hagen Schulze, Weimar. Deutschland 1917–1933, Berlin 1982; Karl Dietrich Bracher, Die Auflösung der Weimarer Republik, Königstein/ Ts. 1978; Gerhard Schulz, Zwischen Demokratie und Diktatur. Verfassungspolitik und Reichsreform in der Weimarer Republik, Bd. 1: Die Periode der Konsolidierung und der Revision des Bismarckschen Reichsaufbaus 1919–1930, Bd. 2: Deutschland am Vorabend der Großen Krise, Bd. 3: Von Brüning zu Hitler. Der Wandel des politischen Systems in Deutschland 1930–1933, Berlin 1963, 1987 und 1992.

2 Vgl. Klaus-Peter Hoepke, Die deutsche Rechte und der italienische Faschismus, Düsseldorf 1968; Karl Egon Lönne, Der »Völkische Beobachter« und der italienische Faschismus, in: Quellen und Forschungen aus italienischen Archiven und Bibliotheken (QFiAB), Bd. 51 (1971), S. 539–584; ders., Il fascismo italiano nel giudizio del Cattolicesimo politico della Repubblica di Weimar, in: Giuseppe Rossini (Hrsg.), Modernismo, fascismo, comunismo. Aspetti e figure della cultura e della politica dei cattolici nel '900, Bologna 1972, S. 27–46; Edgar R. Rosen, Die deutsche Rechte und das faschistische Italien, in: Zeitschrift für Politik 8 (1961), S. 334–338; Danilo Veneruso, I rapporti tra fascismo e destra tedesca, in: Il mulino (November/Dezember 1971), S. 1073–1090; Jens Petersen, Der italienische Faschismus aus der Sicht der Weimarer Republik. Einige deutsche Interpretationen, in: QFiAB Bd. 55/56 (1976), S. 315–360.

3 Zit. nach Walter Werner Pese, Hitler und Italien 1920–1926, in: VfZ 3 (1955), S. 113; Jens Petersen, Italien in der außenpolitischen Konzeption Hitlers, in: Historisch-politische Streiflichter. Neumünster 1971, S. 206–220; Franco Ciarlantini, Hitler e il fascismo, Florenz 1933.

4 Zur Südtirol-Frage vgl. u. a. Jens Petersen, Hitler – Mussolini. Die Entstehung der Achse Berlin – Rom 1933–1936, Tübingen 1973, S. 65–73; Kurt G. W. Lüdecke, I knew Hitler. The Story of a Nazi who escaped the blood Purge, London 1938.

5 Hitlers Zweites Buch. Ein Dokument aus dem Jahr 1928, eingeleitet und kommentiert von Gerhard L. Weinberg, Stuttgart 1961, S. 187.

6 Zit. nach Henry Picker, Hitlers Tischgespräche im Führerhauptquartier 1941–1942, Stuttgart 1963, S. 134.

7 Die Zitate finden sich in: Hitlers Zweites Buch, S. 182; Picker, Hitlers Tischgespräche, S. 134; Giuseppe Renzetti an Segreteria Particolare del Capo del Governo, 21. Juni 1932, in: Documenti Diplomatici Italiani (DDI), Settima Serie: 1922–1935, Bd. XII, S. 144f. (zu den Renzetti-Berichten vgl. Anm. 32 dieses Aufsatzes); vgl. auch Adolf Hitler, Mein Kampf, München 1935, S. 774, und Ernst Hanfstaengl, Zwischen Weißem und Braunem Haus. Memoiren eines politischen Außenseiters, München 1970, S. 172.

8 Ernst Nolte, Nationalsozialismus und Faschismus im Urteil Mussolinis und Hitlers, in: Faschismus – Nationalsozialismus. Ergebnisse und Referate der 6. italienisch-deutschen Historiker-Tagung in Trier, Braunschweig 1964, S. 70.

9 Hans-Ulrich Thamer, Verführung und Gewalt. Deutschland 1933 bis 1945, Berlin 1986, S. 96; vgl. auch Wolfgang Schieder, War Hitlers Diktatur faschistisch?, in: Wissenschaftskolleg – Institute for Advanced Study – zu Berlin, Jahrbuch 1985/86, Berlin 1987, S. 83, 85 und 90.

10 Vgl. etwa Karl Dietrich Bracher, Die deutsche Diktatur, Köln 1969, S. 389.

11 Picker, Hitlers Tischgespräche, S. 133.

12 Vincenzo Meletti, Die Revolution des Faschismus, München 1931.

13 Die Zitate finden sich in: Hitler. Sämtliche Aufzeichnungen 1905–1924, hrsg. von Eberhard Jäckel zusammen mit Axel Kuhn, Stuttgart 1980, S. 730; Hitler. Reden, Schriften, Anordnungen. Februar 1925 bis Januar 1933, Bd. I: Die Wiedergründung der NSDAP. Februar 1925–Juni 1926, hrsg. und kommentiert von Clemens Vollnhals, München 1992, S. 294f. Vgl. dazu auch ebenda, Bd. II: Vom Weimarer Parteitag bis zur Reichstagswahl. Juli 1926–Mai 1928, Teil 1: Juli 1926–Juli 1927, hrsg. und kommentiert von Bärbel Dusik, München 1992, S. 223f., und Hitlers Zweites Buch, S. 29, sowie Günter Schubert, Anfänge nationalsozialistischer Außenpolitik, Köln 1963, S. 73–81. Den Mitarbeitern des Projekts am Institut für Zeitgeschichte (insbesondere Herrn Dr. Goschler und Herrn Dr. Lankheit) zur Herausgabe der Reden, Schriften, Anordnungen Hitlers von 1925–1933 danke ich herzlich dafür, daß ich in die noch nicht publizierten Bände Einsicht nehmen durfte.

14 Bericht von Renzetti, 19. Oktober 1931, Bundesarchiv, Koblenz (BA), Nachlaß (NL) Renzetti, Nr. 10.

15 Picker, Hitlers Tischgespräche, S. 134.

16 Die Tagebücher von Joseph Goebbels. Sämtliche Fragmente, hrsg. von Elke Fröhlich im Auftrag des Instituts für Zeitgeschichte und in Ver-

bindung mit dem Bundesarchiv, Teil I: Aufzeichnungen 1924–1941, Bd. 1: 27. 6. 1924–31. 12. 1930, München 1987, S. 486, 626.

17 Thamer, Verführung und Gewalt, S. 18.

18 Ebenda, S. 19.

19 Vgl. Nolte, Nationalsozialismus und Faschismus, S. 60 ff.; Renzo De Felice, Mussolini il rivoluzionario 1883–1920, Turin 1965, S. 62–78; ders., Mussolini il fascista. I.: La conquista del potere 1921–1925, Turin 1966, S. 233 ff.; Silvana Casmirri, Il viaggio di Mussolini in Germania nel marzo del '22, in: Storia e politica, Januar–März 1973, S. 86–112.

20 Vgl. Renzo De Felice, Mussolini e Hitler. I rapporti segreti (1922–1933), Florenz 1983, S. 26; Denis Mack Smith, Mussolini. Eine Biographie, München 1983, S. 268 f., und die Aufzeichnung über eine Besprechung zwischen Mussolini und Renzetti, 18. April 1933, in: DDI, Settima Serie, Bd. XIII, S. 462 f. sowie Ernst Rüdiger Starhemberg, Memoiren, Wien/München 1971, S. 203. Vgl. auch Ernst Nolte, Der Faschismus in seiner Epoche. Action francaise. Italienischer Faschismus. Nationalsozialismus, München/Zürich 1984, S. 227 f. und 305 f.

21 Zit. nach Petersen, Hitler – Mussolini, S. 15.

22 Zit. nach Ernst Nolte, Der Faschismus. Von Mussolini zu Hitler, München 1968, S. 45 f.

23 Vgl. dazu etwa Adrian Lyttelton, La conquista del potere. Il fascismo dal 1919 al 1929, Rom/Bari 1974, S. 686 f.; Renzo De Felice, Mussolini il duce. I.: Gli anni del consenso 1929–1936, Turin 1974, S. 380, 514 f., 517 f.

24 Hermann Graml, Europa zwischen den Kriegen, München 1969, S. 226.

25 Edgar R. Rosen, Mussolini und Deutschland 1922–1923, in: VfZ 5 (1957), S. 41. Vgl. dazu auch Ennio Di Nolfo, Mussolini e la politica estera italiana (1919–1933), Padua 1960.

26 Vgl. De Felice, Mussolini e Hitler, S. 47–124; Meir Michaelis, I rapporti tra fascismo e nazismo prima dell'avvento di Hitler al potere (1922–1933), Parte Prima: 1922–1928, in: Rivista storica italiana, September 1973, S. 544–600.

27 Vgl. dazu vor allem Alan Cassels, Mussolini and German Nationalism, 1922–25, in: Journal of Modern History 35 (1963), Nr. 2, S. 150 ff.

28 Hoepke, Die deutsche Rechte und der Faschismus, S. 278.

29 Vgl. ebenda, S. 249, 259, 277–280; De Felice, Mussolini e Hitler, S. 52 ff., ders., Mussolini il duce. I., S. 430 ff.

30 Vgl. Bericht von Renzetti, 25. April 1930, BA, NL Renzetti, Nr. 9. Vgl. auch Orsini Baroni an Grandi, 28. April 1930, in: DDI, Settima Serie, Bd. IX, S. 11 f.

31 Vgl. Hoepke, Die deutsche Rechte und der Faschismus, S. 285 f., 288 f.,
    293 und die Berichte von Renzetti aus den Jahren 1930–1931, BA, NL
    Renzetti, Nr. 9, 10.

32 Zur Biographie Renzettis vgl. Mitteilung des Ministero degli Affari
    Esteri, Il Capo del Servizio Storico e Documentazione, Prot: 151/1303
    und 151/683, die Korrespondenz Renzettis aus den Jahren 1920–1929,
    BA, NL Renzetti, Nr. 1, die Korrespondenz aus den Jahren 1930–1944,
    ebenda, Nr. 2–7, und die Entwürfe zu seinen Memoiren, ebenda,
    Nr. 16; die Angaben zu den Lebensdaten schwanken, hier wurden dieje-
    nigen verwendet, die in den verschiedenen Überlieferungen am häufig-
    sten auftauchen. Renzetti hat zwischen 1930 und 1933 mehrmals im Mo-
    nat Berichte geschrieben, zuweilen sogar mehrmals an einem Tag. Die
    Berichte gingen an den Duce, an die »Segreteria particolare del Duce«,
    an den »Capo dell 'Ufficio Stampa del Capo del Governo« oder an das
    Außenministerium. Die Durchschriften dieser Berichte werden im
    Bundesarchiv Koblenz im Nachlaß Renzetti verwahrt, der Anfang der
    siebziger Jahre auf Vermittlung von Prof. Wolfgang Schieder dorthin
    gelangte. Die Originale – soweit sie nicht verlorengegangen sind – liegen
    in mehreren Beständen verstreut im Archivio Centrale dello Stato in
    Rom und im Archivio Storico del Ministero degli Affari Esteri; ein klei-
    ner Teil findet sich auf Mikrofilm oder in Kopieform auch im St. Anto-
    ny's College in Oxford und in den National Archives in Washington (in
    den sogenannten Mussolini Papers). Einige Dutzend der insgesamt
    wohl 200–300 Berichte sind publiziert in den Documenti Diplomatici
    Italiani (Settima Serie: 1922–1935), in De Felice, Mussolini e Hitler,
    und in Richard Collier, Duce! Duce! The Rise and Fall of Benito Mus-
    solini, London 1971.

33 Vgl. Fulvio Suvich, Memorie 1932–1936, hrsg. von Gianfranco Bianchi,
    Mailand 1984, S. 258; daß Susanne Kochmanns Vater Justizrat war,
    geht aus einem Schreiben des Oberbürgermeisters von Gleiwitz an Mi-
    nisterialdirigent Hinkel (Reichspropagandaministerium) vom 11. Juni
    1941 hervor; in anderen Publikationen ist davon die Rede, daß er Rab-
    biner gewesen ist. Dieses Schreiben und Briefe von Frau Renzetti an
    Hinkel finden sich im BA, R 56 I, Nr. 93. Zu Susanne Kochmann vgl.
    auch Bella Fromm, Blood and Banquets. A Berlin Social Diary, Lon-
    don 1943, S. 85 und 132.

34 Vgl. die in Anm. 32 zitierten Quellen und Literaturangaben sowie Ru-
    dolf Schricker, Blut – Erz – Kohle. Der Kampf um Oberschlesien, Ber-
    lin 1933, S. 83.

35 Göring an Renzetti, 27. Februar 1931, BA, NL Renzetti, Nr. 3. Die Viel-
    zahl der Kontakte Renzettis läßt sich vor allem aus seinen Berichten

ablesen. Vgl. aber auch Gerhard Granier, Magnus von Levetzow. See-
offizier, Monarchist und Wegbereiter Hitlers, Boppard a. Rh. 1982,
S. 291 und 293, die Tagebücher von Joseph Goebbels, und Alfred Kube,
Pour le mérite und Hakenkreuz. Hermann Göring im Dritten Reich,
München 1986, S. 13, 18, 21, 36.

36 Yvon De Begnac, Taccuini mussoliniani, hrsg. von Francesco Perfetti,
Bologna 1990, S. 29, 596. Zur Frage der Aufwandsentschädigung vgl.
die Berichte Renzettis vom 29. März 1931, 24. Februar 1933 und 6. De-
zember 1933, BA, NL Renzetti, Nr. 10, 12, sowie den Entwurf zu seinen
Memoiren, ebenda, Nr. 16. Vgl. auch DDI, Settima Serie, Bd. XI, S. 99,
Anm. 3.

37 Vgl. De Felice, Mussolini e Hitler, S. 52 ff.; ders., Mussolini il duce. I.,
S. 430.

38 Vgl. Orsini Baroni an Grandi, 28. April 1930, in: DDI, Settima Serie,
Bd. IX, S. 11 f.

39 Bericht von Renzetti, 12. Februar 1931, in: Ebenda, Bd. X, S. 108 ff.

40 Bericht von Renzetti, 7. März 1931, BA, NL Renzetti, Nr. 10.

41 Sefton Delmer, Die Deutschen und ich, Hamburg 1962, S. 229.

42 Vgl. Völkischer Beobachter vom 18./19. und 21. Oktober 1931.

43 Bericht von Renzetti, 19. Oktober 1931, BA, NL Renzetti, Nr. 10.

44 Ebenda.

45 Bericht von Renzetti, 5. März 1932, ebenda, Nr. 11.

46 Bericht von Renzetti, 4. November 1931, ebenda, Nr. 10.

47 Vgl. Michaelis, I rapporti tra fascismo e nazismo, S. 565 ff.

48 Vgl. dazu vor allem die Berichte Renzettis, die voller Hinweise auf Hitlers Reisepläne sind, und Petersen, Hitler – Mussolini, S. 104 f., sowie
De Felice, Mussolini e Hitler, S. 125–129, 218, 229, 232 f., 237–240,
und Hoepke, Die deutsche Rechte und der Faschismus, S. 314 ff.

49 Vgl. Hoepke, Die deutsche Rechte und der Faschismus, S. 318–324;
Meir Michaelis, I nuclei nazisti in Italia e la loro funzione nei rapporti tra
fascismo e nazismo nel 1932, in: Nuova rivista storica, Juni–Dezember
1973, S. 422–438.

50 Vgl. Kube, Pour le mérite, S. 18.

51 Zit. nach De Begnac, Taccuini mussoliniani, S. 596.

52 Bericht von Renzetti, 11. Juni 1934, BA, NL Renzetti, Nr. 13.

53 Bericht von Renzetti, 15. März 1932, ebenda, Nr. 11. Vgl. auch die Berichte von Renzetti vom 18. März, 11. April, 1. und 8. Juni und 1. September 1932, ebenda, Nr. 11.

54 Vgl. die Berichte von Renzetti, 18. März und 8. Juni 1932, ebenda,
Nr. 11. Vgl. auch Bericht von Renzetti, 20. November 1931, in: DDI,
Settima Serie, Bd. XI, S. 137 ff.

55 Bericht von Renzetti, 12. Januar 1933, BA, NL Renzetti, Nr. 12.

56 Bericht von Renzetti, 28. November 1931, ebenda, Nr. 10.

57 Bericht von Renzetti, 23. Januar 1933, ebenda, Nr. 12.

58 Ebenda.

59 Bericht von Renzetti, 25. April 1932, ebenda, Nr. 11.

60 Bericht von Renzetti, 8. Juni 1932, ebenda.

61 Memorandum von Renzetti für Ghigi, 1. Dezember 1932, in: DDI, Settima Serie, Bd. XI, S. 168 f., und Bericht von Renzetti, 7. Januar 1932, BA, NL Renzetti, Nr. 11.

62 Zit. nach Petersen, Hitler – Mussolini, S. 100 f.

63 Bericht von Renzetti, 30. April 1932, BA, NL Renzetti, Nr. 11.

64 Bericht von Renzetti, 12. Juni 1932, ebenda.

65 Bericht von Renzetti, 25. Oktober 1932, ebenda. Vgl. auch die Berichte Renzettis vom 29. Juli, 22. Oktober und 6. November 1932, ebenda.

66 Suvich, Memorie 1932–1936, S. 65 f. Allerdings hebt auch Suvich hervor, daß Renzetti »ausgezeichnete Dienste geleistet hat, die andere, die nicht über seine Beziehungen zu den Nazis verfügten, nicht hätten leisten können«.

67 Bericht von Renzetti, 31. Januar 1933, BA, NL Renzetti, Nr. 12.

68 Vgl. Petersen, Hitler – Mussolini, S. 112, und den Bericht von Renzetti, 31. Januar 1933, BA, NL Renzetti, Nr. 12.

69 Bericht von Renzetti, 31. Januar 1933, ebenda.

70 Die Tagebücher von Joseph Goebbels, Teil I, Bd. 4: 1.1.1940 bis 8.7.1941, S. 559. Nach 1933, als die Beziehungen zwischen Hitler und Mussolini mehr und mehr über die offiziellen diplomatischen Drähte laufen konnten, verlor Renzetti schnell an Bedeutung. Er wurde 1935 als Generalkonsul nach San Francisco versetzt, kehrte dann zwischen 1936 und 1941 wieder nach Berlin zurück und ging schließlich als Botschafter nach Stockholm, wo er 1943, nach dem Sturz Mussolinis, auf die Seite der königlichen Regierung trat. Renzetti starb 1953.

71 So Renzetti in dem Entwurf für seine Memoiren, BA, NL Renzetti, Nr. 16.

72 Vgl. etwa De Felice, Mussolini e Hitler, S. 171, 215, 241–244.

73 Vgl. dazu Petersen, Hitler – Mussolini, S. 109, und die Berichte Renzettis vom 27. November 1932 und 31. Januar 1933, BA, NL Renzetti, Nr. 11 und 12.

74 Vgl. De Felice, Mussolini il duce. I., S. 408; Filippo Anfuso, Die beiden Gefreiten. Ihr Spiel um Deutschland und Italien, München 1952, S. 29.

75 Zit. nach Nolte, Faschismus in seiner Epoche, S. 304.

76 Jens Petersen, Die Stunde der Entscheidung. Das faschistische Italien

zwischen Mittelmeerimperium und neutralistischem Niedergang, in: Helmut Altrichter/Josef Becker (Hrsg.), Kriegsausbruch 1939. Beteiligte, Betroffene, Neutrale, München 1989, S. 133.

Hermann Weiß
Der »schwache« Diktator

1 Waldemar Besson, Stichwort ›Zeitgeschichte‹, in: Fischer Lexikon, Bd. 24, S. 244, Frankfurt a. M. 1961.

2 Dies drückt sich allein schon in Buchtiteln und in zeitgeschichtlichen Begriffen aus: »Hitlers Herrschaft« (Jäckel), »Hitlers Strategie« (Hillgruber), »Sowjetische Gefangene in Hitlers Vernichtungskrieg« (Alfred Streim), »Verwaltung contra Menschenführung im Staate Hitlers« (Rebentisch), »Was niemand wissen wollte: Die Unterdrückung der Nachrichten über Hitlers ›Endlösung‹« (Laqueur). »Hitler's War« und »Hitler's Germany« (Irving), »Priester unter Hitlers Terror« (v. Hehl), »Hitlers Städte« (Dülfer, Thies, Henke), »Hitlerismus«, »Hitlerbewegung«; selbst Broszat titelt geradezu widersprüchlich zur Tendenz seines Buches noch »Der Staat Hitlers«.

3 Martin Broszat, Der Staat Hitlers. Grundlegung und Entwicklung seiner inneren Verfassung, Stuttgart 1969, zitiert nach der Taschenbuchausgabe, München, [7]1978.

4 Ebenda, S. 438 f.

5 Ebenda, S. 440.

6 Joachim Fest, Hitler. Eine Biographie, Frankfurt a. M. 1973, S. 17, 22. Zu Fests Hitler-Darstellung vgl. Hermann Graml, Probleme einer Hitler-Biographie, in: VfZ 22 (1974), S. 76–92.

7 Zu Faschismus- und Totalitarismustheorien vgl. die Habilitationsschrift von Friedrich Pohlmann, Ideologie und Terror im Nationalsozialismus, Pfaffenweiler 1992; Ian Kershaw, Der NS-Staat. Geschichtsinterpretationen und Kontroversen im Überblick, Reinbek 1988; Karl Dietrich Bracher, Totalitarismus und Faschismus. Eine wissenschaftliche und politische Begriffskontroverse, München/Wien 1980.

8 Ernst Nolte, Der Faschismus in seiner Epoche, Berlin 1987 (erstmals 1963 erschienen). Zum Historikerstreit von 1986 vgl. die sachliche Behandlung bei Kershaw, NS-Staat, S. 321–338; dort auch die wichtigste Literatur.

9 Die gegensätzlichen Meinungen über die Rolle Hitlers waren in Beiträgen von Hildebrand und Mommsen bereits auf einer Tagung der Evangelischen Akademie in Loccum offenkundig geworden: Klaus Hilde-

brand, Nationalsozialismus oder Hitlerismus?, in: Michael Bosch
(Hrsg.), Persönlichkeit und Struktur in der Geschichte, Düsseldorf 1977,
S. 55–61; Hans Mommsen, Nationalsozialismus oder Hitlerismus?,
ebenda, S. 62–71. Die Referate der Tagung von Cumberland Lodge sind
abgedruckt in: Gerhard Hirschfeld/Lothar Kettenacker (Hrsg.), Der
»Führerstaat«: Mythos und Realität, Stuttgart 1981; darin: Klaus Hildebrand, Monokratie oder Polykratie? Hitlers Herrschaft und das Dritte
Reich (S. 73–97) und Hans Mommsen, Hitlers Stellung im nationalsozialistischen Herrschaftssystem (S. 43–72). Die Auseinandersetzungen
wurden fortgesetzt in den Zeitschriften »Geschichte in Wissenschaft und
Unterricht« und »Geschichtsdidaktik« durch Klaus Hildebrand, Nationalsozialismus ohne Hitler? Das Dritte Reich als Forschungsgegenstand
der Geschichtswissenschaft, in: Geschichte in Wissenschaft und Unterricht (GWU) 31 (1980), S. 289–304; »Externus«, Hildebrands Lied,
oder: Wie die GWU ihre Leser informiert, in Geschichtsdidaktik 5
(1981), S. 233–238; Karl Dietrich Erdmann, Antworten an einen Dun-
kelmann: Wie informiert die GWU ihre Leser?, in: GWU 32 (1981),
S. 197f.; Klaus Hildebrand, Noch einmal: Zur Interpretation des Nationalsozialismus, ebenda, 32 (1981), S. 199–204; Wolfgang J. Mommsen,
Die »reine Wahrheit« über das nationalsozialistische Herrschaftssystem?, in: GWU 32 (1981), S. 738–741; Klaus Hildebrand, Die verfol-
gende Unschuld, in: GWU 32 (1981), S. 742f. Vgl. auch Gerhard Schulz,
Neue Kontroversen in der Zeitgeschichte: Führerstaat und »Führermy-
thos«, in: Der Staat 22 (1983), S. 263–280.

10 Tim Mason, Intention and Explanation. A Current Controversy about
the Interpretation of National Socialism, in: Hirschfeld/Kettenacker,
Führerstaat, S. 32–42.

11 Vgl. Klaus Hildebrand, Das Dritte Reich, München/Wien 1979, S. 145;
ders., Monokratie oder Polykratie?, S. 83. Wie schwierig das Erkennen
geschichtstheoretischer Ausgangslagen in der Praxis sein kann, beweist
Herbst, der als Beleg für die von der Forschung festgestellte Ineffizienz,
Rivalität und mangelnde Entscheidungskraft der nationalsozialistischen
Verwaltung bzw. für die Korrektur des Bildes vom monolithischen Re-
gime in der modernen Forschung neben Untersuchungen Mommsens
und Broszats ausdrücklich auf Bracher/Schulz/Sauer, Die nationalso-
zialistische Machtergreifung, Köln 1960, verweist, Ludolf Herbst, Die
Krise des nationalsozialistischen Regimes am Vorabend des Zweiten
Weltkrieges und die forcierte Aufrüstung, in: VfZ 26 (1978), S. 353,
Anm. 21, und S. 363, Anm. 54.

12 Hans Mommsen, Nationalsozialismus oder Hitlerismus?, in: Bosch,
Persönlichkeit und Struktur, S. 67.

13 Mommsen, ebenda, S. 68.

14 Mommsen, ebenda, S. 64.

15 Die Durchsetzung programmatischer Ziele trotz konkurrierender Machtstrukturen belegen die Untersuchungen von Reinhard Bollmus, Das Amt Rosenberg und seine Gegner. Studien zum Machtkampf im nationalsozialistischen Herrschaftssystem, Stuttgart 1970, bes. S. 236–250, und von Uwe Dietrich Adam, Judenpolitik im Dritten Reich, Düsseldorf 1972, passim. Auch in der Literatur, die sich speziell mit der Rolle der Staatsverwaltung im »Führerstaat« auseinandersetzt, läßt sich nicht erkennen, daß die Konkurrenzsituation und selbst das Führungschaos im NS-Machtapparat die programmatisch-ideologische Zielgerichtetheit des Regimes behindert hätte; vgl. Peter Diehl-Thiele, Partei und Staat im Dritten Reich, Untersuchungen zum Verhältnis von NSDAP und allgemeiner innerer Staatsverwaltung 1933–1945, München [2]1971, Lothar Gruchmann, Justiz im Dritten Reich 1933–1940, München 1988; Dieter Rebentisch, Führerstaat und Verwaltung im Zweiten Weltkrieg, Stuttgart 1989, bes. S. 10f.

16 Dies wird besonders deutlich am Beispiel der Genesis der Endlösung. Broszat deutet sie »als ›Ausweg‹ aus einer Sackgasse«, durch örtliche Maßnahmen zur Beseitigung der chaotischen Verhältnisse in den Ghettos und »nicht nur aus vorgegebenem Vernichtungswillen«, aber offensichtlich ohne »umfassenden allgemeinen Vernichtungsbefehl« Hitlers entstanden und erst durch die Liquidierungspraxis zum »Programm« geworden, Martin Broszat, Hitler und die Genesis der Endlösung, in: VfZ 25 (1977), S. 753 u. Anm. 26. Nach Mommsen entwickelten sich die Maßnahmen zur Judenvernichtung aus den unkoordinierten Deportationen einzelner Gauleiter über den Prozeß der »kumulativen Radikalisierung« und trafen sich als »radikalste Lösung – zufällig – ... mit Hitlers eigenen Wünschen«, Hans Mommsen, National Socialism: Continuity and Change, in: Walter Laqueur (Hrsg.), Fascism: A Reader's Guide, London 1979, S. 179, zitiert nach: Saul Friedländer, Vom Antisemitismus zur Judenausrottung, in: Eberhard Jäckel/Jürgen Rohwer, Der Mord an den europäischen Juden im Zweiten Weltkrieg, Stuttgart 1985, S. 34; ähnlich Mommsen auch in: Die Realisierung des Utopischen. Die Endlösung der Judenfrage im »Dritten Reich«, in: Geschichte und Gesellschaft 9 (1983), S. 381–420, bes. 389 ff. Kritisch dazu: Helmut Krausnick/Hans-Heinrich Wilhelm, Die Truppe des Weltanschauungskrieges. Die Einsatzgruppen der Sicherheitspolizei und des SD 1938–1942, Stuttgart 1981, S. 162, 539, 627; Christopher Browning, Zur Genesis der Endlösung. Eine Antwort auf Martin Broszat, in: VfZ 29 (1981), S. 99–109; Hermann Graml, Zur Genesis der »Endlösung«, in: Das Un-

rechtsregime (Festschrift für Werner Jochmann zum 65. Geburtstag), hrsg. v. Ursula Büttner, Bd. 2, Hamburg 1986, S. 2–18; ders., Reichskristallnacht. Antisemitismus und Judenverfolgung im Dritten Reich, München 1988, S. 204–212; Saul Friedländer, Vom Antisemitismus zur Judenausrottung, S. 18–60, bes. S. 30–34.

17 Vgl. Manfred Funke, Starker oder schwacher Diktator? Hitlers Herrschaft und die Deutschen, Düsseldorf 1989; Kershaw, NS-Staat, S. 125–164; Gerhard Schreiber, Hitler Interpretationen 1923–1983, ²1988, S. 284–301.

18 Hans Mommsen, Beamtentum im Dritten Reich, Stuttgart 1966, S. 98, Anm. 26.

19 Hans Mommsen, Nationalsozialismus, in: Sowjetsystem und demokratische Gesellschaft, Bd. 4, Freiburg 1971, Sp. 702; ders., Ausnahmezustand als Herrschaftstechnik des NS-Regimes, in: Manfred Funke, Hitler, Deutschland und die Mächte, Düsseldorf 1978, S. 30–45; ders., Nationalsozialismus oder Hitlerismus?, in: Bosch, Persönlichkeit und Struktur, S. 62–71; Hitlers Stellung im nationalsozialistischen Herrschaftssystem, in: Hirschfeld/Kettenacker, Führerstaat, S. 43–72.

20 Martin Broszat, Soziale Motivation und Führer-Bindung des Nationalsozialismus, in: VfZ 18 (1970), 392–409.

21 Mommsen, Hitlers Stellung, S. 66.

22 Mommsen, Nationalsozialismus oder Hitlerismus?, S. 65.

23 Mommsen, Hitlers Stellung, S. 68.

24 Vgl. Mommsen, Beamtentum, S. 120f.

25 Vgl. Timothy W. Mason, Innere Krise und Angriffskrieg 1938/1939 in: Friedrich Forstmeier/H.-E. Volkmann, Wirtschaft und Rüstung am Vorabend des Zweiten Weltkrieges, S. 158–188, vor allem 184f.; ähnlich urteilt William Carr, Rüstung, Wirtschaft und Politik am Vorabend des Zweiten Weltkrieges, in: Nationalsozialistische Außenpolitik, hrsg. v. Wolfgang Michalka, Darmstadt 1978, S. 437–454.

26 Vgl. Alan S. Milward, Die deutsche Kriegswirtschaft 1939–1945, Stuttgart 1966, S. 17f.

27 Broszat, Staat Hitlers, Kap. 9.

28 Peter Hüttenberger, Nationalsozialistische Polykratie, in: Geschichte und Gesellschaft 2 (1976), S. 417–442.

29 Ebenda, S. 431.

30 Adolf Hitler, Mein Kampf, 454.–458. Aufl. München 1939, S. 579.

31 Ludolf Herbst, Krise des nationalsozialistischen Regimes, S. 347–392.

32 Vgl. Albert Krebs, Tendenzen und Gestalten der NSDAP, Stuttgart 1959, S. 144.

33 Wie weit Hitler dabei gehen konnte, belegt Schacht, der dem Reichskanzler am 11. 8. 1936 auf dem Berghof sein Entlassungsgesuch unterbreitete; Hitler versuchte aus Prestigegründen und um Zeit zu gewinnen, Schacht mit Tränen in den Augen und den Worten »Aber,
Schacht, ich liebe Sie doch!« zum Verbleiben im Kabinett zu überreden, Hjalmar Schacht, 76 Jahre meines Lebens, Bad Wörishofen 1953,
S. 471.

34 Hitler über Hitler: »Feldherr bin ich wider Willen; nur deshalb überhaupt befasse ich mich mit militärischen Dingen, weil es im Augenblick einen, der es besser könnte, nicht gibt.« Hitler am 21./
22. 10. 1941, in: Adolf Hitler. Monologe im Führerhauptquartier. Die
Aufzeichnungen Heinrich Heims, München 1982, S. 101, Gespräch
vom 21./22. 10. 1941.

35 Bei der Auswahl von Beratern und Gehilfen war ausschlaggebend, daß
sie gehorchten und nicht selbständig arbeiteten; so etwa in der Frage
der Halder-Nachfolge, vgl. Peter Hartmann, Halder. Generalstabschef
Hitlers 1938–1942, Paderborn/München/Wien/Zürich 1991, S. 304;
ähnlich in Hitlers Begründung seiner Trennung von Gauleiter Krebs,
vgl. Krebs, Tendenzen und Gestalten, S. 155 f.

36 Nach fünf Jahren im Dienst Hitlers hatte Krause während des Polen-
feldzuges vergessen, ihm das gewünschte Mineralwasser zu besorgen,
und Hitler deshalb offensichtlich angelogen; er wurde sofort entlassen,
vgl. Christa Schröder, Er war mein Chef. Aus dem Nachlaß der Sekre-
tärin von Adolf Hitler, hrsg. von Anton Joachimsthaler, München
1985, S. 326, Anm. 99.

37 Ebenda, S. 37–39, 44–46.

38 Vgl. Utho Grieser, Himmlers Mann in Nürnberg. Der Fall Benno
Martin, Nürnberg 1974; Randall L. Bytwerk, Julius Streicher, New
York 1983; zusammenfassend Peter Hüttenberger, Die Gauleiter. Stu-
die zum Wandel des Machtgefüges in der NSDAP, Stuttgart 1969,
S. 201 f.

39 Nach Hitler gelang es Streicher mit seiner antisemitischen Propaganda,
in der marxistischen Hochburg Nürnberg die Arbeiterschaft von ihren
jüdischen Führern zu trennen und so für die NSDAP zu gewinnen, vgl.
Henry Picker, Hitlers Tischgespräche im Führerhauptquartier, Stuttgart [3]1976, S. 206 (Tischgespräch v. 8. 4. 1942); Hitlers besondere
Dankbarkeit beruhte aber wohl auf Streichers Übertritt mit der Nürnberger Ortsgruppe der Deutschsozialen Partei in die NSDAP, vgl. Hitler, Mein Kampf, 454–458. Aufl. 1939, S. 575.

40 Vgl. Peter Longerich, Die braunen Bataillone. Geschichte der SA,
München 1989, S. 219.

41 Beispielhaft hierfür auch die Bloßstellung des Stellvertreters des Führers, Rudolf Heß, der nach seinem Englandflug von Hitler für verrückt erklärt wurde.

42 Vgl. Hüttenberger, Gauleiter, S. 198.

43 Vgl. Hitler, Mein Kampf, S. 501; Rudolf Heß stellte das Führerprinzip seinem ehemaligen Landsberger Mitgefangenen Walter Hewel in einem Brief vom 30. 3. 1927 so dar: Der Führer »gibt seine Befehle an die Gauführer, die Gauführer Befehle an die Ortsgruppenführer, die Ortsgruppenführer an die direkt unter ihnen stehende breite Masse der Anhänger. Die Verantwortlichkeit geht... immer in der umgekehrten Reihenfolge. Der oberste Führer verantwortet sich einmal im Jahre vor der Generalmitgliederversammlung, womit der Ring zur Masse des Volkes geschlossen ist. Das ganze System ist mit ›germanischer Demokratie‹ zu bezeichnen«, nach: Albrecht Tyrell, Führer befiehl... Selbstzeugnisse aus der »Kampfzeit« der NSDAP, Düsseldorf 1969, S. 171.

44 Hitler, Mein Kampf, S. 510.

45 Ebenda, S. 500f.

46 Beispiele dazu bei Schröder, Er war mein Chef, S. 75f.

47 Krebs, Tendenzen und Gestalten, S. 139, berichtet von einer Rede Hitlers auf einer Tagung im Braunen Haus in München, Ende Juni 1930, auf der er, auf die Unfehlbarkeit des Papstes in Glaubensfragen anspielend und sie nicht bestreitend, äußerte: »Desto mehr aber glaube ich, von der Politik zu verstehen. Darum hoffe ich, daß der Heilige Vater nunmehr auch meinen Anspruch nicht bestreitet. Und somit proklamiere ich jetzt für mich und meine Nachfolger... den Anspruch auf politische Unfehlbarkeit.«

48 Hitler schickte Gregor Strasser Ende Februar 1925 u. a. mit dem Auftrag zu einer Tagung der Arbeitsgemeinschaft der norddeutschen Verbände, Dr. Volck, der sich gegen den »Führerwahnsinn« ausgesprochen hatte, abzulösen, vgl. Hüttenberger, Gauleiter, S. 15f.

49 Westdeutscher Beobachter v. 25. 2. 1931, zitiert nach Funke, Diktator, S. 72.

50 Hitler, Mein Kampf, S. 502f.

51 Vgl. Hans Buchheim, Die staatsrechtliche Bedeutung des Eides auf Hitler als Führer der nationalsozialistischen Bewegung, in: Gutachten des Instituts für Zeitgeschichte, Bd. 1, Stuttgart 1958, S. 328–330.

52 Hitler-Rede v. 6. 7. 1933, abgedruckt in: Max Domarus, Hitler. Reden und Proklamationen 1932–1945, München 1965, S. 286f.

53 Vgl. Rebentisch, Führerstaat und Verwaltung, S. 235. Eine ähnliche Entwicklung läßt sich noch einmal bei der Beauftragung von Speer

zum Superminister im Rüstungssektor erkennen, nun unter den Zwängen der militärischen Krisen.

54 In seiner Rede vor der Generalmitgliederversammlung der NSDAP vom 30. 7. 1927 erklärt Hitler das Versagen der völkischen Organisationen damit, daß sie zwar die »Bedeutung des Blutwertes«, aber nicht die »Achtung der Persönlichkeit« vertreten hätten, abgedruckt in: Hitler. Reden, Schriften, Anordnungen Februar 1925–Januar 1933, Bd. II/1, hrsg. v. Bärbel Dusik, München/London/New York/Paris 1992, S. 415; weitere Belege vgl. Hitler, Mein Kampf, S. 492–503.

55 Vgl. Rebentisch, Führerstaat, S. 551; ähnliche Erkenntnisse gewinnt man auch bei Lothar Gruchmann, Justiz im Dritten Reich 1933–1940. Anpassung und Unterwerfung in der Ära Gürtner, München 1987.

56 Dazu ein erhellendes Zeugnis von Wilhelm Keitel:»Seit 1938 ist keine der maßgebenden Entschließungen in Gemeinsamkeit und Beratung zustande gekommen. Es war Hitlers Eigenart, jeden Ressortchef in der Regel allein und unter vier Augen zu sprechen. Zusammenkünfte, in denen Entscheidungen getroffen wurden, waren letzten Endes Befehlsausgaben und nicht Beratungen.« Werner Maser, Adolf Hitler, München [2]1975, S. 194.

57 Mehr instinktives Verhalten sieht Bollmus, Das Amt Rosenberg, S. 245; dort auch der Hinweis auf den Begriff der »autoritären Anarchie« des Journalisten Petwaidic.

58 Vgl. Albert Krebs, Tendenzen und Gestalten, S. 142.

Lothar Gruchmann
Die »rechtsprechende Gewalt« im nationalsozialistischen
Herrschaftssystem

Der Beitrag beruht im wesentlichen auf den Forschungsergebnissen, die der Verf. in seinem Buch: Justiz im Dritten Reich 1933–1940. Anpassung und Unterwerfung in der Ära Gürtner, München [2]1990, veröffentlichte. Im folgenden werden daher nur Zitate sowie die wichtigsten Aussagen durch Quellenhinweise belegt.

1 H. Jahrreiß, Die Wesensverschiedenheit der Akte des Herrschens und das Problem der Gewaltenteilung, in: Mensch und Staat. Rechtsphilosophische, staatsrechtliche und völkerrechtliche Grundfragen unserer Zeit, Köln/Berlin 1957, S. 189 ff.

2 Vgl. dazu Rudolf Wassermann, Der politische Richter, München 1972. Zum Problem der richterlichen Rechtsschöpfung und des Richterrechts als Rechtsquelle ferner Hermann Weinkauff, Richtertum und

Rechtsfindung in Deutschland, in: Berliner Kundgebung 1952 des Deutschen Juristentages, Tübingen 1952, S. 15 ff., besonders S. 23 ff.

3 Dazu weiter unten S. 93 und Anm. 26.

4 Vgl. Walter Wagner, Braune Rechtsprechung, in: Die politische Meinung 1961, S. 41 f.

5 Vgl. dazu Friedrich Karl Kübler, Der deutsche Richter und das demokratische Gesetz. Versuch einer Deutung aus richterlichen Selbstzeugnissen, in: Archiv für die Civilistische Praxis 1963, S. 115 ff.

6 Für entsprechende Äußerungen des Vorsitzenden des Deutschen Richterbundes vgl. Kübler, Der deutsche Richter, S. 113 f., über die Einstellung von Richterkreisen zum Republikschutzgesetz, ebenda, S. 118 ff. Den Höhepunkt richterlichen Strebens nach Emanzipation vom Gesetz sieht Kübler (S. 115) in der Eingabe des Richtervereins beim Reichsgericht an die Regierung vom 8. 1. 1924 mit der Warnung, das Reichsgericht werde auch ein verfassungsmäßig zustande gekommenes Gesetz als unsittlich, somit für rechtsunwirksam erklären und nicht anwenden, das den – durch das Aufwertungsurteil des Reichsgerichts vom 28. 11. 1923 umgestoßenen – Grundsatz »Mark gleich Mark« wiederherstelle. Vgl. dazu auch Hans-Ulrich Evers, Der Richter und das unsittliche Gesetz, Berlin 1956, S. 32: »Diese Eingabe zeigt, daß zumindest einige Richter am Reichsgericht nicht bereit waren, kritiklos jede Maßnahme des Gesetzgebers hinzunehmen, und die Möglichkeit für eine Entscheidung gegen das Gesetz bestand.« Zu diesem Konflikt zwischen rechtsprechender und gesetzgebender Gewalt von 1923/24 vgl. Bernd Rüthers, Die unbegrenzte Auslegung, Tübingen 1968, S. 79 ff.

7 Ernst Rudolf Huber, Verfassungsrecht des Großdeutschen Reiches, Hamburg 1939, S. 196.

8 Hitlers Proklamation wurde zur Eröffnung des Parteitages am 11. September 1935 von Gauleiter Adolf Wagner verlesen, Völkischer Beobachter, Münchener Ausgabe v. 12. 9. 1935, S. 2.

9 Ernst Fraenkel, Der Doppelstaat, Frankfurt a. M. / Köln 1974. Die erste Ausgabe erschien nach Fraenkels Emigration in den USA: The Dual State. A Contribution to the Theory of Dictatorship, New York / London / Toronto 1941. Die grundlegenden Gedanken des Buches wurden bereits 1937 unter dem Pseudonym Conrad Jürges in der Zeitschrift des Internationalen Sozialistischen Kampfbundes in Paris veröffentlicht: Das Dritte Reich als Doppelstaat, in: Sozialistische Warte 1937, Heft 2, S. 41 ff., Heft 3, S. 53 ff., Heft 4, S. 87 ff.

10 Reichsgesetzblatt 1933, Teil I, S. 83.

11 Zur Unterscheidung von »kommissarischer« und »souveräner« Diktatur vgl. C. Schmitt, Die Diktatur, München 1921, insbes. S. 134 ff.

12 Vgl. dazu Hans Buchheim, Die SS in der Verfassung des Dritten Reiches, in: VfZ 3, 1955, S. 132 ff.

13 Durch § 7 des preußischen Gesetzes über die Geheime Staatspolizei v. 10. 2. 1936, Preußische Gesetzsammlung 1936, S. 21, das im ganzen Reich angewendet wurde.

14 Heinrich Himmler, Aufgaben und Aufbau der Polizei des Dritten Reiches, in: Dr. Wilhelm Frick und sein Ministerium, hrsg. von Hans Pfundtner, München 1937, S. 125 ff., 128. Zur Polizei als Kern einer »politischen Verwaltung« vgl. Hans Buchheim, Die SS – das Herrschaftsinstrument, in: Anatomie des SS-Staates, Bd. I, Olten/Freiburg i. Br. 1965, S. 96 ff.

15 Vgl. Verordnung über eine Sondergerichtsbarkeit in Strafsachen für Angehörige der SS und für die Angehörigen der Polizeiverbände bei besonderem Einsatz vom 17. 10. 1939, Reichsgesetzblatt 1939, Teil I, S. 2107.

16 Geheimer Runderlaß des Chefs der Sicherheitspolizei betr. Grundsätze der inneren Staatssicherung während des Krieges vom 3. 9. 1939 (Archiv des Instituts für Zeitgeschichte, Fa 183/1). Der Runderlaß beruhte auf einer mündlichen Weisung Hitlers an Himmler.

17 Vgl. 13. Verordnung zum Reichsbürgergesetz vom 1. 7. 1943, Reichsgesetzblatt 1943, Teil I, S. 372.

18 Vgl. vor allem die Erlasse Himmlers vom 19. 1. 1942 und 20. 2. 1942 (Allgemeine Erlaßsammlung des Reichssicherheitshauptamtes [RSHA], 2 A III f, Archiv des Instituts für Zeitgeschichte, Dc 15.21) sowie den geheimen Runderlaß des RSHA betr. Verfolgung der Kriminalität unter den polnischen und sowjetrussischen Zivilarbeitern vom 30. 6. 1943 (a. a. O., S. 131). Zum Entzug der Zuständigkeit für »Fremdvölkische« im Rahmen des »Volkstumskampfes« in den eingegliederten Ostgebieten und im Generalgouvernement vgl. Diemut Majer, »Fremdvölkische« im Dritten Reich. Ein Beitrag zur nationalsozialistischen Rechtssetzung und Rechtspraxis in Verwaltung und Justiz unter besonderer Berücksichtigung der eingegliederten Ostgebiete und des Generalgouvernements, Boppard a. Rh. 1981.

19 Gesetz über Maßnahmen der Staatsnotwehr vom 3. 7. 1934, Reichsgesetzblatt 1934, Teil I, S. 529.

20 Gerichtsverfassungsgesetz vom 27. 1. 1877 in der Fassung der Bekanntmachung vom 22. 3. 1924, Reichsgesetzblatt 1924, Teil I, S. 299.

21 Adolf Hitler, Mein Kampf (9. Aufl.), München 1933, S. 200. Vgl. auch S. 124 zur nationalen Erziehung der Jugend: Man »verpeste nicht schon die Kinderherzen mit dem Fluche unserer ›Objektivität‹ auch in Dingen der Erhaltung des eigenen Ichs«.

22　Ebenda, S. 200 f.

23　So u. a. auf dem Juristentag 1936, vgl. Rechtssicherheit und Gerechtigkeit. Deutscher Juristentag 1936, hrsg. vom NS-Rechtswahrerbund,
Berlin o. J., S. 140.

24　Roland Freisler, Richter und Gesetz, in: Die Verwaltungs-Akademie.
Ein Handbuch für den Beamten im nationalsozialistischen Staat, Bd.
I, Berlin 1934 ff., S. 5 f.; vgl. dazu auch den Aufsatz: Gibt es eine Objektivität?, in: Der SA-Mann, Nr. 42/1938, abgedruckt in: Deutsche Justiz
1938, S. 1733 ff.

25　In den von Georg Dahm, Karl August Eckhardt, Reinhard Höhn, Paul
Ritterbusch und Wolfgang Siebert gemeinsam formulierten und im Auftrag von Hans Frank am 14. Januar 1936 auf der Tagung der Gesamtver-
tretung der deutschen Richter, Staatsanwälte und Rechtspfleger ver-
kündeten »Leitsätzen über Stellung und Aufgaben des Richters« heißt
es u. a.: »Grundlage der Auslegung aller Rechtsquellen ist die nationalsozialistische Weltanschauung, wie sie insbesondere in dem Parteiprogramm und den Äußerungen unseres Führers ihren Ausdruck findet«,
Deutsche Rechtswissenschaft 1936, S. 123; ferner Roland Freisler, Nationalsozialistisches Recht und Rechtsdenken, Berlin 1938, S. 67 f.

26　Vgl. Carl Schmitt, Neue Leitsätze für die Rechtspraxis, in: Juristische
Wochenschrift 1933, S. 2794: »Für die Anwendung und Handhabung
der Generalklauseln durch den Richter, Anwalt, Rechtspfleger oder
Rechtslehrer sind die Grundsätze des Nationalsozialismus unmittelbar
und ausschließlich maßgebend.« Zur Rolle der Generalklauseln im damaligen bürgerlichen Recht vgl. Rüthers, Die unbegrenzte Auslegung,
bes,. S. 210 f.; zur »Gemeinschafts«-Klausel vgl. Michael Stolleis, Gemeinschaft und Volksgemeinschaft. Zur juristischen Terminologie im
Nationalsozialismus, in: VfZ 22, 1972, S. 16 ff.; ders., Gemeinwohlfor-
meln im nationalsozialistischen Recht, Berlin 1974.

27　Roland Freisler, Das neue Strafrecht als nationalsozialistisches Bekenntnis, in: Gürtner – Freisler, Das neue Strafrecht, Berlin 1936,
S. 77 f.

28　Vorschlag des Oberlandesgerichtsrats L. für ein künftiges Richtergesetz
vom 28. 3. 1942, Akten des Oberlandesgerichts Hamburg 3110–2 b/8,
Forschungsstelle für die Geschichte des Nationalsozialismus in Hamburg, Best. 3319.

29　Vgl. § 2 StGB i. d. F. des Gesetzes zur Änderung des Strafgesetzbuches
vom 28. 6. 1935, Reichsgesetzblatt, Teil I, S. 839.

30　Roland Freisler, Ein Reich – ein Recht. Gedanken zur Verschmelzung
des ostmärkischen und altreichsdeutschen Strafrechts, in: Deutsche Justiz 1941, S. 479.

31 Tatsächlich wurde bereits vorgeschlagen, dem § 2 StGB folgende Fassung zu geben:»Bestraft wird, wer eine Tat begeht, die nach dem Empfinden der Volksgemeinschaft strafwürdig ist.« Vgl. Amtsanwalt D., Gedanken zum Strafrecht (Februar 1942, Akten des Reichsjustizministeriums, Bundesarchiv, R 22/857).

32 Vgl. dazu Jürgen Meinck, Justiz und Justizfunktion im Dritten Reich, in: Zeitschrift für Neuere Rechtsgeschichte 1981, S. 43 ff.

33 So Freisler in der Besprechung der Chefpräsidenten und Generalstaatsanwälte im Reichsjustizministerium am 29. 9. 1942 (Akten des Reichsjustizministeriums, BA, R 22/4199).

34 Freisler, Richter und Gesetz, S. 9.

35 Ebenda, S. 8.

36 Ebenda. Auf der Schlußkundgebung des Deutschen Juristentages 1936 brachte Hans Frank diesen Gedanken auf die Formel:»Sagt euch bei jeder Entscheidung, die ihr trefft: Wie würde der Führer an meiner Stelle entscheiden?«, vgl. Deutsches Recht 1936, S. 216.

37 Vgl. Martin Broszat, Der Staat Hitlers, München 1969, S. 49:»Die abstrakte, utopische und vage NS-Weltanschauung erhielt überhaupt erst Realität durch das Medium Hitler.«

38 Im wesentlichen durch das Gesetz zur Wiederherstellung des Berufsbeamtentums vom 7. 4. 1933, Reichsgesetzblatt 1933, Teil I, S. 175, das Deutsche Beamtengesetz vom 26. 1. 1937, a. a. O., 1937, S. 39 nebst Rundschreiben des Chefs der Reichskanzlei Lammers an die Reichsminister v. 12. 7. 1938, Akten der Reichskanzlei, BA, R 43 II / 1507 sowie das Gesetz über die Geschäftsverteilung bei den Gerichten v. 24. 11. 1937, Reichsgesetzblatt 1937, Teil I, S. 1286.

39 Vgl. Anm. 38 (Gesetz v. 24. 11. 1937).

40 Vgl. Rundverfügung des Reichsjustizministeriums an die Oberlandesgerichtspräsidenten und Generalstaatsanwälte vom 5. 7. 1943, Archiv des Bundesjustizministeriums, Bestand Hauptbüro des Reichsjustizministeriums.

41 Vgl. Schreiben Schlegelbergers an Hitler v. 6. 5. 1942 nebst Erlaßentwurf. Nürnberger Dokument NG-102, abgedruckt in der Dokumentation von Martin Broszat, Zur Perversion der Strafjustiz im Dritten Reich, in: VfZ 6, 1958, S. 426 ff.

42 Gesetz zur Änderung von Vorschriften des allgemeinen Strafverfahrens, des Wehrmachtstrafverfahrens und des Strafgesetzbuchs vom 16. 9. 1939, Reichsgesetzblatt 1939, Teil I, S. 1841. Auch auf dem Gebiet der Zivilgerichtsbarkeit konnte der Oberreichsanwalt gegen rechtskräftige Urteile binnen Jahresfrist die »außerordentliche Wiederaufnahme« des Verfahrens beantragen, über die der Große Senat für Zivilsachen

beim Reichsgericht entschied; die Neuverhandlung konnte durch einen Senat des Reichsgerichts oder das frühere oder ein diesem gleichgeordnetes Zivilgericht erfolgen. Vgl. Gesetz über die Mitwirkung des Staatsanwalts in bürgerlichen Rechtssachen vom 15.7.1941, a.a.O., 1941, S. 383.

43 Verordnung über die Zuständigkeit der Strafgerichte, die Sondergerichte und sonstige strafverfahrensrechtliche Vorschriften vom 21.2.1940, Reichsgesetzblatt 1940, Teil I, S. 405.

44 Vgl. Hans Boberach (Hrsg.), Richterbriefe. Dokumente zur Beeinflussung der deutschen Rechtsprechung 1942–1944, Boppard a. Rh. 1975.

45 Zur Lenkung vgl. die Besprechung im Reichsjustizministerium vom 29.9.1942 (s. Anm. 33).

46 Vgl. ebenda.

Peter Krüger
Hitlers Europapolitik

1 Robert Harris, Fatherland, London 1992.

2 Percy Ernst Schramm (Hrsg.), Dr. Henry Picker, Hitlers Tischgespräche im Führerhauptquartier, 1941–1942, Stuttgart 1963, S. 420 (29.6.1942, mittags; Hervorhebungen in der Vorlage).

3 Ebenda, S. 248 (4.4.1942, mittags); dazu Werner Jochmann (Hrsg.), Monologe im Führerhauptquartier 1941–1944. Die Aufzeichnungen Heinrich Heims, Hamburg 1980, S. 68 (25.9.1942, mittags), 110 (26./27.10.1941), 374f. (29.8.1942 abends).

4 Ebenda, S. 55 (8.–11.8.1941).

5 Über europäische Bewegungen und Impulse siehe u. a. Richard Vaughan, Twentieth-century Europe. Paths to unity, London 1979; Carl H. Pegg, Evolution of the European idea. 1914–1932, Chapel Hill–London 1983; Peter M. R. Stirk (Hrsg.), European unity in context. The interwar period, London–New York 1989.

6 Siehe z. B. Martin Spahns politische Publizistik; dazu mit weiterer Literatur zu dem gesamten Fragenkomplex Gabriele Clemens, Martin Spahn und der Rechtskatholizismus in der Weimarer Republik, Mainz 1983, bes. S. 99.

7 Josef Matznetter (Hrsg.), Politische Geographie, Darmstadt 1977.

8 Kurt Sontheimer, Antidemokratisches Denken in der Weimarer Republik. Die politischen Ideen des deutschen Nationalismus zwischen 1918 und 1933, München 1992 (1. Auflage München 1962).

9 Zwei Pressebeispiele aus der Locarno-Phase: Wolfgang Eisenhart,

Der Sicherheitspakt und die Staatssouveränität, in: Neue Preußische Zeitung, 21.9.1925; Die nationalsozialistische Abrechnung mit Locarno, in: Völkischer Beobachter, 27.11.1925 – besonders zur negativen deutschen Haltung gegenüber dem Völkerbund siehe Christoph M. Kimmich, Germany and the League of Nations, Chicago 1976.

10 Hitlers Ansprache vor den Oberbefehlshabern der Wehrmacht (Reichskanzlei, 23.11.1939), in: Der Prozeß gegen die Hauptkriegsverbrecher vor dem Internationalen Militärgerichtshof (IMG), Bd. 26, Nürnberg 1947, S. 335 f.; Hitler. Sämtliche Aufzeichnungen 1905–1924, hrsg. von Eberhard Jäckel zusammen mit Axel Kuhn, Stuttgart 1980, u. a. S. 657 f. (28.7.1922), 840 f. (26.2.1923), 1039–1041 (19.10.1923).

11 Peter Krüger, Die Außenpolitik der Republik von Weimar, Darmstadt 1985, S. 507–551.

12 Martin Broszat/Klaus Schwabe (Hrsg.), Die deutschen Eliten und der Weg in den Zweiten Weltkrieg, München 1989; Ludwig Nestler (Hrsg.), Der Weg deutscher Eliten in den zweiten Weltkrieg, Berlin (Ost) 1990.

13 Stirk (European unity), bes. S. 94; Antoine Fleury (Hrsg.), Le Plan Briand d'union fédérale européenne (im Druck).

14 Andreas Hillgruber, Hitlers Strategie. Politik und Kriegführung 1940–1941, Frankfurt a. M. [2]1982; Das Deutsche Reich und der Zweite Weltkrieg, hrsg. vom Militärgeschichtlichen Forschungsamt, Bd. 4: Der Angriff auf die Sowjetunion, Stuttgart 1983. Neuester Überblick über die nationalsozialistische Außenpolitik von Marie-Luise Recker, Die Außenpolitik des Dritten Reiches, München 1990; außerdem Klaus Hildebrand, Deutsche Außenpolitik 1933–1945. Kalkül oder Dogma?, Stuttgart [4]1980; Wolfgang Michalka (Hrsg.), Der Zweite Weltkrieg. Analysen, Grundzüge, Forschungsbilanz, München/Zürich 1989; Norbert Frei/Hermann Kling (Hrsg.), Der nationalsozialistische Krieg, Frankfurt a. M./New York 1990; Quellen: Akten zur deutschen auswärtigen Politik 1918–1945, Serien C, D, E (1933–1945).

15 IMG, Bd. 26, S. 334.

16 Kriegstagebuch des Oberkommandos der Wehrmacht, Bd. I, Frankfurt a. M. 1965, S. 257 f.

17 Generaloberst Halder, Kriegstagebuch. Bearb. v. Hans-Adolf Jacobsen, Bd. 2, Stuttgart 1963, S. 335 ff.

18 Jochmann, Monologe, S. 137 (12.11.1941).

19 Schramm, Tischgespräche, S. 255 (5.4.1942, abends).

20 Ebenda, S. 349 (16.5.1942), 494, 501 (30.5.1942).

21 Ebenda, S. 494 f. (30.5.1942), 230 ff., bes. 231 (31.3.1942).

22 Zugleich zeigt sich hier die enge Verknüpfung von nationalsozialisti-
    scher Agrarpolitik und Außenwirtschaftspolitik. Siehe u. a. Richard
    Walter Darré, Die Marktordnung der nationalsozialistischen Agrarpo-
    litik als Schrittmacher einer neuen europäischen Außenhandelsord-
    nung, in: ders., Um Blut und Boden, München [2]1940, S. 511 ff.; außer-
    dem Achim Bay, Der nationalsozialistische Gedanke der Großraum-
    wirtschaft und seine ideologischen Grundlagen, Diss., Köln 1962.
    Treffend Ludolf Herbst in Broszat/Schwabe, Die deutschen Eliten,
    S. 77 f.

23 Jochmann, Monologe, S. 56 (8.–11. 8. 1941), 62 (17./18. 9. 1941), 78
    (13. 10. 1941), 137, 139 (12. 11. 1941). Dafür, daß es Hitler um weit mehr
    als eine Agrarutopie ging, siehe Rainer Zitelmann, Hitler. Selbst-
    verständnis eines Revolutionärs, Stuttgart [2]1989, bes. S. 306–349.

24 Krüger, Außenpolitik, S. 520.

25 Bruno Frank, Politische Novelle (1928), Ausgabe Reclam, Stuttgart
    1956, S. 75.

26 Peter Krüger, Zu Hitlers »nationalsozialistischen Wirtschaftserkennt-
    nissen«, in: Geschichte und Gesellschaft 6 (1980), S. 263–282.

27 Im Sinne auch einer eigenen Rechtssphäre mit einem eigenen, vom
    Deutschen Reich festzulegenden Völkerrecht in einem europäischen
    Großraum: Carl Schmitt, Völkerrechtliche Großraumordnung mit In-
    terventionsverbot für raumfremde Mächte. Ein Beitrag zum Reichsbe-
    griff im Völkerrecht, Berlin/Leipzig/Wien [3]1941; Reinhard Höhn,
    Großraum und völkisches Rechtsdenken, Darmstadt 1941; dazu Lo-
    thar Gruchmann, Nationalsozialistische Großraumordnung. Die Kon-
    struktion einer »deutschen Monroedoktrin«, Stuttgart 1962.

28 Jochmann, Monologe, S. 110 (26./27. 10. 1941), 374 f. (29. 8. 1942).
    Hitler erklärte einen Frieden im Osten für unerwünscht und wollte so-
    wohl einen dauernden Grenzkrieg als auch den Partisanenkrieg als
    100jährigen Kampf und als Bewährungsprobe beibehalten.

29 Ludolf Herbst, Der totale Krieg und die Ordnung der Wirtschaft. Die
    Kriegswirtschaft im Spannungsfeld von Politik, Ideologie und Propa-
    ganda 1939–1945, Stuttgart 1982, bes. Teil II.

30 Axel Kuhn, Hitlers außenpolitisches Programm. Entstehung und Ent-
    wicklung 1919–1939, Stuttgart 1970, S. 70 ff., 104 ff.

31 Beispiel aus den Quellen: Hitlers Ansprache vom 23. 11. 1939, IMG,
    Bd. 26. In größerem Zusammenhang dazu Rolf Ahmann, Nicht-
    angriffspakte. Entwicklung und operative Nutzung in Europa
    1922–1939, Baden-Baden 1988; Peter Krüger (Hrsg.), Kontinuität
    und Wandel in der Staatenordnung der Neuzeit, Marburg 1991.

32 Ebenda, S. 73–76; außerdem im größeren Zusammenhang David E.

Kaiser, Economic diplomacy and the origins of the Second World War. Germany, Britain, France, and Eastern Europe. 1930–1939, Princeton 1980; Gerald Stourzh/Brigitta Zaar (Hrsg.), Österreich, Deutschland und die Mächte. Internationale und österreichische Aspekte des »Anschlusses« vom März 1938, Wien 1990.

33 Dokumentation und Interpretation nationalsozialistischer Europapolitik bisher bei Paul Kluke, Nationalsozialistische Europaideologie, in: VfZ 3 (1955), S. 240–275; Michael Salewski, Ideas of the National Socialist government and party, in: Walter Lipgens (Hrsg.), Documents on the history of European integration, Bd. 1: Continental plans for European union, 1939–1945, Berlin/New York 1985, S. 37–178; Hans Werner Neulen, Europa und das Dritte Reich. Einigungsbestreben im deutschen Machtbereich 1939–45, München 1987; Michael Salewski, Europa. Idee und Wirklichkeit in der nationalsozialistischen Weltanschauung und politischen Praxis, in: Otmar Franz (Hrsg.), Europas Mitte, Göttingen/Zürich 1987, S. 85–106.

34 Siehe dazu u. a. Hitlers Denkschrift zum Vierjahresplan 1936. Dokumentation von Wilhelm Treue, in: VfZ 3 (1955), S. 184–210, bes. S. 204–206.

35 So noch 1943: Die Weizsäcker-Papiere 1933–1950, hrsg. von Leonidas E. Hill, Frankfurt a. M./Berlin/Wien 1974, S. 337 (2. 5. 1943).

36 Jochmann, Monologe, S. 110 (26./27. 10. 1941).

37 Dino Cofrancesco, Ideas of the Fascist Government and Party on Europe, in: Lipgens (Hrsg.), Documents, S. 179 ff. und Neulen, Europa und das Dritte Reich, S. 179 ff.; Akten zur deutschen auswärtigen Politik, Serie D, u. a. Bd. X, S. 125 (8. 7.), 272 (27. 7.), 362 f. (8. 8. 1940); Bd. XI, S. 170 f. (27. 9.), 217 ff. (4. 10.), 263 f. (16. 10.), 282 ff. (19. 10. 1940), 857 ff. (7. 1. 1941), Bd. XII, S. 669 f. (14. 5. 1941); Serie E., Bd. IV, S. 257 (7. 11.), 545 (21. 12. 1942). – Siehe außerdem P. J. Morgan, The Italian fascist new order in Europe, in: M. L. Smith/Peter M. R. Stirk (Hrsg.), Making the new Europe. European Unity and the Second World War, London 1990. S. 27–45.

38 Walther Funk, Die wirtschaftliche Neuordnung Europas, in: Monatshefte für auswärtige Politik, August 1940, S. 630–636; Salewski, 1985, S. 56–81, 90–94 und Neulen, Europa und das Dritte Reich, S. 25 ff.; Alan S. Milward, The New order and the French economy, Oxford 1970; Jean F. Freymond, Le IIIe Reich et la réorganisation économique de l'Europe 1940–1942. Origines et projets, Leiden 1974; dazu auch Enzo Colotti, Grande Germania e progetto nazista di Nuovo ordine europeo, in: Italia contemporanea 161 (1985), S. 5–30; Smith/Stirk, Making the new Europe.

39 Siehe dazu auch Beispiele bei Walter Lipgens, Die Anfänge der euro-
    päischen Einigungspolitik 1945–1950, Erster Teil: 1945–1947, Stutt-
    gart 1977, S. 43–61; ders., Europa-Föderationspläne der Widerstands-
    bewegungen. Eine Dokumentation, München 1968, S. 6–11.
40 Stirk, European Unity, S. 94 f.; außerdem die in Anm. 38 angegebene
    Literatur.
41 Eberhard Jäckel, Frankreich in Hitlers Europa. Die deutsche Frank-
    reichpolitik im Zweiten Weltkrieg, Stuttgart 1966; Konrad Kwiet,
    Reichskommissariat Niederlande. Versuch und Scheitern nationalso-
    zialistischer Neuordnung, Stuttgart 1968; Hans-Dietrich Loock, Quis-
    ling, Rosenberg und Terboven. Zur Vorgeschichte und Geschichte der
    nationalsozialistischen Revolution in Norwegen, Stuttgart 1970; Erich
    Thomsen, Deutsche Besatzungspolitik in Dänemark 1940–1945, Düs-
    seldorf 1971; Andreas Hillgruber, Die »Endlösung« und das deutsche
    Ostimperium als Kernstück des rassenideologischen Programms des
    Nationalsozialismus, in: VfZ 20 (1972), S. 133–153; Seppo Mylly-
    niemi, Die Neuordnung der baltischen Länder 1941–1944. Zum natio-
    nalsozialistischen Inhalt der deutschen Besatzungspolitik, Helsinki
    1973; Wilfried Wagner, Belgien in der deutschen Politik während des
    Zweiten Weltkrieges, Boppard am Rh. 1974; Christoph Buchheim,
    Die besetzten Länder im Dienste der deutschen Kriegswirtschaft wäh-
    rend des Zweiten Weltkrieges. Ein Bericht der Forschungsstelle für
    Wehrwirtschaft (Dokumentation), in: VfZ 34 (1986), S. 117–145; Ri-
    chard Breitman, The architect of genocide. Himmler and the Final So-
    lution, New York 1991; Ulrich Herbert (Hrsg.), Europa und der
    Reichseinsatz. Ausländische Zivilarbeiter, Kriegsgefangene und KZ-
    Häftlinge in Deutschland 1938–1945, Essen 1991; Wolfgang Schneider
    (Hrsg.), Vernichtungspolitik. Eine Debatte über den Zusammenhang
    von Sozialpolitik und Genozid im nationalsozialistischen Deutschland,
    Hamburg 1991; Götz Aly/Susanne Heim, Vordenker der Vernich-
    tung. Auschwitz und die deutschen Pläne für eine europäische Neuord-
    nung, Hamburg 1991; dazu treffend Dan Diner, Rationalisierung und
    Methode. Zu einem neuen Erklärungsversuch der »Endlösung«, in:
    VfZ 40 (1992), S. 359–382.
42 Wolfgang Michalka, Ribbentrop und die deutsche Weltpolitik. Außen-
    politische Konzeptionen und Entscheidungsprozesse im Dritten Reich,
    München 1980.
43 Martin Broszat, Der Zweite Weltkrieg – Ein Krieg der »alten« Eliten,
    der Nationalsozialisten oder der Krieg Hitlers?, in: Broszat/Schwabe,
    Die deutschen Eliten, S. 48; Stefan Martens, Hermann Göring, Pader-
    born 1985, S. 239. – Der Delegationsleiter in den Wirtschaftsverhand-

lungen (vom Dezember 1940, siehe Akten zur deutschen auswärtigen Politik, Serie D, Bd. XI, u. a. S. 800 f., 864 f.), Gesandter Schnurre, teilte mir 1975 mit, die Ergebnisse dieser Verhandlungen seien so günstig gewesen, daß die für eine Zusammenarbeit mit der Sowjetunion eintretenden Diplomaten einen Feldzug gegen die Sowjetunion nun erst recht abgelehnt und Göring zu einer Intervention bei Hitler bewogen hätten. Schnurre selbst sei nach seiner Rückkehr aus Moskau bei Göring vorstellig geworden, der daraufhin zu Hitler gegangen sei, um ihn vom »Unternehmen Barbarossa« abzubringen. Hitler habe Göring praktisch hinausgeworfen; dies habe zu einem weiteren Verlust Görings an Ansehen und Einfluß erheblich beigetragen.

44 Salewski, Ideas, 1985, S. 122–162 und Neulen, Europa und das Dritte Reich, S. 105–147.

45 Peter Krüger, Etzels Halle und Stalingrad, in: Joachim Heinzle / Anneliese Waldschmidt (Hrsg.), Die Nibelungen. Ein deutscher Wahn, ein deutscher Alptraum. Studien und Dokumente zur Rezeption des Nibelungenstoffs im 19. und 20. Jahrhundert, Frankfurt a. M. 1991, S. 151–190.

46 Michael Howard, War in the making and unmaking of Europe, in: ders., The causes of war and other essays, London 1983, S. 151–168.

47 Lipgens, Anfänge; John Gillingham, Industry and politics in the Third Reich. Ruhr coal, Hitler and Europe, Wiesbaden 1985; ders., Zur Vorgeschichte der Montanunion. Westeuropas Kohle und Stahl in Depression und Krieg, in: VfZ 34 (1986), S. 381–405; ders., Coal, steel, and the rebirth of Europe, 1945–1947. The Germans and French from Ruhr conflict to economic community, Cambridge 1991. – Kathy Amdur, Industry and labor in Vichy France (Vortrag an der Universität Marburg, 22. 6. 1992, über laufende Forschungen).

Ferdinand Seibt
Unterwegs nach München

1 Hermann Graml, Europas Weg in den Krieg. Hitler und die Mächte 1939, München 1990.

2 Joachim Fest, Hitler. Eine Biographie, Berlin 1987,; vgl. Hermann Graml, Europas Weg, S. 65.

3 Sudetendeutscher Rat, Stellungnahme zur Sudetenfrage vom 15. Januar 1961.

4 Karl Josef Hahn, Karlsbad 1938, Privatdruck 1990.

5 Siehe die grundlegende Edition des Collegium Carolinum: Manfred

Alexander, Heidrun und Stephan Dolezel (Hrsg.), Deutsche Gesandtschaftsberichte aus Prag, Bd. 1 ff., München 1983 ff.

6 Ferdinand Seibt (Hrsg.), Vereinswesen und Geschichtspflege in den
böhmischen Ländern, München 1986.

7 Manfred Alexander (Hrsg.), Deutsche Gesandtschaftsberichte aus Prag.
Von der Staatsgründung bis zum ersten Kabinett Beneš (1918–1921),
Teil I, München 1983; dazu demnächst die Gesandtschaftsberichte Teil
III; Peter Becher in den Publikationen der deutsch-tschechoslowaki-
schen Historikerkommission Band II, voraussichtlich 1993; Ferdinand
Seibt, Deutschland und die Tschechen, München 1993.

8 Diesem Thema hat sich die tschechische Forschung der letzten fünfzig
Jahre kaum zugewandt. Zu den Ausnahmen, namentlich zu dem noch
immer nicht überholten Buch von Jaroslav César und Bohumil Černý,
Politika německých buržoazních stran v Československu v letech
1918–1939, 2 Bde., Prag 1962; vgl. Ferdinand Seibt, Bohemica – Probleme und Literatur seit 1945, München 1970. Von deutscher Seite vornehmlich Jörg K. Hoensch, Geschichte der Tschechoslowakei
1918–1991, Stuttgart 1992 und Seibt, Deutschland und die Tschechen,
1993. Noch immer wichtig ist auch Boris Celovsky, Das Münchner Abkommen 1938, Stuttgart 1958. Zu der Diskussion um das Münchner Abkommen unter Historikern demnächst Hans Lemberg:»München
1938« und die langfristigen Folgen für das Verhältnis zwischen Deutschen und Tschechen, in Band 2 der Berichte der Deutsch-Tschechoslowakischen Historikerkommission, 1994.

9 Manfred Alexander, Die erste Phase der deutsch-tschechoslowakischen
diplomatischen Beziehungen 1918–1919, München 1983; Seibt,
Deutschland und die Tschechen.

10 Manche Leute meinen, diese Katastrophe habe schon 1918 mit der
Gründung der Tschechoslowakei eingesetzt. Das verschiebt nicht etwa
nur den Schwarzen Peter, sondern es salviert Hitler wie alle die bekannten totalen Schuldzuweisungen an den Frieden von Versailles. Die bekannte Schablone des deutschen Nationalismus in der Historiographie
vor und leider auch noch nach 1945 ist hier im Hinblick auf die bekannten Fakten nicht weiter zu diskutieren, mit Bezug auf die Entwicklungen
in der Tschechoslowakei zuletzt 1993 und ausführlich belegt in Seibt,
Deutschland und die Tschechen. Bemerkenswert ist, daß 1992 eine von
Rolf-Josef Eibicht herausgegebene Broschüre diesen Standpunkt neu-
erlich mit großem Nachdruck bei einer Reihe ihrer 26 Autoren erkennen läßt. Ich habe seit zwanzig Jahren die Markierung der deutsch-
tschechischen Katastrophe mit den Jahreszahlen 1938 und 1948 mit allem Nachdruck in der Argumentation vertreten. Zum Überblick Hans

Lemberg: Deutsche und Tschechen – die nationalen und die staatlichen Beziehungen. In: Oskar Anweiler, Eberhard Reißner, Karl-
Heinz Ruffmann (Hg.): Osteuropa und die Deutschen. Berlin 1990.

11 Zur kurzen Information über Henlein dient der Artikel von Hermann
Graml, Konrad Henlein, in: Neue Deutsche Biographie, Bd. 8,
S. 532 ff., Berlin 1969.

12 Der Jahrgang 1933 lag mir leider nicht vor.

13 Zur erstaunlichen Verwendung derselben Plakatkunst und sogar auch
noch derselben Künstler in der Nachkriegszeit vgl. eine Glosse in der
Zeitschrift: Der Neue Ackermann 4 (1956), allerdings zu einem Plakat
in Post-Antiqua.

14 Andreas Luh, Der Deutsche Turnverband in der Ersten Tschechoslowakischen Republik. Vom völkischen Vereinsbetrieb zur volkspoliti-
schen Bewegung, München 1988.

15 Vgl. ebenda und Ronald M. Smelser, Das Sudetenproblem und das
Dritte Reich 1933–1938. Von der Volkstumspolitik zur nationalsozialistischen Außenpolitik, München 1980; Rudolf Jaworski, Vorposten
oder Minderheit? Der sudetendeutsche Volkstumskampf in den Beziehungen zwischen der Weimarer Republik und der ČSR, Stuttgart 1977.

16 Hans Neuwirth, Der Weg der Sudetendeutschen von der Entstehung des
tschechoslowakischen Staates bis zum Vertrag von München, in: Karl
Bosl (Hrsg.), Die Sudetenfrage in europäischer Sicht, München 1962.

17 Die Junge Front (Fortan: DJF) 7 (1936), S. 366.

18 So weiß sich Walter Brand, Auf verlorenem Posten. Ein sudetendeutscher Politiker zwischen Autonomie und Anschluß, München 1985,
S. 121 ff., bei der Bemühung um Distanzierung vom »offiziellen« Nationalsozialismus nur an einen Artikel zu erinnern, mit dem er sich
1931 in der DJF gegen Walter Darré gewandt habe. Es zeigt sich dann
an Ort und Stelle kein Artikel, sondern lediglich eine dreispaltige Re-
zension, S. 117 f. dieses Jahrgangs, in der Brand der abstrusen Idee
Darrés grundsätzlich zustimmt, auf »Hegehöfen« einen neuen deutschen Adel zu züchten, lediglich mit dem echt Spannschen Einwand,
eine solche Schöpfung sei aber letztlich doch ein geistiger Prozeß, und
den habe Darré in seinem interessanten und beachtenswerten Buch
nicht erläutert. Für die allgemeine Mitläuferei der »Jungen Front« in
diesen Jahren finden sich im übrigen in jedem Heft der Monatsschrift
Beispiele.

19 DJF 1 (1930), S. 22 f.

20 Ebenda, S. 172.

21 DJF 2 (1931), S. 30 f.

22 Ebenda, S. 110.

23 Hans-Ulrich Thamer, Verführung und Gewalt. Deutschland
    1933–1945, Berlin 1986.
24 DJF 3 (1932), S. 120.
25 Ebenda, S. 128 ff.
26 Ebenda, S. 246.
27 Grafs Memoiren, sehr aufschlußreich für den weithin ganz unbekann-
    ten Kampf um Demokratie im deutschen Bund der Landwirte vor und
    nach 1938, sind in Bearbeitung zur Edition in den Veröffentlichungen
    des Collegium Carolinum.
28 DJF 3 (1932), S. 173.
29 Ebenda, S. 203.
30 Brand siehe Anmerkung 18.
31 Vgl. Seibt, Deutschland und die Tschechen.
32 DJF 6 (1935), S. 2.
33 Ebenda, S. 147.
34 Zur selbst noch heute nicht überwundenen nationalen Animosität vgl.
    Ernst Nittner in der Zeitschrift Bohemia 26 (1985) und Seibt, Deutsch-
    land und die Tschechen.
35 DJF 6 (1935), S. 178.
36 Peter Becher, Peter Heumos (Hrsg.), Drehscheibe Prag. Zur deut-
    schen Emigration in der Tschechoslowakei 1933–1939, München
    1992.
37 DJF 7 (1939), S. 240.
38 DJF 8 (1937), S. 248: »...der erste Philosoph des Nationalsozialis-
    mus«. Im selben Heft spielt auch Gustav Frenssens »Deutscher
    Glaube« eine Rolle, und es wird Spanns »Universalismus« im selben
    Sinn mit der volksverbundenen Rassenlehre »widerlegt«.
39 DJF 8 (1937), S. 71 in etwa: Traut ihnen nicht, wenn sie »ihre Vergan-
    genheit verleugnen« – ein sprechender Hinweis auf die Bemühungen
    von Kameradschaftsbündlern, inzwischen gute Nationalsozialisten zu
    sein, mit zugehörigen Beispielen.
40 Garniert wird der Text der Hefte immer wieder mit markigen Sprü-
    chen, die man freilich heute nicht ohne makabren Beigeschmack emp-
    finden kann: »Du sollst den starken Feind ehren, aber nicht lieben. Du
    sollst den Schädling töten...« eine Paraphrase auf die zehn Gebote
    von Kurt Eggers, DJF 8 (1937), S. 1, oder: »Die Knute dem Knecht,
    dem Freien das Recht, der Memme den Tod, ...«; aus derselben Ein-
    stellung im selben Zusammenhang des wachsenden Radikalismus in
    DJF 8 (1937), S. 11.
41 DJF 8 (1937), S. 26.
42 DJF 9 (1939), S. 34 f.

43 Die Texte jeweils bei Ernst Nittner, Dokumente zur sudetendeutschen Frage 1916–1967, München 1967.
44 DJF 9 (1938), S. 36.
45 Ebenda, S. 107 ff.

Ludolf Herbst
Die nationalsozialistische Wirtschaftspolitik im internationalen Vergleich

1 Wolfram Fischer, Deutsche Wirtschaftspolitik 1918–1945, 3. verbesserte Auflage Opladen 1968, S. 51 und S. 77.
2 Avraham Barkai, Das Wirtschaftssystem des Nationalsozialismus. Der historische und ideologische Hintergrund 1933–1936, Köln 1977, S. 7.
3 Rainer Zitelmann, Hitler als Revolutionär, Stuttgart 1990[2], S. 228 ff.; Zitat S. 230.
4 Charles P. Kindleberger, Die Weltwirtschaftskrise 1929–1939, München 1973; Harold James, Deutschland in der Weltwirtschaftskrise 1924–1936, Stuttgart 1988.
5 Andreas Predöhl, Das Ende der Weltwirtschaftskrise, Hamburg 1962.
6 Vergleichende Analysen wie sie 1983 auf der internationalen Historikerkonferenz im Berliner Reichstag – vgl. Deutschlands Weg in die Diktatur, hrsg. v. Martin Broszat u. a., Berlin 1983 – gefordert wurden, sind rar. Vergleichend verfahren die Überblicksdarstellungen von Kindleberger, Weltwirtschaftskrise, und von Predöhl, Ende der Weltwirtschaftskrise, Ansätze bieten: Gerhard Kroll, Von der Weltwirtschaftskrise zur Staatskonjunktur, Berlin 1958; Heinrich August Winkler (Hrsg.), Die große Krise in Amerika. Vergleichende Studien zur politischen Sozialgeschichte 1929–1939, Göttingen 1973; Gerhard Schulz (Hrsg.), Die große Krise der dreißiger Jahre. Vom Niedergang der Weltwirtschaft zum Zweiten Weltkrieg, Göttingen 1985; Hans-Jürgen Puhle, Politische Agrarbewegungen im kapitalistischen Industriegesellschaften, Göttingen 1975.
7 Vgl. Karl Schiller, Wirtschaftspolitik, in: Handbuch der Sozialwissenschaften 12 (1965), S. 210 ff.
8 Vgl. hierzu die Dokumentationen von Gottfried Bombach/Hans G. Ramser/Manfred Timmermann/Walter Wittmann (Hrsg.), Der Keynesianismus II: Die beschäftigungspolitische Diskussion vor Keynes in Deutschland, Berlin 1976 und von Knut Borchardt/Hans Otto Schötz

(Hrsg.), Wirtschaftspolitik in der Krise. Die (Geheim-)Konferenz der Friedrich List-Gesellschaft im September 1931 über Möglichkeiten und Folgen einer Kreditausweitung, Baden-Baden 1991. Als Analyse noch immer unentbehrlich ist Wilhelm Grotkopp, Die große Krise. Lehren aus der Überwindung der Wirtschaftskrise 1929/32, Düsseldorf 1954; zur Problematik vgl. jetzt Knut Borchardt, Wirtschaftspolitische Beratung in der Krise. Die Rolle der Wissenschaft, in: Die deutsche Staatskrise 1930–1933, hrsg. v. Heinrich August Winkler, München 1992, S. 109 ff.

 9 Dietmar Petzina, Die deutsche Wirtschaft in der Zwischenkriegszeit, Wiesbaden 1977, S. 108 ff.; vgl. als Spezialstudie jetzt Melmut Marcon, Arbeitsbeschaffungspolitik der Regierungen Papen und Schleicher. Grundsteinlegung für die Beschäftigungspolitik im Dritten Reich, Frankfurt a. M. 1974, S. 87 ff.

10 Kindleberger, Weltwirtschaftskrise, S. 187 ff., 241 ff.; Kroll, Weltwirtschaftskrise, S. 645 ff.; Erich Angermann, Die Vereinigten Staaten von Amerika seit 1917, München [8]1987, S. 147 ff. Vgl. John O'Sullivan/Edward F. Keuchel. American Economic History, New York 1981; Sidney Pollard, The Development of the British Economy 1914–1967, London 1969.

11 League of Nations, World Economic Survey, 1938/39 (James E. Maede), Genf 1939.

12 Kindleberger, Weltwirtschaftskrise, S. 295 ff.; Angermann, Die Vereinigten Staaten, S. 148.

13 James, Deutschland in der Weltwirtschaftskrise, S. 361.

14 Akten der Reichskanzlei, Reg. Hitler I, 1, S. 50 f.

15 James, Deutschland in der Weltwirtschaftskrise, S. 365.

16 Petzina, Die deutsche Wirtschaft, S. 99; James, Deutschland in der Weltwirtschaftskrise, S. 368 ff.; Joachim Radkau, Entscheidungsprozesse und Entscheidungsdefizite in der deutschen Außenwirtschaftspolitik 1933–1940, in: Geschichte und Gesellschaft 2 (1976), S. 33 ff.

 7 Hans-Jürgen Schröder, Deutsche Südosteuropapolitik 1929–1936. Zur Kontinuität deutscher Außenpolitik in der Weltwirtschaftskrise, in: Geschichte und Gesellschaft 2 (1976), S. 5 ff.; Ludolf Herbst, Der Krieg und die Unternehmensstrategie deutscher Industrie-Konzerne in der Zwischenkriegszeit, in: Die deutschen Eliten und der Weg in den Zweiten Weltkrieg, hrsg. v. Martin Broszat und Klaus Schwabe, München 1989, S. 118 ff.

18 Dörte Döring, Deutsche Außenwirtschaftspolitik 1933–35. Diss., Berlin 1969; James, Deutschland in der Weltwirtschaftskrise, S. 368 ff.; Alan S. Milward, The Reichsmark Bloc and the International Eco-

nomy, in: Der »Führerstaat«: Mythos und Realität. Studien zur Struktur und Politik des Dritten Reiches, hrsg. von Gerhard Hirschfeld/Lothar Kettenacker, Stuttgart 1981, S. 377 ff.; vgl. ebenda, S. 414 ff. den kritisch zu Milward Stellung nehmenden Beitrag von Bernd-Jürgen Wendt.

19 Kindleberger, Weltwirtschaftskrise, S. 292 ff.

20 Ebenda, S. 247. Vgl. The Memoirs of Cordell Hull, Bd. 1, New York 1948, S. 352 ff.

21 Karl Schiller, Marktregulierung und Marktordnung in der Weltagrarwirtschaft, Jena 1940.

22 Ebenda, S. 55.

23 Ebenda, S. 79.

24 Ebenda, S. 39, 65 ff.

25 Ebenda, S. 25.

26 Vgl. Wolfgang Benz, Vom freiwilligen Arbeitsdienst zur Arbeitsdienstpflicht, in: VfZ 16 (1968), S. 317 ff.; John A. Salmond, The Civilian Conservation Corps, 1933–1942. A New Deal Case Study, Durham N. C. 1967.

27 Vgl. Theodore Saloutos, New Deal Agricultural Policy, An Evaluation, in: Journal of American History 61 (1974/75), S. 394 ff.; Angermann, Die Vereinigten Staaten, S. 152; J. E. Farquharson, The Plough and the Swastika. The NSDAP and Agriculture in Germany 1928–45, London 1976, S. 43 ff.; James, Weltwirtschaftskrise, S. 340.

28 Vgl. Bernard Bellush, The Failure of the NIRA, New York 1975; Angermann. Die Vereinigten Staaten, S. 154 ff.

29 Puhle, Politische Agrarbewegungen, S. 142 ff.; 165 ff.; Sergio Ricossa, Italien 1920–1970, in: Europäische Wirtschaftsgeschichte, hrsg. v. Carlo M. Cipolla und Knut Borchardt, New York 1980, Bd. V, S. 189.

30 Vgl. Kindleberger, Weltwirtschaftskrise, S. 296, 261; Angermann, Die Vereinigten Staaten, S. 154.

31 Vgl. Dieter Petzina, Autarkiepolitik im Dritten Reich. Der nationalsozialistische Vierjahresplan, Stuttgart 1968; Arthur E. Morgan, The Making of the TVA, Buffalo N. Y. 1974; David E. Lilienthal, TVA. Democracy on the March, New York 1944; The Journals of David E. Lilienthal, 6 Bde., New York 1964–76, Bd. I.

32 Vgl. Alan S. Milward, Der Zweite Weltkrieg, München 1977; ders., Arbeitspolitik und Produktivität in der deutschen Kriegswirtschaft unter vergleichendem Aspekt, in: Kriegswirtschaft und Rüstung 1939–1945, hrsg. v. Friedrich Forstmeier und Hans Erich Volkmann, Düsseldorf 1977.

33 Richard Polenberg, War and Society. The United States 1941–1945, Philadelphia 1972; Gregor Janssen, Das Ministerium Speer. Deutschlands Rüstung im Krieg, Berlin 1968.

34 Zum Idealtypus der Zentralverwaltungswirtschaft vgl. Walter Eucken, Die Grundlagen der Nationalökonomie, Jena 1940, S. 93 ff.

35 Vgl. dazu Gerhard T. Mollin, Montankonzerne und »»Drittes Reich««. Der Gegensatz zwischen Monopolindustrie und Befehlswirtschaft in der deutschen Rüstung und Expansion 1936–1944, Göttingen 1988, S. 102 ff.

36 Diesen Begriff schlägt Petzina, Autarkiepolitik, S. 196 ff., vor.

37 Vgl. E. F. Penrose, Economic Planning for the Peace, Princeton 1953; Alfred E. Eckes, A Search for Solvency. Bretton Woods and the International Monetary System, 1941–1971, U. P. Texas 1975.

38 Vgl. Alan S. Milward, The Reconstruction in Western Europe, London 1984, S. 5 ff.

39 Vgl. Ludolf Herbst, Der totale Krieg und die Ordnung der Wirtschaft. Die Kriegswirtschaft im Spannungsfeld von Politik, Ideologie und Propaganda 1939–1945, Stuttgart 1982, S. 314 ff. und passim.

40 Ebenda, S. 305 ff.

41 Ebenda, S. 308 f.

42 Ludolf Herbst, Krisenüberwindung und Wirtschaftsneuordnung. Ludwig Erhards Beteiligung an den Nachkriegsplanungen am Ende des Zweiten Weltkrieges, in: VfZ 25 (1977), S. 305 ff.

43 Vgl. hierzu Milward, Reconstruction; Predöhl, Ende der Weltwirtschaftskrise; Christoph Buchheim, Die Wiedereingliederung Westdeutschlands in die Weltwirtschaft, München 1990; Michael J. Hogan, The Marshall Plan. America, Britain, and the reconstruction of Western Europe, 1947–1952, Cambridge 1987.

44 Vgl. John R. Gillingham, Ruhr Coal, Hitler and Europe. Industry and Politics in the Third Reich, London 1985, S. 139 ff.

45 Herbst, Der totale Krieg, S. 127 ff.

46 Ebenda, S. 143 ff. Der Text befindet sich im Bundesarchiv R 11/271, Bl. 84 ff.

47 Ebenda, S. 147.

Wolfgang Benz
Theresienstadt und der Untergang der deutschen Juden

1 Bruno Bettelheim, Erziehung zum Überleben. Zur Psychologie der Extremsituation, Stuttgart 1980, S. 23 f.

2 Alfred Heller, Dr. Seligmanns Auswanderung. Der schwierige Weg nach Israel, München 1990, S. 236.

3 Hannah Arendt, Eichmann in Jerusalem. Ein Bericht von der Banalität des Bösen, Reinbek 1978, S. 13.

4 Vgl. Hans E. Holthusen, Hannah Arendt, Eichmann und die Kritiker, in: VfZ 13 (1965), S. 178–190.

5 Vgl. Amos Funkenstein, Die Passivität als Kennzeichen des Diaspora-Judentums: Mythos und Realität, in: Babylon 1989, H. 5, S. 47–57.

6 Zit. nach Hans Erich Fabian. Die letzte Etappe, in: Festschrift zum 80. Geburtstag von Rabbiner Dr. Leo Baeck am 23. Mai 1943, London 1953, S. 97; zur Kontroverse um den Zeitpunkt des Diktums vgl. C. C. Aronsfeld, Schon 1933 oder erst 1946? Historiographische Anmerkungen zu einem vielzitierten Ausspruch Leo Baecks, in: Tribüne 30 (1991), H. 120, S. 216–221.

7 Zu den Deportationen nach Theresienstadt und zu den Transporten aus Theresienstadt in die Vernichtungslager vgl. H. G. Adler, Theresienstadt 1941–1945. Das Antlitz einer Zwangsgemeinschaft, Tübingen 1955, S. 39 ff.

8 Miroslav Kárny, Vojtech Blodig, Margita Kárná (Hrsg.), Theresienstadt in der »Endlösung der Judenfrage«, Prag 1992. Der Sammelband faßt die Ergebnisse einer internationalen wissenschaftlichen Konferenz zusammen, die im November 1991 in Theresienstadt tagte. Bei dieser Konferenz wurden erste Überlegungen, die diesem Beitrag zugrunde liegen, vorgetragen (a. a. O., S. 70–78).

9 Beispiele für einen »Heimeinkaufsvertrag« mit der Reichsvereinigung der Juden in Deutschland, mit dem ein Berliner am 17. September 1942 mehr als zweihunderttausend RM für »die Gemeinschaftsunterbringung« in Theresienstadt bezahlt: Artikel 4 des Vertrags lautet: »a) Mit Abschluß des Vertrages wird die Verpflichtung übernommen, dem Vertragspartner auf Lebenszeit Heimunterkunft und Verpflegung zu gewähren, die Wäsche waschen zu lassen, ihn erforderlichenfalls ärztlich und mit Arzneimitteln zu betreuen und für notwendige Krankenhausaufenthalte zu sorgen. b) Das Recht der anderweitigen Unterbringung bleibt vorbehalten. c) Aus einer Veränderung der gegenwärtigen Unterbringungsform kann der Vertragspartner keine Ansprüche herleiten.« Eichmannprozeß. Beweisdokument 1985 (Archiv Institut für Zeitgeschichte, München).

10 Resi Weglein, Als Krankenschwester im KZ Theresienstadt. Erinnerungen einer Ulmer Jüdin, hrsg. von Silvester Lechner und Alfred Moos, Stuttgart, S. 18 f.

11 Eike Geisel, Henryk M. Broder, Premiere und Pogrom. Der jüdische Kulturbund 1933–1941. Texte und Bilder, Berlin 1992, S. 331.

12 Erlaß Reichssicherheitshauptamt IV B 4 a vom 21. 5. 1942: »Bestimmung des jüdischen Personenkreises, der nach Theresienstadt abgeschoben werden soll«. Eichmann-Prozeß, Beweisdokument 1250 (Archiv Institut für Zeitgeschichte, München).

13 Kurt Jakob Ball-Kaduri, Berlin wird judenfrei. Die Juden in Berlin in den Jahren 1942/43, in: Jahrbuch für die Geschichte Mittel- und Osteuropas 22 (1973), S. 226 f.

14 Vgl. Günter Plum, Deutsche Juden oder Juden in Deutschland?, in: Wolfgang Benz (Hrsg.), Die Juden in Deutschland 1933–1945. Leben unter nationalsozialistischer Herrschaft, München 1988, S. 49 ff.

15 Vgl. insbes. Otto D. Kulka, The Reichsvereinigung and the Fate of German Jews, 1938/1939–1943. Continuity or Discontinuity in German-Jewish History in the Third Reich, in: Arnold Paucker (Hrsg.), Die Juden im Nationalsozialistischen Deutschland 1933–1943, Tübingen 1986, S. 353 ff.

16 Anita Frankova, Anna Hyndrakova, Die jüdische Selbstverwaltung im Ghetto Terezin (Theresienstadt) 1941–1945. Ihre Organisation, Tätigkeit und Rechtsbefugnis, in: Judaica Bohemiae 8 (1972), H. 1, S. 36–54.

17 Vgl. Volker Dahm, Kulturelles und geistiges Leben, in: Benz, Die Juden in Deutschland 1933–1945, insbes. S. 258 f.; Jarmila Skochová, Das literarische Schaffen im Konzentrationslager Theresienstadt, in: Judaica Bohemiae 16 (1980), H. 1, S. 21–27; dies., Theater im Konzentrationslager Theresienstadt, in: ebenda 19 (1983), H. 2, S. 63–71.

18 Käthe Starke, Der Führer schenkt den Juden eine Stadt. Bilder – Impressionen – Reportagen – Dokumente, Berlin 1975, S. 57.

19 Aktenvermerk gez. Ing. Zucker, Edelstein, über die Vorsprache bei Herrn Lagerkommandanten SS Hauptsturmführer Dr. Seidl im Beisein des Herrn SS Hauptsturmführers Möhs aus Berlin am 27. Jänner 1943, Eichmannprozeß, Beweisdokument 1239.

20 Käthe Starke, Der Führer schenkt den Juden eine Stadt, S. 56.

21 Adler, Theresienstadt, S. 113 f.

22 »Gerechtigkeit für Paul Eppstein«. Brief von Jacob Jacobson an »AJR Information« (London), in: Jüdische Sozialarbeit, 18. 9. 1959, S. 25.

23 Ebenda.

24	Gedenkblatt für Dr. Paul Eppstein: Berthold Simonsohn, Sein Andenken wird weiterleben, in: Jüdische Sozialarbeit 18. 9. 1959, S. 24.
25	Zit. nach: Im Warschauer Ghetto. Das Tagebuch des Adam Czerniakow 1919–1942, München 1986, S. XII.
26	Ebenda, S. 285.
27	Marian Fuks, Das Problem der Judenräte und Adam Czerniakows Amtstätigkeit, in: Stefi Jersch-Wenzel (Hrsg.), Deutsche – Juden – Polen: ihre Beziehungen von den Anfängen bis ins 20. Jahrhundert, Berlin 1987, S. 229 f.
28	Adler, Theresienstadt, S. 114.
29	Simonsohn, Sein Andenken wird weiterleben, S. 26.

Konrad Kwiet
Auftakt zum Holocaust

1	Über die Ordnungspolizei, deren Geschichte im »Dritten Reich« noch weitgehend unerforscht geblieben ist, sind jüngst zwei wichtige Publikationen erschienen: Heiner Lichtenstein, Himmlers grüne Helfer. Die Schutz- und Ordnungspolizei im »Dritten Reich«, Köln 1991; Christopher R. Browning, Ordinary Men. Reserve Police Bataillon 101 and the Final Solution in Poland, New York 1992. Einen guten Überblick über den Forschungsstand vermittelt Dieter Pohl, Nationalsozialistischer Judenmord als Problem von osteuropäischer Geschichte und Osteuropa-Geschichtsschreibung, in: Jahrbücher für die Geschichte Osteuropas 60 (1992), S. 96–119.
2	Unter dem Titel »From the Diary of a Killing Unit« wird ein Teil dieses Beitrags auch veröffentlicht in: John Milfull (Hrsg.), Why Germany?, Oxford 1993, S. 93–110.
3	Militärarchiv Prag, NPol. Rgt. und SS-Varia. Soweit nicht anders vermerkt, beziehen sich alle Dokumente und Zitate auf diese beiden Quellenbestände. Dem Militär-Archiv Prag und der »Special Investigations Unit of the Australian Attorney General's Department« danke ich an dieser Stelle für die Genehmigung der wissenschaftlichen Auswertung der Dokumente.
4	Auszüge des handschriftlichen Kompanie-Tagebuches wurden bereits veröffentlicht in: Ernst Klee, Willi Dreßen, Volker Rieß, Schöne Zeiten. Judenmord aus der Sicht der Täter und Gaffer, Frankfurt a. M. 1988, S. 18–28. Dieses Tagebuch wurde zusammen mit einigen anderen Dokumenten Mitte der sechziger Jahre westdeutschen Justizbehörden zur Strafverfolgung von Angehörigen des Polizei-Bataillons 322

übergeben. Die Materialien werden in der Zentralen Stelle Ludwigs-
burg aufbewahrt: CSSR I, Ordner 147 (= ZSL).

5 Grundlegend hierfür: Richard Breitman, The Architect of Genocide.
Himmler and the Final Solution, New York 1991; Christopher R.
Browning, Fateful Months. Essays on the Emergence of the Final
Solution, New York 1985 sowie The Path to Genocide. Essays on
Launching the Final Solution, New York 1992; Gerd Robel, Die Vernichtung der Juden in der Sowjetunion, in: Wolfgang Benz (Hrsg.),
Dimension des Völkermords. Die Zahl der jüdischen Opfer des Nationalsozialismus, München 1991, S. 499–560; Jürgen Förster, Das nationalsozialistische Herrschaftssystem und der Krieg gegen die Sowjetunion, in: Peter Jahn, Reinhard Rürup (Hrsg.), Erobern und Vernichten. Der Krieg gegen die Sowjetunion 1941–1945, Berlin 1991, S. 28–64;
Christian Streit, Ostkrieg, Antibolschewismus und »Endlösung«, in: Geschichte und Gesellschaft 17 (1991), S. 242–259.

6 Bundesarchiv-Militärarchiv Freiburg, RW 7/985 (künftig = BA-
MA).

7 BA-MA RH 22/155.

8 BA-MA RH 22/156, vgl. Ruth Bettina Birn, Die höheren SS- und Polizeiführer, Düsseldorf 1986.

9 VHA Prag, I a/2/3 Kr. 10, KTB des KdO, st RFSS, v. 10. 7. 1941.

10 ZSL V 117. Vortrag Daluege's über den Kräfte- und Kriegseinsatz der
Ordnungspolizei im Jahre 1941, 10.

11 Ebenda, 11.

12 Staatsarchiv Riga, PSR CVVA, P-1026-1-3, S. 296–298. Vgl. dazu auch
Gerald Fleming, Hitler und die Endlösung. »Es ist des Führers
Wunsch...«. München 1982. Fleming hat dieses Dokument entdeckt
und eine Kopie Hans Mommsen zur Verfügung gestellt, die veröffent-
licht wurde in: Hans Mommsen (Hrsg.), Herrschaftsalltag im Dritten
Reich. Studien und Texte, Düsseldorf 1988, S. 467–471.

13 Ebenda, P 1026-1-3, S. 303.

14 Martin Broszat, Hitler und die Genesis der »Endlösung«. Aus Anlaß
der Thesen von David Irving, in: VfZ 25 (1977), S. 739–775; vgl. auch
dazu Christopher R. Browning, Zur Genesis der »Endlösung«. Eine
Antwort an Martin Broszat, in: VfZ 29 (1981), S. 97–109; Hans Mommsen, Die Realisierung des Utopischen, in: Geschichte und Gesellschaft 9 (1983), S. 381–420; Hermann Graml, Zur Genesis der »Endlösung«, in: Walter H. Pehle (Hrsg.), Der Judenpogrom 1938, Frankfurt
a. M. 1988, S. 160–175.

15 Arno J. Mayer, Der Krieg als Kreuzzug. Das Deutsche Reich, Hitlers
Wehrmacht und die »Endlösung«, Hamburg 1989.

16 Vgl. Alfred Streim, The Tasks of the SS-Einsatzgruppen, in: Simon Wiesenthal Centre Annual 4 (1987), S. 309–329 und die Fortsetzung seiner Kontroverse mit Helmut Krausnick in der Correspondence Section of Simon Wiesenthal Centre Annual 6 (1988), S. 311–347, sowie Peter Longerich, Vom Massenmord zur »Endlösung«, in: Bernd Wegner (Hrsg.), Zwei Wege nach Moskau. Vom Hitler-Stalin-Pakt zum Unternehmen »Barbarossa«, München, Zürich 1991, S. 251–274.

17 Vgl. dazu Hans Mommsen, Anti Jewish Politics and the Implementation of the Holocaust, in: Konrad Kwiet (Hrsg.), From the Emancipation to the Holocaust, Kensington 1987, S. 63–78.

18 Heinrich Rubner, Deutsche Forstgeschichte 1933–1945. Forstwirtschaft, Jagd und Umwelt im NS-Staat, St. Katharinen 1985.

19 VHA Prag PZ Pol Batl. III Rgt. Mitte. Bericht Kompaniechef Binz and Pol Batl. 322 vom 30. 8. 1941.

20 VHA Prag PZ Pol Batl. III/Rgt. Mitte Kr. 1, Bericht der 9/III Rgt. Mitte vom 3. 10. 1941.

21 Zentrales Staatliches Sonderarchiv Moskau, 7021-87, S. 8–11. Belehrung über die Sondergerichtsbarkeit der SS und Polizei (Abschrift vom 24. 3. 1942).

22 Staatsarchiv Riga, P 83-1-80.

23 Ebenda. Hervorhebung im Original.

24 Die folgenden Aussagen sind den Akten der Ermittlungs- und Gerichtsverfahren entnommen, ZSL, 202 AR-Z 6/65.

Hans Buchheim
Zur öffentlichen Auseinandersetzung
mit unserer nationalsozialistischen Vergangenheit

1 Hans Woller, Gesellschaft und Politik in der amerikanischen Besatzungszone. Die Region Ansbach und Fürth, München 1986, S. 98.

2 Daß auch auf deutscher Seite kollektive Maßnahmen nach formalen Kriterien für geboten und gerechtfertigt erachtet wurden, belegt die folgende Erklärung Wilhelm Hoegners, der Anfang Oktober 1945 als Nachfolger Fritz Schäffers als Bayerischer Ministerpräsident eingesetzt wurde. Die »Süddeutsche Zeitung« vom 6. Oktober 1945 berichtet: »Wie Dr. Hoegner erklärte, sollen im nächsten Frühjahr in Bayern Gemeindewahlen durchgeführt werden. Doch werden alle früheren Mitglieder der Nazipartei nicht wahlberechtigt sein. Diese hätten eine mehrjährige Bewährung abzulegen, bis sie demokratisch denken gelernt haben.«

3 Genauso erwies es sich später als schwierig, die politischen Aktivitäten einer Partei nach den Grundsätzen gerichtlicher Tatbestandsfeststellung und Beweiswürdigung als verfassungswidrig im Sinne von Art. 21 II GG zu qualifizieren.

4 Woller, Gesellschaft und Politik, S. 113 ff.

5 Ebenda, S. 165.

6 Ebenda, S. 115.

7 Ernst-Wolfgang Böckenförde, Der Beitrag politischen Handelns zur Verwirklichung von Gerechtigkeit, in: Transit. Europäische Revue. Heft 4. Frankfurt a. M. 1992, S. 42 f.

8 Eine Ausnahme bildet der unabhängige Richter, wenn er – was in der Weimarer Republik vorgekommen ist – absichtlich Urteile fällt, die den Staat in Mißkredit bringen.

9 Ernst-Wolfgang Böckenförde, Der Staat als sittlicher Staat, Berlin 1978, S. 25 ff.

10 Woller, Gesellschaft und Politik, S. 131 f.

11 Klaus-Dietmar Henke, Grenzen der politischen Säuberung in Deutschland nach 1945, in: Ludolf Herbst (Hrsg.), Westdeutschland 1945 bis 1955. München 1986, S. 130.

12 Hermann Lübbe, Der Nationalsozialismus im deutschen Nachkriegsbewußtsein, in: Historische Zeitschrift 3 / 1983, S. 586 f.

13 Hans-Ulrich Wehler, 30. Januar 1933 – Ein halbes Jahrhundert danach, in: Aus Politik und Zeitgeschichte, Beilage zur Zeitschrift Das Parlament 4–5 (1983) 29. Januar 1983, S. 45.

14 Václav Havel, Die unvollendete Revolution. Ein Gespräch mit Adam Michnik, in: Transit. Europäische Revue. Heft 4. Frankfurt a. M. 1992, S. 12.

15 »Die Zeit« v. 3. Oktober 1986.

16 Ernst Rudolf Huber, Verfassungsrecht des Großdeutschen Reiches, Hamburg [2]1939, S. 213, 230.

Die wichtigsten Veröffentlichungen
von Hermann Graml

A. Bücher und sonstige selbständige Schriften

1 Der 9. November 1938. »Reichskristallnacht«, Bonn 1953 (Schriftenreihe der Bundeszentrale für Heimatdienst bzw. Politische Bildung,
   8. Aufl. 1962)

2 Europa zwischen den Kriegen, München 1969 (dtv – Weltgeschichte
   des 20. Jahrhunderts, Bd. 5, ⁵1982, auch in: Deutsche Geschichte seit
   dem Ersten Weltkrieg, Bd. 1, Stuttgart 1973)

3 Europa, München 1972 (Die Weltmächte im 20. Jahrhundert, Bd. 2)

4 Die Alliierten und die Teilung Deutschlands. Konflikte und Entscheidungen 1941–1948, Frankfurt a. M. 1985

5 Die Märznote von 1952. Legende und Wirklichkeit, Melle 1988
   (Deutschland-Report, hrsg. von der Konrad-Adenauer-Stiftung,
   St. Augustin)

6 Reichskristallnacht. Antisemitismus und Judenverfolgung im Dritten
   Reich, München 1988 (Deutsche Geschichte der neuesten Zeit,
   Bd. 19)

7 Europas Weg in den Krieg. Hitler und die Mächte 1939, München 1990
   (Quellen und Darstellungen zur Zeitgeschichte, Bd. 29, hrsg. vom Institut für Zeitgeschichte München)

B. Tätigkeit als Herausgeber

1 Die revolutionäre Illusion. Zur Geschichte des linken Flügels der
   USPD. Erinnerungen von Curt Geyer, Stuttgart 1976 (zus. mit Wolf-
   gang Benz, Schriftenreihe der Vierteljahrshefte für Zeitgeschichte,
   Bd. 33)

2 Aspekte deutscher Außenpolitik im 20. Jahrhundert. Aufsätze, Hans
   Rothfels zum Gedächtnis, Stuttgart 1976 (zus. mit Wolfgang Benz,
   Sondernummer der Schriftenreihe der Vierteljahrshefte für Zeitge-
   schichte)

3 Sommer 1939. Die Großmächte und der Europäische Krieg, Stuttgart 1979 (zus. mit Wolfgang Benz, Sondernummer der Schriftenreihe der Vierteljahrshefte für Zeitgeschichte)

4 Weltprobleme zwischen den Machtblöcken, Frankfurt a. M. 1981 (zus. mit Wolfgang Benz, Fischer Weltgeschichte, Bd. 36)

5 Europa nach dem Zweiten Weltkrieg, Frankfurt a. M. 1983 (zus. mit Wolfgang Benz, Fischer Weltgeschichte, Bd. 35)

6 Hans Rothfels, Deutsche Opposition gegen Hitler, Frankfurt a. M. 1977 und 1986

7 Widerstand im Dritten Reich. Probleme, Ereignisse, Gestalten, Frankfurt a. M. 1984

8 Martin Broszat, Nach Hitler. Der schwierige Umgang mit unserer Geschichte, München 1988 (zus. mit Klaus Dietmar Henke)

9 Biographisches Lexikon zur Weimarer Republik, München 1988 (zus. mit Wolfgang Benz)

10 Reihe Deutsche Geschichte der neuesten Zeit (30 Bde.), München 1984 ff. (zus. mit Wolfgang Benz und Martin Broszat)

C. Aufsätze

1 Das Nationalkomitee Freies Deutschland, in: Neues Abendland, November 1952

2 Die Wurzeln des Antisemitismus, in: Hochland, April 1958

3 Die deutsche Militäropposition vom Sommer 1940 bis zum Frühjahr 1943, in: Aus Politik und Zeitgeschichte. Beilage zum »Parlament«, 16. Juli 1958, auch in: Vollmacht des Gewissens, Bd. II, Frankfurt a. M. 1965

4 Der deutsche Widerstand und die Alliierten (zus. mit Helmut Krausnick), in: Aus Politik und Zeitgeschichte. Beilage zum »Parlament«, 19. Juli 1961, auch in: Vollmacht des Gewissens, Bd. II, Frankfurt a. M. 1965

5 David L. Hoggan und die Dokumente, in: Geschichte in Wissenschaft und Unterricht, August 1963, auch als Sonderdruck der Vierteljahrshefte für Zeitgeschichte, August 1963

6 Zur Diskussion über die Schuld am Zweiten Weltkrieg, in: Aus Politik und Zeitgeschichte. Beilage zum »Parlament«, 1. Juli 1964, auch in: Kriegsbeginn 1939, Wissenschaftl. Buchgesellschaft Darmstadt 1976

7 Der Fall Oster, in: VfZ, Januar 1966

8 Die außenpolitischen Vorstellungen des deutschen Widerstands, in: Hermann Graml/Hans Mommsen/Hans-J. Reichhardt/Ernst Wolf,

Der deutsche Widerstand gegen Hitler, hrsg. von Walter Schmitthenner und Hans Buchheim, Köln 1966, auch in: H. Graml, Widerstand im Dritten Reich; engl. Übersetzung Batsford, London und University of California Press, Berkeley 1970

9 Konrad Henlein, in: Neue Deutsche Biographie, Bd. 8, 1969

10 Die Rapallo-Politik im Urteil der westdeutschen Forschung, in: VfZ, Oktober 1970, auch in: Grundfragen der deutschen Außenpolitik seit 1871, Darmstadt 1975

11 Präsidialsystem und Außenpolitik 1930–1932, in: VfZ, April 1973

12 Probleme einer Hitler-Biographie. Kritische Bemerkungen zu Joachim C. Fest, in: VfZ, Januar 1974

13 Hans Oster, in: Der zwanzigste Juli – Alternative zu Hitler?, Stuttgart 1974

14 Die Alliierten in Deutschland, in: Westdeutschlands Weg zur Bundesrepublik 1945–1949, München 1976

15 Zwischen Jalta und Potsdam. Zur amerikanischen Deutschlandplanung im Frühjahr 1945. in: VfZ, Oktober 1976

16 Nationalstaat oder westdeutscher Teilstaat. Die sowjetischen Noten vom Jahre 1952 und die öffentliche Meinung in der Bundesrepublik Deutschland, in: VfZ, Oktober 1977

17 Alte und neue Apologeten Hitlers, in: Rechtsradikalismus. Randerscheinung oder Renaissance? Hrsg. von Wolfgang Benz, Frankfurt a. M. 1980 und 1984, bearb. Neuausgabe: Rechtsextremismus in der Bundesrepublik. Voraussetzungen, Zusammenhänge, Wirkungen, Frankfurt a. M. 1989

18 Zur Frage der Demokratiebereitschaft des deutschen Bürgertums nach dem Ende der NS-Herrschaft. Hermann Maus Bericht über eine Reise nach München im Frühjahr 1946, in: Miscellanea. Festschrift für Helmut Krausnick, Stuttgart 1980

19 Die Legende von der verpaßten Gelegenheit. Zur sowjetischen Notenkampagne des Jahres 1952, in: VfZ, Juli 1981

20 Griechenland und der östliche Mittelmeerraum, in: Fischer Weltgeschichte, Bd. 35, Europa nach dem Zweiten Weltkrieg, Frankfurt a. M. 1983

21 Anfänge europäischer Einigung, in: Fischer Weltgeschichte, Bd. 35.

22 Die Kapitulation und ihre Folgen, in: Ploetz. Das Dritte Reich, Freiburg 1983

23 Grundzüge nationalsozialistischer Außenpolitik, in: Das Dritte Reich, hrsg. von Martin Broszat und Horst Möller, München 1983 und 1986

24 Die deutsche Frage, in: Theodor Eschenburg, Jahre der Besatzung 1945–1949, Stuttgart 1983

25 Die Außenpolitik, in: Die Geschichte der Bundesrepublik Deutsch-
    land, hrsg. von Wolfgang Benz, Bd. 1, Frankfurt a. M. 1983, bearb.
    Neuausgabe Frankfurt a. M. 1989

26 Vorhut konservativen Widerstands. Das Ende des Kreises um Edgar
    Jung, in: H. Graml, Widerstand im Dritten Reich, Frankfurt a. M.
    1984

27 Hans Oster, in: H. Graml, Widerstand im Dritten Reich

28 Die allgemeinen politischen Rückwirkungen der Korea-Krise auf Eu-
    ropa und die Bundesrepublik, in: Die Korea-Krise als ordnungspoliti-
    sche Herausforderung der deutschen Wirtschaftspolitik, Stuttgart
    1986

29 Wer bestimmte die Außenpolitik des Dritten Reiches? Ein Beitrag zur
    Kontroverse um Polykratie und Monokratie im NS-Herrschaftssystem,
    in: Demokratie und Diktatur, hrsg. von Manfred Funke, Bonn 1987
    (auch Festschrift für Karl Dietrich Bracher)

30 Zur Genesis der »Endlösung«, in: Das Unrechtsregime, hrsg. von Ur-
    sula Büttner, Festschrift für Werner Jochmann zum 65. Geburtstag,
    Hamburg 1986, auch in: Der Judenpogrom 1938, hrsg. von Walter H.
    Pehle, Frankfurt a. M. 1988

31 Vom Kriegsende bis zur doppelten Staatsgründung 1945–1949, in:
    Deutschland-Handbuch. Eine doppelte Bilanz 1949–1989, hrsg. von
    Werner Weidenfeld und Hartmut Zimmermann, München 1989

32 Das Versagen der internationalen Solidarität, in: 1939 – An der
    Schwelle zum Weltkrieg, hrsg. von Klaus Hildebrand u. a., Berlin
    1990

33 Der nationalsozialistische Krieg, in: Der nationalsozialistische Krieg,
    hrsg. von Norbert Frei und Hermann Kling, Frankfurt a. M. 1990

34 Die verdrängte Auseinandersetzung mit dem Nationalsozialismus, in:
    Zäsuren nach 1945, hrsg. von Martin Broszat, München 1990

35 Widerstand im NS-Regime, in: Dachauer Hefte 7 (1991)

36 Irregeleitet und in die Irre führend. Widerspruch gegen eine »ratio-
    nale« Erklärung von Auschwitz, in: Jahrbuch für Antisemitismusfor-
    schung 1, Frankfurt a. M. – New York 1992

37 Integration und Entfremdung. Inanspruchnahme durch Staatsjugend
    und Dienstpflicht, in: Ute Benz / Wolfgang Benz (Hrsg.), Sozialisation
    und Traumatisierung. Kinder in der Zeit des Nationalsozialismus,
    Frankfurt a. M. 1992

38 Rassismus und Lebensraum. Völkermord im Zweiten Weltkrieg, in:
    Karl Dietrich Bracher / Manfred Funke / Hans-Adolf Jacobsen (Hrsg.),
    Deutschland 1933–1945. Neue Studien zur nationalsozialistischen
    Herrschaft, Bonn – Düsseldorf 1992

Autoren dieses Bandes

Hellmuth Auerbach: Wissenschaftlicher Mitarbeiter des Instituts für Zeitgeschichte München

Wolfgang Benz: Professor an der Technischen Universität Berlin

Hans Buchheim: Professor an der Universität Mainz

Lothar Gruchmann: Wissenschaftlicher Mitarbeiter des Instituts für Zeitgeschichte München

Ludolf Herbst: Professor an der Humboldt-Universität Berlin

Peter Krüger: Professor an der Universität Marburg

Konrad Kwiet: Professor an der Macquarie University Sydney

Hans Mommsen: Professor an der Ruhr-Universität Bochum

Ferdinand Seibt: Professor an der Ruhr-Universität Bochum

Hermann Weiß: Wissenschaftlicher Mitarbeiter des Instituts für Zeitgeschichte München

Hans Woller: Wissenschaftlicher Mitarbeiter des Instituts für Zeitgeschichte München

Die Zeit des Nationalsozialismus

Eine Buchreihe

Herausgegeben von Walter H. Pehle

Götz Aly/
Susanne Heim
**Vordenker der
Vernichtung**
Auschwitz und die
deutschen Pläne für
eine neue euro-
päische Ordnung
Band 11268

Ralph Angermund
**Deutsche Richter-
schaft 1919 - 1945**
Band 10238

Avraham Barkai
**Das Wirtschafts-
system des Natio-
nalsozialismus**
Ideologie, Theorie,
Politik 1933-1945
Band 4401

Wolfgang Benz
**Herrschaft und
Gesellschaft im
nationalsozia-
listischen Staat**
Band 4435

Wolfg. Benz (Hg.)
**Die Vertreibung
der Deutschen
aus dem Osten**
Ursachen, Ereig-
nisse, Folgen
Band 12784

(Hg.) Ute Benz/
Wolfgang Benz
**Sozialisation und
Traumatisierung**
Kinder in der
Zeit des National-
sozialismus
Band 11067

(Hg.) Wolfg. Benz/
Hans Buchheim/
Hans Mommsen
**Der National-
sozialismus**
Band 11984

(Hg.) Wolfg.Benz/
Angelika Schardt
**Deutsche Kriegs-
gefangene im
Zweiten Weltkrieg**
Erinnerungen
Band 11918

Dirk Blasius/
Dan Diner (Hg.)
**Zerbrochene
Geschichte**
Leben und
Selbstverständnis
der Juden in
Deutschland
Band 10524

Fischer Taschenbuch Verlag

fi 1710 / 8 a